AF288074

# Die 12 Stile des Tierkreises

## Entwürfe für die Zukunft  –  Band 1

**Kontakt:**  www.HarryEilenstein.de
Harry.Eilenstein@web.de
Harry Eilenstein bei youtube

**Impressum:**  Copyright: 2022 by Harry Eilenstein – Alle Rechte, insbesondere auch das der Übersetzung, vorbehalten. Kein Teil des Buches darf ohne schriftliche Genehmigung des Autors und des Verlages (nicht als Fotokopie, Mikrofilm, auf elektronischen Datenträgern oder im Internet) reproduziert, übersetzt, gespeichert oder verbreitet werden.

**Verlag:** BoD · Books on Demand GmbH, Überseering 33, 22297 Hamburg, bod@bod.de
**Druck:** Libri Plureos GmbH, Friedensallee 273, 22763 Hamburg

**ISBN:**  978-3-7693-5197-2

# Inhaltsübersicht

# Warum 12?

Alle Bücher dieser Reihe haben genau 12 Kapitel – was sich ja auch in den Titeln dieser Bücher widerspiegelt. Warum?

In diesen Büchern wird der Tierkreis als Matrix von 12 verschiedenen Sichtweisen auf die Welt verwendet, um das Thema des Buches möglichst umfassend in 12 Kapiteln zu betrachten. Dadurch wird eine ausgewogenere, umfassendere und tiefere Einsicht in das jeweilige Thema erlangt als es ohne ein solches Raster, ohne eine solche Matrix möglich wäre.

Der Tierkreis wird in dieser Buch-Reihe als Forschungs-Hilfsmittel benutzt, durch das die Einseitigkeiten in der Betrachtung zumindest vermindert werden können. Weiterhin werden durch dieses Vorgehen diese 12 Sichtweisen auch als Ergänzungen zueinander, als organische Teile eines Ganzen deutlich.

Die Inspiration zu diesem Vorgehen stammt aus Hermann Hesses Roman „Das Glasperlenspiel", für das er 1946 den Literatur-Nobelpreis erhielt. In diesem Roman beschreibt er die öffentlichen Darstellungen von Übersichten und Gesamtbetrachtungen, die mithilfe von verschiedenen allgemeinen Strukturen wie z.B. dem Ba Gua aus dem chinesischen Feng-Shui angefertigt und aufgeführt werden.

Diese Buch-Reihe ist ein Versuch, Hesse's Idee im ganz Kleinen konkret zu verwirklichen.

Die Blickwinkel der 12 Tierkreiszeichen sind:

| | | |
|---|---|---|
| ♈ | Widder: | Spontaner |
| ♉ | Stier: | Genießer |
| ♊ | Zwilling: | Neugieriger |
| ♋ | Krebs: | Familienmensch |
| ♌ | Löwe: | Egozentriker |
| ♍ | Jungfrau: | Handwerker |
| ♎ | Waage: | Schöngeist |
| ♏ | Skorpion: | Tiefgründiger |
| ♐ | Schütze: | Idealist |
| ♑ | Steinbock: | Realist |
| ♒ | Wassermann: | Theoretiker |
| ♓ | Fische: | Träumer |

# Vorwort

In diesem Buch werden die 12 Tierkreiszeichen näher beschrieben, die das Raster für die Kapitel dieser Buch-Reihe bilden. So wie diese 12 Tierkreiszeichen 12 Stile bilden, kann man auch noch mal jedes Tierkreiszeichen in 12 verschiedene Bereiche aufteilen, die in der Astrologie „Häuser" genannt werden. Dies sind 12 Lebensbereiche. Jedes Tierkreiszeichen braucht natürlich alle diese 12 Lebensbereiche.

Da sich die 12 Tierkreiszeichen alle verschieden verhalten, verhalten sie sich natürlich auch in den 12 Häusern, also in den 12 Lebensbereichen verschieden. Der Schütze verhält sich jedoch nicht in allen 12 Lebensbereichen wie ein Schütze – obwohl diese Vermutung ja naheliegend ist. Er verhält sich nur im 1. Haus – also dem „Hier und Jetzt" – wie ein Schütze. Im 2. Haus verhält er sich wie das auf den Schützen folgende Sternzeichen, also wie ein Steinbock; im 3. Haus verhält er sich wie das auf den Steinbock folgende Zeichen, also wie ein Wassermann; usw.

Durch diese Symmetrie ergibt sich eine Vielfalt und zugleich Schlüssigkeit im Verhalten eines jeden Sternzeichens.

Eine Fassung dieser Beschreibungen der Tierkreiszeichen zusammen mit vielen weiteren Zusammenhängen, tiefer gehenden Erläuterungen und Hinweisen für Astrologen findet sich in meinem Buch „Astrologie".


*Orphische Urworte*

*Wie an dem Tag, der Dich der Welt verliehen,*
*Die Sonne stand zum Gruße der Planeten,*
*Bist alsobald und fort und fort gediehen*
*Nach dem Gesetz, wonach Du angetreten.*
*So mußt Du sein, Dir kannst Du nicht entfliehen,*
*So sagten schon Sibyllen, so Propheten;*
*Und keine Zeit und keine Macht zerstückelt*
*Geprägte Form, die lebend sich entwickelt.*

Johann Wolfgang von Goethe

# 1.  Spontaner

♈

*1. Haus: Der Widder verhält sich im „Hier und Jetzt" wie ein Widder.*

Das dem Widder entsprechende „alles auf eine Karte setzen" verleiht diesem Tierkreiszeichen die größtmögliche Schlichtheit und Einfachheit – er bringt alles auf den Punkt, er reduziert alles auf einen Impuls, er lebt ganz im Hier und Jetzt. Seine Weltanschauung ist der Taoismus. Durch die Bündelung auf das Hier und Jetzt sammelt sich dort natürlich einiges an: Wenn sich das ganze Wesen fokussiert, muss sich daraus ein Mensch der Tat ergeben. Der dem Widder zugeordnete Planet ist daher der Kriegsgott Mars.

Wenn, wie beim Widder, alles im Hier und Jetzt gebündelt ist, ergibt sich jeder Augenblick direkt aus dem ihm vorhergehenden Augenblick, so wie sich im Fluss der Dinge und Ereignisse jeder Augenblick aus dem ihm vorhergehenden ergibt – die Folge der Ereignisse hat aus der Perspektive des Widders also etwas Organisches, was sich auch in dem ihm verwandten Feuer-Element zeigt. Diese Lebensweise ist nur möglich, wenn die Bereitschaft besteht, sich jeden Augenblick neu anzuschauen und ihn als eine neue Offenbarung der Schöpfung zu betrachten. Dadurch wird der Widder zu einem Erschaffer, eine Schöpfer, einem Gründer.

Der Widder ist in seiner Art daher schlicht, direkt und kräftig, lebt im Augenblick, kann sich schnell aufregen, ist aber nicht nachtragend. Seine Art, die Welt wahrzunehmen, ist entsprechend dem Wesen der Konjunktion punktuell – er sieht nur den kleinen Ausschnitt, der ihn gerade fesselt.

Folglich besteht sein Weltbild aus einer Sammlung von vielen Einzelereignissen, die weitgehend unstrukturiert und kaum weiterverarbeitet nebeneinander stehen; lediglich ihre Größe und ihre Heftigkeit sind ein Maß für ihre Anordnung in der eigenen Wahrnehmung und Erinnerung. So tauchen bei ihm als Assoziationen zu der Situation, in der er sich gerade befindet, die weitgehend unveränderten Erinnerungen an die intensivsten Erlebnisse ähnlicher Art auf, und geben ihm so Orientierung. Der Widder ist tendenziell ein Einzelkämpfer und er mag den herzhaften Lebensstil.

Vermutlich hat Goethe, der ja auch gründliche astrologische Kenntnisse hatte, bei seinem bekannten Gedicht, in dem er über den Anfang der Welt nachsinnt, eher an den Mars, als an den Widder gedacht, als er den letzten Vers schrieb, aber er beschreibt doch gut dieses Tierkreiszeichen: „Am Anfang war die Tat."

Der Widder ist kräftig, drahtig, meist schlank ohne jedoch dünn zu sein; man sieht ihm den Sprinter an; eher dunkle, feste Haare; runder, aber nicht zu großer Kopf; häufig einen Schnauzbart; oft dunkle und kräftige Körperbehaarung.

## 2. Haus: Der Widder geht mit Besitz wie ein Stier um.

Der Widder ist in allem direkt und geradlinig: Er sieht Besitz als Besitz an und als nichts anderes. Folglich hat der Widder die Fähigkeit zu sehen, was er von dem, was ihm begegnet, gebrauchen kann und was ihm gut bekommen wird – dies gilt für Nahrung, Körperpflege, Kleidung, Wohnungseinrichtung, Haus, Wohnort, Einkommensquelle, Vermögen u.ä. Dabei gilt für den Widder immer die Devise „einfach, praktisch, gut".

Er vertritt den Standpunkt, das Eigentum nicht belasten darf und hat daher bei diesem Thema eine gewisse Werkzeug- und Rucksack-Mentalität: Die Dinge sollen funktionieren und robust und leicht zu handhaben sein – ultraleichte Zelte für den Rucksack, den Körper bestens in mehreren Kampfsportarten ausgebildet, ein kräftiges Steak oder effektive „Astronauten-Nahrungspillen" und die Mastercard im Portemonnaie statt umständlichen sieben verschiedenen Währungen auf der Wanderung durch Europa.

Er nimmt die Dinge für das, was sie sind – Übertragungen, Symbolisierungen und Anhänglichkeiten sind bei ihm unwahrscheinlicher als bei den anderen Tierkreiszeichen. Die Art der Fehler, die für den Widder wahrscheinlicher ist, ist das Übersehen von etwas Wichtigem, weil er gerade auf eine andere Sache konzentriert ist, denn der Widder neigt dazu, sich ganz in eine Sache hineinzugeben, ganz von einer Sache erfüllt zu werden, bis er wieder aus ihr auftaucht und dann mit derselben Vehemenz in das nächste Thema springt.

## 3. Haus: Der Widders ist in Bezug auf die Neugier wie ein Zwilling.

Der Widder ist stets offen für Neues und für Anregungen; dies reicht von großer Wachheit und Aufmerksamkeit bis hin zu leichter Ablenkbarkeit. Auch hier gilt das „alles auf eine Karte setzen"-Prinzip: Der Fokus des Widders folgt immer dem Ort der intensivsten Energie. Ist seine Entschlossenheit groß, ist auch seine Konzentration gut; ist das Ereignis heftig oder spricht es seine Bedürfnisse an, lässt er sich nicht ablenken.

Da der Widder die Welt als eine Anhäufung von vielen Einzelereignissen sieht, die zunächst einmal gar nichts miteinander zu tun haben außer vielleicht in dem ihnen allen gemeinsamen Schöpfungsereignis am Anfang der Welt, hat der Widder kaum Probleme damit, eine neue Sache erst einmal ganz unbefangen zu betrachten und zu schauen, wie sie sich verhält. Eine solche Offenheit fördert natürlich auch die Vielfalt der eigenen Erlebnisse, Kontakte, Erfahrungen und Ansichten.

So wie die Rucksack-Mentalität des 2. Hauses dem Widder seine Handlungsflexibilität ermöglicht, so gibt ihm die Beweglichkeit und Offenheit und Ungebundenheit des 3. Hauses die Möglichkeit, eine Situation als das einzuschätzen, was sie ist, und daher spontan und ihr angemessen auf sie zu reagieren.

### 4. Haus: Der Widder verhält sich in der Familie wie ein Krebs.

Der Direktheit des Widders entspricht es, auch mit Kontakten eher unkompliziert umgehen zu können: Wenn ihm etwas verwandt ist, ist er ihm nah; und wenn sich das ändert – nun, dann ist das jetzt halt Vergangenheit.

Der Widder lebt immer in dem, was jetzt gerade ist, und hat wenig Ambitionen, etwas früher Gewesenes mit viel Aufwand zu verlängern, wenn die Zeit dieses Alten um ist – lieber etwas Neues suchen.

Das bedeutet nicht, dass Widder oberflächlich sind, sondern nur, dass sie die Dinge nehmen, wie sie sind, und gegebenenfalls weiterwandern. Andererseits ermöglicht diese Bereitschaft, Kontakte zu beenden, auch, dass sie sich voll und ganz auf die Kontakte, die sie haben, einlassen. Nur keine halben Sachen!

Entsprechend ist die auch Psyche des Widders konstruiert: eher klare, einfache Bedürfnisse und tendenziell kurze, prägnante Traumbilder mit viel Aktion oder deutlicher Symbolik. Daher ist die Traumdeutung bei Widdern meist deutlich einfacher als bei den eher komplexen Sternzeichen wie Jungfrau oder den ausschweifenden Tendenzen der Traumbildern bei den Fischen.

Der Römer, von dem das Sprichwort „Ubi bene, ibi patria" („Wo es mir gefällt, ist meine Heimat.") stammt, ist vermutlich ein Widder gewesen, da es die Widder-Haltung in Bezug auf Heimat und Familie gut ausdrückt. Der Widder hängt zwar auch zunächst an dem Ort, der Landschaft und der Familie, in der er aufgewachsen ist, aber es macht sich bei ihm doch bald der Drang zur Wanderschaft bemerkbar, der die Welt erkundet und immer dem vielversprechendsten Weg folgt.

Der Widder ist wie eine Pflanze, die leicht Wurzeln schlägt, und der das Umtopfen in der Regel gut bekommt. Er ist durchaus anhänglich an seine jeweilige Heimat, aber ist in der Lage, sie ohne allzu viel Aufhebens zu wechseln, denn das einzig Reale ist schließlich das Hier und Jetzt.

### 5. Haus: Der Widder verhält sich in Bezug auf sich selber wie ein Löwe.

Sich im 5. Haus wie ein Löwe zu verhalten, bedeutet ungehemmter Selbstausdruck: Der Widder hat nicht viele Hemmungen, als das zu erscheinen, was er ist; es macht ihm sogar ausgesprochenen Spaß. Etwas anderes ist bei seiner Direktheit ja auch nicht zu erwarten. Da der Widder seinen inneren Impulsen folgt und sie sofort auslebt, ohne sie vorher groß zu differenzieren, zu überprüfen oder zu modifizieren, zeigen sich die Motivationen des Widders recht deutlich in dem, was er tut.

Der Löwe-Stil, die eigene Kraft einzusetzen, beinhaltet den Wunsch, selber bestimmen zu können, was und wie es geschieht. Da der Widder zudem die allzu komplizierten Verhältnisse verabscheut, macht ihn diese Disposition zum Einzelkämpfer oder zum Anführer in einer Struktur, die klar auf ihn als Befehlshaber zugeschnitten ist.

Nun muss das allerdings nicht bedeuten, dass der Widder immer entweder alles bestimmen können muß oder lieber gleich alles alleine macht, denn es ist ihm auch ein Zusammenwirken von Gleichberechtigten möglich, das freiwillig genug sein muss und aus dem er jederzeit ausscheiden kann. Schließlich bedeutet Löwe im 5. Haus bei genügend hohem Niveau auch eine allgemeine Wertschätzung von Individualität. Und wenn in der Individualisten-Gruppe jeder seine Freiheit und seinen Raum zur Selbstdarstellung behält, kann sich in ihr auch ein Widder durchaus wohlfühlen.


### 6. Haus: Der Widder arbeitet als Handwerker wie eine Jungfrau.

Wenn man das meiste aus sich selber heraus und auf sich selber gestellt macht, braucht man notwendigerweise auch Sachkenntnis und das notwendige Werkzeug, und man muss sich sein Leben so praktisch wie möglich einrichten. Das typische an dem auf den Augenblick ausgerichteten Widder ist hierbei, dass er sich Sachkenntnisse nicht „auf Vorrat" anschafft, sondern lieber dann lernt, wenn es gebraucht wird: „Das Auto hat einen Platten? – Schauen wir doch mal nach, wie man den Reifen wechselt!"

Dabei liegt die Vorliebe deutlich beim Ausprobieren, aber wenn's nicht klappt, schaut der Widder durchaus auch mal in der Gebrauchsanleitung nach (was allerdings aufgrund seiner praktischen Begabung erstaunlich selten notwendig ist).

Dieser Neigung zur „ad hoc"-Regelung von Schwierigkeiten kommt auch die Funktionsweise des Widder-geprägten Gedächtnisses entgegen: Wenn auch im Allgemeinen kein allzu großer Überblick und Zugriff auf die „gespeicherten Daten" vorhanden ist, so tauchen doch in jeder konkreten Situation aufgrund der Neigung des Widders, sich ganz in das Hier und Jetzt hineinzugeben, alle Erlebnisse und Erfahrungen aus seinem Gedächtnis wieder auf, die von derselben Natur wie die augenblickliche Situation sind, und geben ihm auf diese Weise eine Orientierung, wie die Situation denn nun am besten anzupacken wäre.

*7. Haus: Der Widders verhält sich in Beziehungen wie eine Waage.*

Beziehungen kommen und gehen – das Leben ist eine Wanderschaft, auf der man an vielen Orten vorüberkommt ... und die Dauer der Beziehungen hängt beim Widder davon ab, wie lange sie stimmt, wie lange sie wirklich eine bereichernde Gegensatz-Ergänzung ist. Warum sollte man auch etwas aufrechterhalten, in dem kein Leben mehr ist?

Entsprechend der Waage im 7. Haus hat der Widder das Bestreben, mit allen, mit denen sich eine Harmonie und eine Ergänzung abzeichnet, eine Beziehung einzugehen – zunächst also eine eher offene Einstellung. Im Bereich der Beziehungen hat der Widder die größten Fähigkeiten, auf einen anderen Menschen einzugehen, sie wahrzunehmen, zu verstehen und zu erkennen, welches Potential zwischen ihm und ihnen liegt.

Die Neigung des Widders zu Harmonie, Kontaktaufnahme, Beweglichkeit und Ungebundenheit in Beziehungen bedeutet nun nicht, dass er nie „nein" sagen kann, sondern nur eine generelle Offenheit. Da der Widder dazu neigt zu sagen, was er fühlt und denkt und will (alle anderen Verhaltensweisen wären ihm zu kompliziert), wünscht er sich in seinen Beziehungen Aufrichtigkeit – was daraus entsteht, hängt von den Menschen ab, die ihm begegnen, von der Weltanschauung, die er entwickelt und von dem Niveau, das er erreicht (und von dem Rest seines Horoskops).

Er wird aber auch in den Beziehungen dieselbe freiheitliche Grundhaltung leben wollen wie in allen anderen Bereichen, denn ohne sie ist das „Ruhen im Hier und Jetzt", die die taoistische Grundhaltung des Widders ist, nicht möglich.

*8. Haus: Der Widder verhält sich im Kampf wie ein Skorpion.*

Wer auf sich selbst gestellt lebt, braucht ein gutes Gespür für Gefahren und ein gutes Gespür für Situationen, die Lust versprechen. Auch hier hat der Widder dieselbe Gradlinigkeit wie in allen anderen Bereichen: Aufgrund seiner Direktheit und Schlichtheit steht seiner Wahrnehmung der Motivationen und der Potentiale dessen, was ihm begegnet, nicht viel im Wege.

Das bedeutet natürlich nicht, dass Widder keine Komplexe und Neurosen haben können oder nichts verdrängen würden – denn dies ist eine Frage des Niveaus und nicht des Stils. Die Widder-Art, die Dinge anzugehen, ist einfach sehr direkt – sie denken also nicht lange nach und philosophieren nicht und prüfen auch nicht lange ihre Erinnerungen oder loten ihre Gefühle aus, um das Potential einer Situation zu erkennen, sondern nehmen jede Situation einfach als das, was sie ist: eine neue Situation. Und diese neue Situation ist eben anders als alles Bisherige. Dadurch ist der Widder offen für seine eigene Wahrnehmung und für das Erkennen der in der neuen Situation angelegten Möglichkeiten für Lust und Leid.

Die Stärke der Widder liegt also hier ihrem Wesen gemäß darin, die groben, wesentlichen Züge der Situation zu erkennen und sie im Wesentlichen richtig einzuschätzen, aber nicht darin, sie detailliert zu erfassen oder sie weltanschaulich zu analysieren oder den idealsten Zustand, zu dem sie sich hinentwickeln könnte, beschreiben zu können.

Aber all diese komplizierten Dinge interessieren den Widder auch gar nicht sonderlich – ihm reicht es zu erkennen, ob er lieber zupacken oder lieber fliehen soll, denn alles andere wird sich dann schon später ergeben. Wie gesagt, es genügt ja schließlich, immer gerade da zurechtzukommen, wo man gerade ist – alles, was vorher war, später sein wird oder woanders ist, lenkt doch nur von dem gerade Wesentlichen ab und verleitet dazu, Fehler zu machen und da, wo man gerade ist, gar nicht richtig zu leben.

### 9. Haus: Der Widder verhält sich in Hinblick auf seine Ideale wie ein Schütze.

Die Neigung zur „punktuellen Lebensführung" des Widders gibt ihm auch die Möglichkeit, seine ganze Energie auf eine Sache ausrichten zu können. Diese eine Sache erscheint ihm dann jeweils als das Erstrebenswerteste, als das größtmögliche Ideal.

Verändert sich seine Wahrnehmung oder tritt eine neue Möglichkeit in sein Blickfeld, so fällt es ihm überhaupt nicht schwer, seinen Kurs zu ändern und schwungvoll Fahrt auf das neue Ziel zu nehmen. Daher kann sich der Widder sehr schnell auf veränderte Situationen einstellen. Versuchen Sie doch einmal, mit einem Widder „Nachlaufen" oder „Räuber und Gendarm" zu spielen oder mit ihm in einem Projekt mit vielen unerforschten Komponenten und Überraschungen zusammenzuarbeiten.

Der Widder beschränkt sich immer auf das Wesentliche, Einfache und Direkte: sein Idealismus bedeutet ganz einfach, immer nach dem Besten von dem zu streben, was sich in seinem Blickfeld befindet – ohne große verkopfte philosophische Exkurse, ohne schwergewichtige, behindernde Prinzipien und ohne großen emotionalen Tiefgang, der ja doch immer nur alles unnötig verkompliziert. Er lebt eben ganz aus dem Handeln heraus.

### 10. Haus: Der Widder verhält sich in der Öffentlichkeit wie ein Steinbock.

Was macht ein Widder in der Öffentlichkeit? Sich um einen guten Ruf bemühen? Stets pünktlich seine Einkommensteuererklärung abliefern? Reformen des Beamtenwesens initiieren? Die Grundlagen für seinen Ruhm legen? – Natürlich nicht, denn der Widder ist auch pragmatisch: Es gibt halt Behörden und die haben eine gewisse Art von Macht und man muss halt wissen, wie man mit denen umgehen kann, sodass sie einem nicht im Weg stehen.

Dasselbe gilt auch für alle anderen Aspekte von Öffentlichkeit wie Mietverhältnisse,

Parteien, die Straßenverkehrsordnung und die Naturgesetze – sie sind nun einmal vorgegeben, und da es meist zu aufwendig wäre, sie zu ändern, muss man sie halt zunächst einmal akzeptieren und verstehen.

Das heißt natürlich nicht, dass der Widder besonders angepasst wäre – eher im Gegenteil, denn dafür schätzt er seine persönliche Handlungsfreiheit viel zu sehr.

Doch er hat genug Realitätssinn, um zu erkennen, was geht und was nicht, wo man eine kreative Abkürzung gehen kann und wo man wohl doch besser dem Behördenweg folgt ... und er weiß genau, wo die Polizei in seiner näheren Umgebung Blitzgeräte zum Überführen von Fahrern, die sich nicht an die Geschwindigkeitsbegrenzung halten, aufgestellt hat.

### 11. Haus: Der Widder verhält sich im Vereinslokal wie ein Wassermann.

Die Aufrichtigkeit des Widders führt ihn auch mit Menschen, die nach den gleichen Prinzipien wie er selber leben, zusammen. Im Großen und Ganzen hält er nicht allzu viel von Wahlverwandtschaften und Vereinsmeierei, aber sich hin und wieder mit Leuten zu treffen, die dieselbe Wellenlänge haben, und zusammen mit ihnen die Welt zu ergründen und zu schauen, wie sie eigentlich funktioniert, wo man selber in ihr steht, und auf was das ganze eigentlich hinausläuft, findet er schon ganz angenehm.

Schließlich ist dies die effektivste Methode, zu Visionen und Utopien zu gelangen und den Sinn des Ganzen zu erfassen – und dadurch dann noch mehr Spaß am Leben haben zu können.

Seine taoistische Ader wird auch hier verhindern, dass seine Vorstellungen über das Wesen der Welt allzu kompliziert, starr oder gefühlsbehaftet werden – denn eine gute Philosophie erkennt man doch vor allem daran, dass sie das Handeln erleichtert, Orientierung gibt und einen in dem was man tut, effektiver und schneller werden lässt.

Zumindest ist das der Maßstab, mit dem (wie ja nicht anders zu erwarten) der Widder jede Weltanschauung misst.

### 12. Haus: Der Widder verhält sich im Fluss des Alltags wie ein Fisch.

Wer auf sich selbst gestellt handelt, das Neue und die Spontanität sowie heftige Ereignisse liebt, braucht auch ein wenig Gespür für die Situationen, in denen er steckt, sonst würde er sich doch zu oft den Kopf anrennen (was sich auch mit gutem Gespür für die Situationen nicht immer ganz vermeiden lässt). Die Grundvoraussetzung für solch ein gutes Gespür ist Offenheit, die Bereitschaft, hinzuschauen und die Dinge so zu sehen, wie sie sind; und an dieser Art der Offenheit fehlt es dem

Widder ja nun wirklich nicht.

Daher sollte man darauf achten, dass man den Widder bei all seiner Robustheit und bisweilen Rüpelhaftigkeit nicht etwa für unsensibel oder gar für platt und dumpf hält. Seine Qualität ist die Einfachheit und Direktheit, und wenn man sich von dieser Schlichtheit mal auf die Füße getreten fühlt, ist das meist weniger Grobheit von Seiten des Widders als Empfindlichkeit bezüglich der Seiten des eigenen Charakters, die man nicht ganz so gerne sieht.

Der Widder ist ein Verfechter der christlichen Tugend der Einfalt, die heute hierzulande nicht mehr so hoch im Kurs steht, aber in Japan und China noch immer sehr geschätzt wird. Das Einfache hinter der Vielfalt der Erscheinungen zu sehen ist ein sicherer Weg, um sich zurechtzufinden, um guten Rat geben zu können, um das Wesen von Situationen zu erspüren und um Menschen richtig einzuschätzen. Von daher können Widder in allen Situationen, die zu unübersichtlich geworden sind oder in denen zu viele Personen zu viel reden, ganz erfrischend sein.

# 2. Genießer

♉

*1. Haus: Der Stier verhält sich im „Hier und Jetzt" wie ein Stier.*

Die Herrscherin Venus leitet ihr Stier-Königreich durch Gefühle und strebt nach einem Gedeihen von Harmonie und Schönheit und Fülle in ihren Ländereien. Da der Stier eines der drei Erd-Reiche des Tierkreises ist, ist diese Harmonie und Schönheit und Fülle ganz konkret und materiell gemeint: ein gesunder Körper, schöne Kleider, warme Bäder und wohltuende Öle, ein großes Haus auf dem Land mit vielen Räumen, Gärten voller Apfelbäumen, eine Hängematte zwischen zwei alten Kirschbäumen, gut gefüllte Vorratsräume und einer Küche in der Mitte des Hauses, eine Reihe von Schatztruhen im Keller hinter gut verschlossenen Türen und jedes zweite Wochenende ein Fest mit allen guten Freunden in der Großen Halle des Hauses oder auf der Wiese zwischen den Blumenbeeten hinter dem Haus.

Der empfindsame, lauschende und feinfühlige Charakter des Stier unterstützt die Hausherrin Venus in ihrem Anwesen dabei, alles zu pflegen und sinnvoll und gefällig anzuordnen, alles mit Blumenranken, Deckchen und Kerzenhaltern mit eleganten Kerzen zu schmücken, sodass die Räume eine angenehme Umgebung für Musik und Tanz bilden können.

Als eins der vier gestaltenden Tierkreiszeichen besitzt der Stier die größte Fülle und das deutlichste Zentrum der drei Erd-Reiche: das Königsschloss, die Herrscherburg in der Hauptstadt des Reiches, von wo aus Handel getrieben und das Land regiert wird, wo sich die wichtigsten Straßen des Reiches treffen, wohin die Abgaben des Reiches gebracht und von wo aus sie wieder an alle verteilt werden, die ihrer bedürfen. Die Händler am Hofe der Venus kümmern sich um das materielle Wachstum, die Köche ersinnen immer neue, noch köstlichere Rezepte und die Philosophen legen den Räten, den Händlern und den Bauern dar, wie man die Wahrheit dadurch erkennen kann, dass man sorgfältig darauf achtet, was man wirklich von ganzem Herzen genießen kann. Der Stier ist ein Hedonist.

Stiere sind von eher ruhiger Grundhaltung, etwas füllig, haben weiches Haar, das in langen Bögen gewellt ist, haben oft ein kräftiges Kinn und kräftige Kiefer (ohne dass diese jedoch den harmonischen Gesamtausdruck stören) und sie haben oft, zumindest im fortgeschrittenen Alter, etwas Gesetztes an sich und neigen – wie schon die Hobbits festgestellt haben – dazu, ein wenig rundlich in der Bauchgegend zu werden.

*2. Haus: Der Stier geht mit Besitz wie ein Zwilling um.*

Wenn das materielle Gedeihen das höchste Ziel der Herrscherin Venus im „Königreich Stier" ist, ist im 2. Haus, in dem sich die Planeten um die materielle Substanz kümmern, besonders viel Geschick notwendig, wofür der „Graf Zwilling" in der „Provinz des 2. Hauses" wie kein anderer geeignet ist.

Stiere sind daher geschickt in der Zubereitung von Speisen, im Nähen, im Gärtnern, in der Kosmetik und im Umgang mit Geld. Dabei haben sie das Verfahren „Wenn's so nicht geht, dann versuchen wir es mal so herum – es wird da schon einen Weg geben ..."

Sie sind geschickt und erfindungsreich, wenn es darum geht, in diesen Bereichen neue Möglichkeiten zu entdecken. Für sie ist Besitz etwas Bewegliches, also etwas, mit dem man jonglieren kann, das man durch Geschick vermehren kann, das man mit Freude von einem Ort zum anderen, von einer Person zur anderen bringt, damit es besser genutzt werden kann.

Sie essen gerne abwechslungsreich, haben nichts gegen eine umfangreiche Garderobe einzuwenden, kommen auf vielfältige Weise zu Vermögen und geben es auch für die verschiedensten Dinge wieder aus – Besitz muss in Bewegung bleiben und genutzt werden, sonst verrottet er.

*3. Haus: Der Stier ist in Bezug auf die Neugier wie ein Krebs.*

Da Königin Venus die Harmonie liebt und gerne Gäste zu ihren Festen einlädt, ist es notwendig, die Personen, mit denen sie sich umgibt, sorgfältig auszuwählen – und was läge da näher, als in der „Provinz des 3. Hauses", in der Kontakte geknüpft und Neues kennengelernt wird, den Krebs zum Grafen zu ernennen? Schließlich ist der Krebs am besten in der Lage, Verwandtes und Fremdes zu unterscheiden. Und wenn man sich nur mit Personen und Dingen umgibt, die der eigenen Art ähnlich sind, sind die Voraussetzungen für das Erschaffen von Harmonie recht günstig.

Daher sucht der Krebs vor allem das zu ihm Passende und nicht einfach etwas Neues oder Anderes. Dazu benötigt er natürlich ein recht gutes Gespür für das Wesen dessen, was ihm begegnet, was der Krebs in diesem Haus ja auch ohne große Mühe ermöglicht.

Entsprechend können die Stiere auch dann am besten lernen, sich also geistig auf etwas Neues einlassen, wenn sie sehen, was das neue Thema mit ihnen zu tun hat, wenn sie also das neue Thema als mit ihnen verwandt erkennen.

Generell sind die Stiere in der Kontaktaufnahme gegenüber Neuem entsprechend dem Stil des Krebses erst einmal etwas zurückhaltend und schauen, ob das denn eigentlich zu einem passen würde.

*4. Haus: Der Stier verhält sich in der Familie wie ein Löwe.*

Königin Venus ist im Lande des Stiers eine Herrscherin alten Stils: Sie ist das Zentrum und die Krone und sie bestimmt was geschieht – sie ist eine Hausherrin, die ihre Familie lenkt und prägt und beschützt. „Graf Löwe" hat seine „Provinz des 4. Hauses" fest im Griff, was auch gut so ist, denn wenn die Venus keine so dominierende Königin wäre, könnte sie die Harmonie in ihrer Familie, ihrem Haushalt und ihrer Heimat kaum aufrecht erhalten.

Der innerste Kreis dessen, was die Stiere gedeihen sehen wollen, ist die Familie, die Heimat, ihr Nest und auch ihr Gemüt, ihr Unterbewusstsein. Daher prägen sie diese Bereiche energisch mit Kraft und Wohlwollen – wer das Land des Stiers betritt und sich dort niederlassen und ein Einheimischer werden will, muss sich dem Stil des Stiers anpassen, denn sonst wird der Aufenthalt nicht von Dauer sein.

Stiere sind im Kreis ihrer Lieben, also in ihrem 4. Haus, gemäß dem Stil des Löwen ein wenig dominant und bestimmend, aber auch wärmend, schützend und fördernd und kümmern sich mit großem Engagement um ihre Verwandten. Sie identifizieren sich mit ihrer Heimat und ziehen Kraft aus dieser Verbundenheit und sind auch schnell bereit, sie zu schützen.

Wenn sie auf Löwe-Art mit ihrer Psyche umgehen, bedeutet das zum einen, dass für sie Entschlossenheit und Wille der Zugang zu ihrem Unterbewusstsein ist, dass ihre Psyche sehr stark auf den Willen hin zentriert und von ihm aus zu lenken ist und dass die Bilder in ihren Träumen eher einfach, intensiv, farbig und lebhaft sind.

All diese Eigenschaften sind letztlich die Fähigkeit, den eigenen Umkreis ergreifen, halten und gestalten zu können – also das ansprechende Arrangement der Venus.

*5. Haus: Der Stier verhält sich in Bezug auf sich selber wie eine Jungfrau.*

Eine solch dominante Stellung kann natürlich nur dann zu Gedeihen und Wachstum führen, wenn sich die Königin selber gut kennt und in der Lage ist, veränderte Situationen zu erkennen und sich entsprechend zu verändern. Daher war es ein geschickter Zug von Königin Venus, die „Gräfin Jungfrau" zum Majordomus, also zum Verwalter des 5. Hauses zu ernennen, in dem die eigene Persönlichkeit erkannt, zentriert und gestärkt werden soll, damit sie dann in der Lage ist, das ganze Reich zu lenken.

Ein Jungfrau-geprägter Umgang mit dem eigenen Ich, also dem 5. Haus, führt dazu, dass man sich als aus vielen Einzelheiten zusammengesetzt erlebt (was wandelbar und tolerant macht), sich stets aufs Neue überprüft und neue Erlebnisse und Erkenntnisse in das Selbstbild zu integrieren versucht (was zu einem guten Realitätsbezug und zu Aufrichtigkeit führt) und das Streben nach Selbsterkenntnis eine gewisse therapeutische und heilerische Note erhält (was offen für andere und hilfsbereit macht).

Den eigenen Bereich zu Gedeihen und Wohlstand zu führen, kann nur gelingen, wenn man bereit ist, sich anzuschauen, wer (und was) alles in diesem Bereich ist, welche Qualitäten sie haben und was man daher von ihnen erwarten und was man für sie tun kann. Der Stier verfügt also auch über eine pragmatische „handwerkliche" Art von Menschenkenntnis, die ihm sowohl im Umgang mit anderen Menschen als auch bei der Selbstfindung behilflich ist.

Der Stier strebt also nicht nach einer philosophischen Ergründung des eigenen Wesens, nach der Entdeckung der innersten Kraft oder dem Auffinden des Urquells seiner Gefühle, sondern ganz erdhaft nach einer Möglichkeit, seine Bedürfnisse zu erkennen und sie zu befriedigen und zu diesem Zwecke die Mechanismen in seiner Psyche in ausreichendem Maße zu kennen.

Damit steht er also stilistisch in etwa in der Mitte zwischen der Analytischen Psychologie, dem Behaiviorismus und den künstlerisch-handwerklich-körperlichen Therapien.

### 6. Haus: Der Stier arbeitet als Handwerker wie eine Waage.

Wenn das angestrebte Ergebnis der Königin Venus materieller Natur ist und ansprechend und gut verträglich sein soll, muß die an dem Erreichen dieses Zieles arbeitende Handwerkerin „Gräfin Waage" ein feines Gefühl für Stil und Arrangement und Harmonie haben, also eine Kunsthandwerkerin sein.

Da das 6. Haus der Verdauung entspricht, werden Stiere auf eine gesunde und ausgewogene Ernährung achten, da sonst Störungen ihrer körperlichen Funktionen zu befürchten sind. Und eine solche Ernährung, die zudem noch nett zurechtgemacht und dargereicht wird, lässt sich auch am besten genießen.

Heilungsvorgänge werden von dem Stier dem Waage-Stil gemäß als Vorgänge aufgefasst, bei denen eine Störung dadurch beseitigt werden kann, dass ein Gleichgewicht wiederhergestellt wird. Krankheit wird also von Stieren vorzugsweise als ein Mangel oder eine Einseitigkeit aufgefasst, die durch entsprechende Ernährung, Diät oder Nahrungsergänzung wieder beseitigt werden kann. Auch andere „durch Substanzen harmonisierende Vorgänge" wie z.B. Massagen mit Rosenöl, therapeutische Bäder mit Kräuterzusätzen, Fangopackungen oder evtl. auch Kneipp-Bäder und Wasser-Güsse sind für einen Stier durchaus plausible Therapieansätze.

Die Stier-Methode des Reparierens und des Aufräumens hat jedoch nie nur das bloße anschließende Funktionieren zum Ziel, sondern immer auch den Eindruck, den der erreichte Zustand macht, also die Frage, ob man das Ergebnis annehmbar und zumindest recht hübsch findet und sich daher damit wohlfühlen kann.

*7. Haus: Der Stier verhält sich in Beziehungen wie eine Skorpion.*

Da der Stier das von ihm geprägte ansprechende Arrangement in seinem eigenen, abgegrenzten Bereich über alles schätzt, ist es nicht verwunderlich, dass er in Beziehungen sehr kritisch ist, denn was könnte das eigene Arrangement mehr stören als ein unpassender Partner? Das bedeutet nun aber nicht, dass der Stier häufig seine Partner wechselt (obwohl er das tut, wenn er erkennt, dass es nicht mehr passt), sondern zunächst einmal nur, dass dies für ihn der spannungsgeladendste Lebensbereich ist – schließlich hat der andere auch seine Vorstellungen von einem Zusammenleben.

Der Skorpion im 7. Haus bedeutet aber auch, dass der Stier in Beziehungen nach Intensität und Tiefe sucht und hier keine Auseinandersetzungen scheut. Für ihn sind Beziehungen die Hefe in seinem Leben: Durch die Partner entsteht Entwicklung und Verwandlung. In der Begegnung mit einem Partner darf es bei Stieren ruhig ein bisschen mehr prickeln und elektrisieren als sonst in ihrem Leben.

Hier schickt Königin Venus ihren „Grafen Skorpion" aus, um die Möglichkeiten für ein aufregendes Abenteuer auszuloten.


*8. Haus: Der Stier verhält sich im Kampf wie ein Schütze.*

Überraschungen, Bedrohungen, heftige Ereignisse und Grenzverletzungen aller Art, wie sie im 8. Haus bisweilen vorkommen, schätzt Königin Venus gar nicht, weshalb sie den „Grafen Schütze" zum Herrn ihrer Grenzen, also der „Gemarkung 8. Haus" ernannt hat, da dieser den meisten Weitblick hat und daher am besten erkennen kann, wie man am sein Schiff durch die Stürme, Untiefen, Klippen und unbekannten Gewässer des Lebens steuern kann, ohne dabei Schiffbruch zu erleiden oder von Seeräubern geplündert zu werden, sondern stattdessen selber manchen Schatz erobert oder neue Inseln mit großen, gewinnbringenden Möglichkeiten entdeckt.

Das 8. Haus ist für den Stier eine heikle Angelegenheit, da ihm seine intakten Grenzen sehr wichtig sind: „My home is my castle!" Daher sorgt er für Katastro-phenfälle vor, errichtet sozusagen Frühwarnsysteme, aber ist seinerseits eigenen Eroberungen gar nicht so sehr abgeneigt und sucht nach potentiellen Bereicherungsmöglichkeiten, wobei er sich am liebsten durch kurze, intensive Aktionen, die aber dem allgemeinen Stier-Naturell entsprechend eher wenig aggressiv ablaufen, den Zugriff auf die begehrte Sache sichert.

Wenn sich der Stier eine Situation und die in ihr wirkenden Kräfte und Motivationen betrachtet, schaut er vor allem auf den Gesichtspunkt des in ihr liegenden Entwicklungspotentials; er stellt sich also die Frage, was aus der Situation werden könnte, was der in ihr liegende Idealzustand ist, und wie er diesen Idealzustand, wenn er ihm denn genug Nutzen und Genuss verspricht, herbeiführen könnte.

*9. Haus: Der Stier verhält sich in Hinblick auf seine Ideale wie ein Steinbock.*

Da Königin Venus der durchaus realistischen Ansicht ist, dass ein Königreich nur dann auf Dauer erhalten und in stetem Wachstum gedeihen lassen kann, wenn die Ziele über lange Zeiträume hin sowohl am Beginn sorgfältig geprüft als auch danach konstant beibehalten werden, hat sie den „Grafen Steinbock" zum Herrn des 9. Hauses ernannt.

In diesem Haus werden die Ziele formuliert, die Richtung festgelegt, und der Weg zu dem ausgewählten Ziel in einzelne Schritte und Projekte zerlegt. Dabei ist der Stier dank des Steinbockes am Anfang eher langsam. Er prüft und prüft und sichtet die verschiedenen Möglichkeiten, bis er sich schließlich sicher sein kann, dass er nichts Wesentliches übersehen hat und deshalb nun eine Entscheidung treffen kann, die er nicht so bald revidieren muss, denn ständige Änderungen des Weges scheinen ihm nur Kraftvergeudung zu sein.

Wenn nun neue Fakten in sein Blickfeld geraten, ist er durchaus bereit, sein Vorgehen und seine Ziele zu ändern, da jedes andere Verhalten schließlich uneffektiv wäre, aber er bedauert, dass er diese neue Information nicht schon am Anfang gehabt hat, da er dann nun schon viel weiter sein könnte. Diese Festigkeit im Ziel besteht zum Teil auch darin, dass sich der Stier in seinem Streben mit der Welt verbindet. Er handelt und strebt sozusagen aus der Erkenntnis der Notwendigkeiten heraus, da ihm dieses Vorgehen die notwendige Stabilität gibt, die er braucht, um sein kleines, abgegrenztes, selbst gestaltetes Reich erhalten und gegen die von außen aus der Welt auf seine Grenzen einwirkenden Kräfte verteidigen zu können.

*10. Haus: Der Stier verhält sich in der Öffentlichkeit wie ein Wassermann.*

Da sich Königin Venus im Land des Stiers das sorgsame Arrangieren als Vorgehensweise erwählt hat, ist sie bemüht, den Ereignissen immer einen Schritt voraus zu sein, um dadurch die Dinge noch in ihrem Sinne lenken zu können. Aus diesem Grund hat sie auch für die Provinz des 10. Hauses nicht den „Grafen Steinbock"", der hier geboren ist, sondern den „Grafen Wassermann" zu ihrem Statthalter ernannt.

Der Wassermann untersucht bekanntlich wie ein Professor die verschiedenen Erfahrungen der Realität und erforscht ihre Gesetze und formuliert dann seine Ergebnisse in Theorien, die die Wirklichkeit beschreiben sollen, auf deren Grundlage er schließlich eine Utopie entwirft. Daher sorgt „Graf Wassermann" im 10. Haus, also in der Öffentlichkeit, dafür, dass der Stier über Einblick, Durchblick und Weitblick verfügt und sich somit alles von höheren Mächten Geregelte – angefangen von den Naturgesetzen bis hin zu der Straßenverkehrsordnung – zunutze machen kann.

Der Stier ist ja ganz und gar kein aggressiver Typ – daher nutzt er das Arrangement, um zu seinen Zielen zu gelangen: die richtigen Reserven haben, die passenden Leute kennen, zur richtigen Zeit am richtigen Ort sein, Insiderinformationen nutzen, bei passender Gelegenheit kaufen und verkaufen usw. Der Trick hierbei ist ganz einfach, dass der Stier durch den „Grafen Wassermann" in dieser „Grafschaft des öffentlichen Lebens" weiß, wohin welche Handlung führen wird bzw. was als nächstes geschehen wird. Daher ist er in der Lage, in jedem Augenblick die erfolgversprechendste Variante auszuwählen. Seine Methode ist also Kenntnis und Auswahl.

Auf das 10. Haus bezogen heißt dies, dass er Gesetze und Verordnungen zu nutzten weiß; und wenn er auch im Einzelfall eine Regelung einmal nicht besonders schätzt, so gibt ihm doch eben dieses Geregeltsein der Welt die Möglichkeit, eben diese Regeln dadurch, dass er sie kennt, nutzen zu können – sei er nun Broker an der Börse oder Chefkoch in einem 5-Sterne-Hotel.

### 11. Haus: Der Stier verhält sich im Vereinslokal wie ein Fisch.

Königin Venus ist der Ansicht, dass ihr Land nur im Frieden gedeihen kann. Daher ist sie offen für alle Ansichten, Bewegungen, Zusammenschlüsse und Weltanschauungen – gemeinsam erreicht man eben mehr … Folglich hat sie naheliegenderweise den „Grafen Fische" zum Herrn im 11. Haus ernannt, in dem sich Gleichgesinnte treffen und ihre Aktionen planen und durchführen.

Das bedeutet nicht, dass der Stier keine eigene Meinung hat, sondern dass er es sinnvoller findet, zu wissen, was für Ansichten denn so alles im Umlauf sind. Daher ist er weltanschaulich ungebunden und offen und schaut, was er für bekömmlich und was er für unbekömmlich hält. Er meidet, was Weltanschauungen angeht, das Dogma und die Überzeugung und schätzt mehr das Einfühlungsvermögen, die Anteilnahme und die Nachbarschaftshilfe. Daher führen weltanschauliche Debatten mit Stieren schnell zu der Frage, wozu man denn diese Information oder Stellungnahme denn eigentlich brauche – das Nützlichkeitsdenken des Stieres prägt auch diesen Bereich.

Letztlich betrachtet der Stier Weltanschauungsfragen am liebsten von einem religiösen, künstlerischen und sozialen Standpunkt aus – er sucht eher nach einem Lebensgefühl als nach der Urformel, wenn er einmal über Gott und die Welt nachdenkt.

### 12. Haus: Der Stier verhält sich im Fluss des Alltags wie ein Widder.

Der spontane und direkte „Graf Widder", den Königin Stier in ihre 12. Provinz entsandt hat, sorgt dafür, dass all den unvorhersehbaren kleinen und großen Ereignissen des Alltages adäquat begegnet werden kann. Für den Stier ist eine solche Handlungsbereitschaft und ein solches schnelles Reaktionsvermögen notwendig, da sonst etwas Störendes in ihren Bereich eindringen könnte.

Das 12. Haus ist der Bezug des Menschen zur Welt als Ganzes, also Begegnungen in der U-Bahn, Erdbeben, politische Veränderungen, das Wetter, religiöse Erfahrungen, künstlerische Ausdrucksversuche, soziales oder ökologisches Engagement ... und all diese Sachen entscheidet der Stier gerne nicht kategorisch, sondern von Fall zu Fall, da es ihm nicht um das Vertreten einer bestimmten Ansicht oder Linie geht, für die er Opfer zu bringen bereit wäre, sondern darum, in jedem einzelnen Fall zu schauen, was ihm angemessen erscheint und was ihm selber letztlich das größte Wohlbehagen bereitet.

Schließlich ist das 12. Haus, das die Öffnung zur Welt hin darstellt, für den Stier, der seinen eigenen Garten schützen und hegen und gedeihen lassen will, ein heikles Thema, denn wie leicht könnten Störungen durch das Gartentor eindringen? Also lieber auf der Hut sein und die Sache direkt und von Fall zu Fall entscheiden.

# 3.  Neugieriger

Ⅱ

*1. Haus: Der Zwilling verhält sich im „Hier und Jetzt" wie ein Zwilling.*

Was ist die Essenz des Zwillings? – Das die Dinge verstehen wollende Verknüpfen der Dinge, die einem begegnen: die interessierte, aber sich nicht bindende Anteilnahme. Die Motivation dafür ist offensichtlich die Neugier, der Drang, etwas auszuprobieren. Aber auch Offenheit muss vorhanden sein und ein gewisser Expansionsdrang in die Welt hinein: Als Zwilling erlebt man sich offenbar im Kontakt mit dem Neuen in der Welt, man ist gewissermaßen ein Austausch- und Anregungsprozess.

Daher ist das „?" das wichtigste Handwerkszeug des Zwillings. Bei einer solchen Beweglichkeit müssen die Zwillinge zum Luftelement gehören, denn keinem anderen Element ist eine solche Offenheit, Kontaktfreude und ein solcher Drang zur Strukturierung eigen. Wobei beim Zwilling, der ja die „bewegte Luft" also gewis-sermassen ein hierhin und dorthin wirbelnder Windhauch ist, die Strukturierungen immer nur vorübergehende Zustände in dem Spiel sind, dass er gerade spielt.

Das Prinzip der Bewegung in den Zwillingen ist der Merkur: lösen und binden – und dabei die Welt erkunden.

Was macht ein Zwilling? – Er öffnet die Augen und schaut, was sich verändert hat und erforscht es dann. Oder er sieht das, was schon lange so ist und verändert es. Oder er findet, dass er dies alles schon zu gut kennt, und geht woanders hin. In jeder Begegnung entdeckt er eine neue Facette von sich selber, in jeder Begegnung verbindet er sich ein Stück weit mit der Welt, in jeder Begegnung wird der Zwilling ein wenig reicher an inneren Bildern und Begriffen und Gefühlen und Lebendigkeit.

Die Verbindungen des Zwillings sind vorübergehende Verbindungen, durch die man etwas kennenlernt, bei denen ein Austausch stattfindet, und wenn der Austausch vollendet ist, löst sich die Verbindung wieder – und der Zwilling sucht sich etwas Neues, zu dem er noch eine Spannung, die sich in der Begegnung entfalten kann, spürt.

Natürlich kann es auch immer wieder zu Begegnungen mit denselben Menschen und Dingen kommen, wenn diese so viel Eigendynamik haben, dass immer wieder ein Spannungspotential da ist, das eine Begegnung lohnend erscheinen lässt. Daher zieht den Zwilling besonders das an, was ihm am fremdesten ist – je unterschiedlichere Dinge man miteinander verknüpfen kann, desto weiter öffnet sich der Horizont.

Schließlich ist der Zwilling ein Luftzeichen, und das Element Luft will erkennen. Das Verfahren des Zwillings ist das Sammeln von vielen verschiedenen Punkten, durch die er dann gewissermaßen ein Gespür und einen Begriff von der Gesamtheit der Welt erlangt. Er ist wie der Wind, der durch die weite Welt weht …

Der Zwilling mag die Klarheit, den Zusammenhang, die interessante Wendung, den neuen Standpunkt, die überraschende Einsicht und das Spiel mit den Worten – wenn sich zwei Zwillinge treffen, können andere Sternzeichen mit dem verbalen Ping-Pong-Spielen zwischen den beiden oft nicht mehr mithalten.

An den Zwillingen fallen die wachen Augen auf; ebenso die Bewegungen, die etwas leicht Tänzerisches, von der Schwere der Dinge Gelöstes haben; ihr Gesicht macht einen klaren, offenen Eindruck; sie sind eher feingliedrig, schlank und beweglich und nur selten in Ruhe; ihr Humor ist nicht zu übersehen (oder zu überhören) und sie stehen ein bisschen über den Dingen und scheinen nicht so viel Erdenschwere wie andere zu haben.

### 2. Haus: Der Zwilling geht mit Besitz wie ein Krebs um.

Welche Einstellung hat der Zwilling zu Wohnung, Kleidung und Ernährung? – Er nimmt von der ihm begegnenden Vielfalt das an, was zu ihm passt, was sich für ihn ihm verwandt anfühlt, und weist alles von sich, was nicht zu ihm passt und sich fremd anfühlt.

Die Frage des 2. Hauses ist eine „Hals"-Frage: „Was lasse ich in mich hinein?" Bei diesem Thema braucht der Zwilling unbedingt den Krebs-Maßstab: Er ist für den Zwilling notwendig, um sich nicht in der Vielfalt der Kontakte zu verlieren. Also alles berühren, aber genau prüfen, was man zu einem Teil von sich selber werden lässt.

Am Krebs im 2. Haus lässt sich eine Vorliebe für Essen in gemeinschaftlicher Runde, für Sprossen-Salate, für Milchprodukte, für Soßen, Breie, Suppen und Puddings erkennen – vorzugsweise in romantischer, gemütlicher Stimmung mit Kerzenschein, Vollmond und Flokatis.

Wie man leicht erkennen kann, braucht der Zwilling aufgrund seiner Offenheit auch einen Rückzugsort, an dem er ganz er selber sein kann, weshalb er auch nicht jeden zu sich nach Hause einladen würde, sondern nur die, die er als sich verwandt empfindet. Daher ist ihm die Sippen-Wohnweise mit Eltern, Geschwistern und Kindern auch durchaus ein verständliches Konzept; abgewandelt tritt dies auch als Wohngemeinschaft mit Freunden auf.

Auch die Kleidung hat für ihn vor allem den Aspekt der bergenden, gemütlichen Hülle, die ihm hilft, sich in den vielfältigen Kontakten selber zu bewahren. Seine Vorliebe für weiche, flauschige Stoffe, am liebsten als Futter auf der Innenseite eines festeren und (nicht nur das Wetter) abweisenden Stoffes könnte andere an ihm überraschen, die seine Offenheit fälschlicherweise auf sein gesamtes Wesen übertragen haben.

### 3. Haus: Der Zwilling ist in Bezug auf die Neugier wie ein Löwe.

Wie ist der Zwilling in dem ihm entsprechenden astrologischen Haus, also im 3. Haus? – Natürlich wie ein Löwe! Wie auch sonst?! Er ist selbstsicher in der Kontaktaufnahme, erlebt Gespräche als Selbstentfaltung und ist in der Lage, ein Gespräch zu lenken und zu prägen. Wenn es viel zu entdecken, zu untersuchen und zu verbinden gibt, fühlt sich der Zwilling ganz in seinem Element.

Versuche einem Zwilling das Reden zu verbieten und Du wirst merken, wieviel Energie ein Zwilling hat. Versuche seine vielfältigen Kontakte zu anderen Menschen zu unterbinden, und Du wirst sehen, wie aufbrausend er werden kann. Oder, wenn Dir beides schließlich doch gelingt, wirst Du sehen, wie der Zwilling verkümmert und seinen Elan und seine Lebensfreude verliert. Denn der Zwilling erlebt sich in der Begegnung, sein Herz geht auf im Erleben von Neuem, und er spürt sich selber am deutlichsten im Gespräch. Der Kontakt zur Welt ist die Selbstentfaltung des Zwillings.

### 4. Haus: Der Zwilling verhält sich in der Familie wie eine Jungfrau.

Hat der Zwilling eigentlich so etwas wie ein Gemüt? – Kommt darauf an, was man darunter versteht …

Der Zwilling schaut sich alles an und es gibt eigentlich nichts, vor dessen Wahrnehmung er ernsthaft zurückschrecken würde. Insbesondere seine eigene Psyche schaut er sich genau an und analysiert sie und bemüht sich darum, ihre Funktionsweise zu erfassen und dann alle eventuell entdeckten Störungen zu heilen.

Diese handwerklich-heilerische Einstellung gegenüber der Psyche, der Pflege und der Erziehung von Kindern, der Familie, der Heimat, der Nähe zu vertrauten Menschen und allen anderen Themen des 4. Hauses lassen den Zwilling zu einem Gesprächspartner werden, der schnell die inneren Zusammenhänge erkennt und der einem hilfreiche Ratschläge und Hinweise geben kann.

Diese Einstellung bedeutet natürlich auch, dass der Zwilling in diesen Lebensbereichen gerne geordnete Verhältnisse haben möchte und wissen will, woran er denn nun ist. Von daher führt er vielleicht ein Traumtagebuch, liest Bücher über die Erziehung von Kindern, führt in seiner Beziehung Gespräche über den Umgang mit Nähe und seine leichte Irritierbarkeit und Verletzlichkeit bei diesem Thema; er erhält Freundschaften durch kleine Geschenke, unterstützt den Heimatverein bei der Errichtung eines neuen Spielplatzes und kümmert sich um Verwandte, die in eine Notlage geraten sind.

Bei der engeren Kontaktaufnahme, die gefühlsmäßige und körperliche Nähe miteinbeschließt, ist der Zwilling zunächst einmal etwas scheu – er braucht erst einmal etwas Kenntnis über den oder die, die ihm da begegnen. Erst wenn der Zwilling sich mit seiner Jungfrau-Qualität in ihrem 4. Haus etwas eine Weile angesehen und probeweise ein wenig damit hantiert hat und dadurch erkennt, wie es funktioniert und was wann zu erwarten ist, kann sie sich darauf näher einlassen. Schließlich mag die Jungfrau nichts so wenig wie Ungewissheit, mangelnde Sachkenntnis und die daraus entstehende Gefahr von Verletzungen.

Daher hält es der Zwilling mit dem Sprichwort: „Trau, schau wem!"


*5. Haus: Der Zwillinge verhält sich in Bezug auf sich selber wie ein Waage.*

Und wie sieht es mit der Selbstdarstellung des Zwillings aus? – Sehr ausgewogen. Was ja auch nicht sehr überraschend ist. Wenn schließlich die Kontaktaufnahme und das „sich in der Begegnung mit der Welt erleben" die Vorgehensweise der Zwillinge ist, wird sich ihr Selbstausdruck und ihr Erleben der eigenen Mitte schlüssigerweise in der Festigung der besonders reichhaltigen und stimmigen Begegnungen zu dauerhafteren und intensiveren Beziehungen zeigen. Wenn schon jede Begegnung das Auge erfreut, wird jede Beziehung das Herz erfreuen. Man könnte sagen, dass die vielfältige Kontaktaufnahme des Zwillings für ihn die notwendige Grundlage ist, die wirklich wichtigen Beziehungen zu finden.

Eine andere Bedeutung der Waage in diesem Haus ist es, dass der Zwilling zum einen immer darum bemüht ist, seine ganzen Impulse zur Selbstdarstellung und zum „sich selber leben" miteinander in Harmonie zu bringen, und dass er zum anderen bei allen Aktionen des Selbstausdrucks stets bemüht ist, diese Taten in Harmonie mit dem, was die anderen tun, zu bringen. Man könnte sagen, dass die Selbstverwirklichung des Zwillings auf ein Beziehungsgeflecht, in dem alles nach seiner Art leben kann, ausgerichtet ist.

Das bedeutet auch, dass die Zwillinge in ihrem Selbsterleben viel mehr auf andere Menschen angewiesen sind als andere Sternzeichen, die eben nicht gerade die Waage im 5. Haus haben. Dies macht aber auch Begegnungen mit Zwillingen für andere Menschen sehr bereichernd, denn sie können sich von ganzem Herzen auf eine Begegnung einlassen – schließlich fühlen sie sich in einer solchen Beziehung am lebendigsten. Dies ist natürlich wie immer nur eine Aussage über den Stil, nicht aber über die Intensität oder gar das Niveau einer Begegnung.

Da die Beziehung – und der Waage im 5. Haus entsprechend auch die Kunst und die Diplomatie sowie alle anderen verbindenden Dinge von der Algebra bis hin zum

Eheanbahnungsinstitut – als Ausdrucksmittel der eigenen Persönlichkeit angesehen werden, sind die Zwillinge tendenziell sehr selbständig und auch recht prägend in diesem Bereich.

Um keine Missverständnisse aufkommen zu lassen: Es geht hier um die Art und Weise, wie Zwillinge sich selbst darstellen und ausleben (5. Haus). Dies tun sie eben auf Waage-Art. es geht hier nicht darum, auf welche Art und Weise Zwillinge Beziehungen erleben (7. Haus): Dies geschieht bei ihnen nämlich auf Schütze-Art. Zwillinge leben sich dadurch aus (5. Haus), dass sie intensive Verbindungen (Waage) eingehen – und sie haben idealistische (Schütze) Beziehungen (7.Haus).

### 6. Haus: Der Zwilling arbeitet als Handwerker wie ein Skorpion.

Es gibt einen Lebensbereich, in dem auch der luftig-lustige Zwilling ein wenig Biss, also den Stil des Skorpions hat – welches ist das wohl? – Nun, es ist der, den er bei seiner großen Offenheit am nötigsten braucht: die Fähigkeit, Dinge und ihre Eigenschaften klar zu erkennen und mit ihnen entsprechend umgehen zu können.

Der Zwilling kann mit seiner Weltoffenheit nur zurechtkommen, wenn er ein feines Gespür dafür hat, wo Gefahren lauern und wo sich eine Anteilnahme am meisten lohnt. Er kann gegenüber der äußeren Erscheinungsform und gegenüber dem, was jemand zu sein vorgibt, recht kritisch sein und hinter die Fassade schauen, um die eigentliche Motivation zu erkennen – was unter anderem Gespräche mit Zwillingen recht interessant machen kann, da sie bisweilen mehr erkennen, als man ihnen bei ihrer luftigen Art zutrauen würde.

Nun geht es im 6. Haus ja nicht nur um das Erkennen (das hier auf Skorpion-Weise kritisch-prüfend ist), sondern auch um handwerkliche Herstellung, Reparatur, Heilung und alle anderen Arten der Wiederherstellung einer Ordnung. Entsprechend dem Skorpion-Stil ist der Zwilling also den skorpionischen Methoden, also den Rosskuren, der grundlegenden Auseinandersetzung und der Verwandlung nicht abgeneigt, was ihm ja aufgrund seiner zwillingshaften Beweglichkeit auch entgegenkommt – wenn sich schon etwas ändern muss, warum dann nicht gleich alles und warum nicht gleich gründlich?

Einem anderen Sternzeichen würde eine grundlegende Änderung der Orientierung und Ordnung schon etwas schwerer fallen. Das heißt, genau genommen würde sie ihm nicht schwerer fallen, sondern ein anderes Sternzeichen würde anders damit umgehen, da es in seinem eigenen 6. Haus eben ein anderes Tierkreiszeichen als den Skorpion stehen hätte.

Der Zwilling hat also die Bereitschaft, wenn ihm etwas begegnet, was seine bisherige Auffassung davon, wie die Welt funktioniert in Frage stellt, dieser Sache auf den Grund zu gehen und gegebenenfalls seine bisherigen Vorgehensweisen zu verändern und neu zu strukturieren.

## 7. Haus: Der Zwilling verhält sich in Beziehungen wie ein Schütze.

Beziehungen … Was kann man bei dem Thema denn von einem Zwilling erwarten? Viel Bewegung und Abwechslung? – Nein, Idealismus! Schließlich suchen alle Tierkreiszeichen in ihrem Partner die Gegensatz-Ergänzung, steht doch im 7. Haus immer genau das Gegenzeichen zu dem Sternzeichen, das am Aszendenten steht.

Um sich bei all seiner Offenheit nicht zu verlieren, sucht der Zwilling immer nach dem idealen Partner. Da er in Gesprächen und in der Kontaktaufnahme sehr selbstbewusst auftritt, fällt es ihm nicht schwer, alle ihn interessierenden Menschen auch näher kennenzulernen. Und weil für ihn die intensive Beziehung und der Austausch das ist, wodurch er sich selbst am lebendigsten fühlt, will er in seinen Begegnungen auch nicht an der Oberfläche bleiben.

Das führt alles zusammengenommen dazu, dass der Zwilling offen für die Welt ist, selbstsicher die Gespräche dorthin lenkt, wohin er sie haben will, die interessantesten von ihnen zu wirklich persönlichen Gesprächen und Verbindungen vertieft und sich daraus die Begegnungen mit dem größten Entwicklungspotential auswählt, um daraus eine Beziehung entstehen zu lassen.

## 8. Haus: Der Zwilling verhält sich im Kampf wie ein Steinbock.

Wie steht es denn mit seinen Instinkten? – Realismus, Realismus, Realismus. Man könnte auch sagen: Sachlichkeit im Umgang mit allen heftigen Dingen.

Der Zwilling nimmt nur ihm Verwandtes in seinen eigen Bereich auf (Krebs im 2. Haus), bemüht sich um einen sachgerechten Umgang mit dem ihm Anvertrauten (Jungfrau im 4. Haus), setzt sich kritisch mit den bestehenden Ordnungen und Handlungsabläufen auseinander, um zu dem zu gelangen, was der Sache am besten entspricht und dem eigenen Befinden am besten zuträglich ist (Skorpion im 6. Haus), was nun zu einer sachlichen und korrekten Einschätzung der Motivationen, der Begierden, des Hasses, des Kampfes, der Grenzverletzungen, des Überwindens von Veraltetem, sowie aller anderen Dinge, die dem Leben eine größere Tiefe und Intensität geben können, führt (Steinbock im 8. Haus).

Der Zwilling kann daher recht sachlich und neutral-distanziert über Themen wie Sexualität, Tod, spirituelle Erlebnisse oder Kriege sprechen. Das bedeutet keinesfalls eine Gefühlsarmut bei Zwillingen, sondern lediglich, dass sie akzeptiert haben, dass es diese Dinge gibt, und das es keinen Sinn hat, wegzuschauen, und dass es am besten ist, sie sich einmal sachlich zu betrachten, um erkennen zu können, worum es denn da eigentlich geht, um dadurch dann schließlich auf eine sinnvolle Art mit diesen normalerweise sehr emotionsbeladenen Themen umgehen zu können.

Der Steinbock führt in diesem Haus schließlich dazu, dass der Zwilling sich diese Dinge weniger von einem persönlichen, sondern eher von einem überpersönlichen Standpunkt aus betrachtet. Er sucht nicht so sehr nach einem Verständnis dafür, wie es damit denn bei ihm selber bestellt ist, sondern danach, wie es generell um diese Dinge steht.

Aus diesem „Steinbock im 8. Haus"-Stil ergibt sich unter anderem auch, dass der Zwilling zu eher dauerhaften sexuellen Beziehungen neigt, Hass als ein eher kollektives Phänomen auffasst, Begierden als einen Aspekt der Selbsterhaltung ansieht, Kampf und Grenzverletzungen als etwas betrachtet, was öffentlicherseits geregelt werden sollte, und bei seinem Bestreben nach größerer Lebensintensität und nach intensiveren spirituellen Erlebnissen sowie bei allen psychischen, körperlichen und geistigen Verwandlungsvorgängen froh ist, wenn er dabei eine ihn führende, verlässliche Autorität finden kann. Der Zwilling sucht also für alles, was heftig ist (8. Haus), eine verlässliche äußere Form (Steinbock).

*9. Haus: Der Zwilling verhält sich in Hinblick auf seine Ideale wie ein Wassermann.*

Hat ein Zwilling Ziele? Und wenn ja, welche? – Ja, hat er: globale, weltumspannende, exorbitalinterstellargalaktischunbegrenzte Ziele.

Die persönlichen Ziele, die die eigene Tatkraft zu neuen Höchstleistungen begeistern können, werden beim Zwilling nach dem Stil des Wassermanns, der ja nach dem Allgemeingültigen und der Utopie sucht, angegangen. Das bedeutet zunächst, dass der Zwilling das eigene Ideal nicht von den Idealen der anderen trennt, sondern nach dem allen gemeinsamen Ideal und der insgesamt anzustrebenden Utopie sucht und aus dieser Utopie dann seine Energie schöpft.

Dies ist die logische Fortführung der Weltoffenheit (1. Haus), der souveränen Gesprächsführung (3. Haus), der Selbstentfaltung in intensiven Kontakten (5. Haus) und den idealistischen Beziehungen (7. Haus). Der Zwilling erlebt sich also aufgrund dieser Disposition als weltverbunden und kann sich daher ein Streben auf einen besseren Zustand hin auch nur als ein gemeinsames Streben auf ein gemeinsames Ziel hin vorstellen. Die Neugier und die Redefreudigkeit und die bisweilen oberflächlich erscheinende Beweglichkeit des Zwillings drücken also in Wirklichkeit eine Verbundenheit mit der Welt aus, ein Gruppengefühl aller lebenden Individuen.

*10. Haus: Der Zwilling verhält sich in der Öffentlichkeit wie ein Fisch.*

Ein Zwilling in einer Behörde – das kann ja eigentlich nur Durcheinander geben.

Oder? – Eben gerade nicht!

Entsprechend der Folge „vorsichtiges Öffnen seiner Türe" (Krebs im 2. Haus), „sachgemäße Annäherung" (Jungfrau im 4. Haus), „kritische Sachkenntnis" (Skorpion im 6. Haus) und „sachliche Motivationsbeurteilung" (Steinbock im 8. Haus) stellt sich das Fische-gepräge Verhältnis des Zwillings zu dem Bereich der Öffentlichkeit, also zu dem 10. Haus, als ein Nutzen und Getragenwerden einerseits und als ein Anteilnehmen und Fördern andererseits dar.

Den Zwillingen in ihrer Beweglichkeit können Naturgesetze, die Straßenverkehrsordnung, Fahrpläne und die derzeitigen Einkommenssteuerregelungen kein Hindernis werden, da sie sich schnell einen Überblick über sie verschaffen können und dann sehen, wie sie sie am besten nutzen können. Sie verbringen nicht viel Zeit damit, sich über sie aufzuregen, sondern schauen lieber nach Schlupflöchern, Fördermöglichkeiten, nützlichen Kombinationen und Ausnahmeregelungen, sodass alles – auch wenn es von den „Gesetzgebern" vielleicht einmal anders gedacht gewesen ist – schließlich doch zum eigenen Nutzen gewendet werden kann.

Entsprechend finden Zwillinge leicht Stipendien oder Mäzene, können Beamte davon überzeugen, dass bei ihnen doch diese und jene Ausnahmeregelung gilt, und finden, wenn die Autobahnen verstopft sind, eine passende Abkürzung über die Felder zu ihrem Ziel.

Schließlich ist man als Zwilling ja beweglich, und wenn dann bei uns alles etwas anders läuft als bei den etwas trägeren Sternzeichen, ist das ja schließlich nicht verwunderlich.

Natürlich geben die Zwillinge auch selber gerne anderen Unterstützung bei deren Bemühen, mit der offiziellen Seite der Welt zurechtzukommen, wodurch sie schon oft für andere Türen geöffnet haben, die diese sonst erst gar nicht gesehen hätten.

*11. Haus: Der Zwilling verhält sich im Vereinslokal wie ein Widder.*

Bunte Weltanschauungen? – Ja, so ungefähr. Zwillinge sind so daran gewöhnt, dass immer wieder neue Dinge und Informationen auftauchen, dass sie erst gar nicht versuchen, sich ein festes Weltbild zuzulegen oder sich ausschließlich einem Klub von Gleichgesinnten anzuschließen. Schließlich folgt ja auch aus der Weltoffenheit (Zwilling im 1. Haus), der selbstbewussten Gesprächsführung (Löwe im 3. Haus), der mit anderen verbindenden Selbstdarstellung (Waage im 5. Haus), den idealistischen Beziehungen (Schütze im 7. Haus) und den für die Allgemeinheit entworfenen Zielen (Wassermann im 9. Haus) logischerweise eine Offenheit für die verschiedensten Ansichten und eine Wertschätzung für die unterschiedlichsten Weltanschauungen (Widder im 11. Haus).

Die Weltanschauung (11. Haus) eines Zwillings entsteht sozusagen in jedem Augenblick spontan aus den gerade gegeben Umständen (Widder) neu – worüber sich andere Sternzeichen bisweilen wundern und dann dieses Bewusstsein des Zwillings über die Relativität der Meinungen über die Welt leicht für Konzeptlosigkeit oder gar Oberflächlichkeit und Mangel an eigener Meinung halten. Dabei erforscht der Zwilling lediglich die Vielfalt der Welt, und dazu gehört es schließlich ja auch, dass man sich die verschiedensten Weltbilder anschaut, um zu sehen, was an ihnen dran sein könnte.

Nun darf man dies nicht so auffassen, als ob der Zwilling gar kein intellektuelles Rückgrat hätte und immer sein Fähnchen nach dem Wind hängen würde, denn er besitzt ja durchaus ein gutes Urteilsvermögen und sortiert die ihm begegnenden Anschauungen sozusagen nach ihrem Plausibilitätsgrad und setzt für all das, was ihm als brauchbar, interessant und stichhaltig erscheint, zu einem losen Gebäude zusammen, das ständig durch neu hinzukommende Erlebnisse und Informationen umgebaut und umgeformt wird.

In dieser Bereitschaft, sein eigenes Weltbild ständig entsprechend den neuesten Ereignissen umzugestalten und nicht an alten Formen zu hängen, sondern sich statt dessen über das Neue, Bessere, Vollständigere zu freuen, liegt die eigentliche Qualität des Widders im 11. Haus.


## 12. Haus: Der Zwilling verhält sich im Fluss des Alltags wie ein Stier.

Nun die zentrale Frage: Auf welche Art öffnet sich der weltoffene Zwilling eigentlich der Welt? – Vorsichtig, mit der Fähigkeit unterscheiden zu können, was für ihn bekömmlich ist und was nicht. Dies ergibt sich ja schon logischerweise aus der im 10. Haus dargestellten Folge: zögernde Öffnung (Krebs im 2. Haus), vorsichtige Kontaktaufnahme (Jungfrau im 4. Haus), kritische Sachkenntnis (Skorpion im 6. Haus), sachliche Motivationsprüfung (Steinbock im 8. Haus) und Nutzung des nicht Veränderbaren (Fische im 10. Haus).

Die Folgen 1., 3., 5., 7., 9. und 11. Haus sowie 2., 4., 6., 8., 10. und 12. Haus stellen die zwei Seiten des Zwillings dar, aus denen der Zwilling besteht: zum einen die tatkräftige Offenheit, die der Welt entgegengeht und sich in ihr erlebt (1. bis 11. Haus) und zum anderen die behutsame Berührung des ihm Begegnenden und die Prüfung, ob es sich wohl mit ihm verträgt (2. bis 12. Haus). Zum einen sucht der Zwilling die Begegnung, aber zum anderen hat er (und braucht er ja auch) die Fähigkeit, aus diesen Begegnungen das für ihn Passende auszuwählen. Diese Fähigkeit des Urteilens, die ja ihrerseits auch aus der Weltoffenheit entsteht, ist etwas, was bei Zwilling oft nicht so klar gesehen wird.

Der Zwilling fasst also die gesamte ihn umgebende Welt als die Substanz auf, mit der er spielt, die ihm begegnet und die er gerne erkunden möchte.

Entsprechend dem Stier-Stil im 12. Haus denkt der Zwilling bei Religion auch schnell an Tempel und Kirchen, bei Kunst an Museen und Steine und Farben, bei Sozialem an Spenden, bei Ökologie an die Gründung eines Bio-Bauernhofes, bei Relaxen an Restaurants und Kneipen … Alle Dinge, die eine Verbindung zur Welt als Ganzer darstellen, werden zuerst einmal unter dem Aspekt der Substanz, der Ernährung, der materiellen Förderung und der Bekömmlichkeit betrachtet.

Zum einen bekommt dieser Bereich dadurch eine recht praktische, geerdete Note und zum anderen – was unmittelbar mit dem für eine solche Erdung notwendigen Aufwand zusammenhängt – eine gewisse Vorsicht, die zuerst einmal schaut, ob die einem offenstehende Möglichkeit wirklich etwas ist, was sich mit einem verträgt, was einem bekommt und was man genießen kann.

Der Zwilling ist also offen für alles, aber er prüft genau, was er wirklich an sich heranlässt.

# 4. Sensibler

♋

*1. Haus: Der Krebs verhält sich im „Hier und Jetzt" wie ein Krebs.*

Dieses Tierkreiszeichen ist durch die Empfindsamkeit des Mondes geprägt: das Gemüt, das Bedürfnis nach Nähe, Kinder, Keime, Knospen und alles neu Entstehende, Stillen, Gebären, Pflegen, Beschützen, Träume, Wärme, Verwandtschaft, alles Weiche, Nachgiebige, Einhüllende, Nährende, Milch, Brei, Kindergärten … Das ist das, was den Krebs interessiert.

Er ist ein erschaffendes Zeichen wie der Widder, aber hier sind es nicht wie beim Widder die Taten des Feuers, die neu entstehen, sondern die Gefühle des Wassers: emotionale Stellungnahme, Gefühlsorientierung und ein Weltbild aus Empfindungen – ein Gemütsmensch im ursprünglichen Sinne des Wortes.

Der Krebs ist eins der beiden Tierkreiszeichen, die durch eine Trennung geformt sind: Er interessiert sich für das Innere, das Gemüt, und bemüht sich, das Äußere fernzuhalten. Er verbindet sich mit dem, was ihm verwandt ist, und trennt sich von dem, was ihm fremd ist.

Dadurch entsteht beim Krebs eine Einteilung der Welt in konzentrische Kreise mit nach außen hin abnehmendem Verwandtschaftsgrad: In der Mitte steht er selber mit seinem Gemüt, seinen Träumen und seinem Unterbewusstsein und seinen Bedürfnissen, im zweiten Kreis folgt dann sein Partner bzw. ihre Partnerin, dann ihre Kinder, dann ihre Verwandten, engeren Freunde, Bekannten usw. Diese abnehmenden Verwandtschaftsgrade sind gleichzeitig auch eine Abnahme an Nähe und Verbundenheit.

Um eine solche Trennung aufrecht erhalten zu können, muss der Krebs zum einen vorausschauend sein und zum anderen die Dinge hinterfragen können, sie also verinnerlichen und ihr verborgenes Potential erkennen können. Da durch ist der Krebs in der Lage, sich und die Seinen zu schützen und ihnen die nötige Nestwärme zu geben, die sie brauchen, um zu gedeihen.

Der Unterschied zwischen Stier und Krebs, die sich in manchem ein wenig ähneln, liegt darin, dass der Stier das Nest baut und der Krebs für die Wärme darin sorgt. Der Krebs ist oft ein wenig introvertiert.

Krebse haben einen weichen, fülligen Gesamtausdruck, sind in der Jugend schlank, während sie später oft ein wenig runder werden; ihr Haar ist oft lockig und recht füllig, ihre Stirn ist eher hoch, wobei sie eigentlich keine Denkerstirn, sondern eher eine Träumerstirn haben; sie bewegen sich eher langsam mit weichen Bewegungen.

## 2. Haus: Der Krebs geht mit Besitz wie ein Löwe um.

Da der Krebs die Welt in Innen und Außen aufgeteilt hat und sich ganz der Innenseite der Welt gewidmet hat, ist für ihn im zweiten Haus, das ja die Grenze zwischen Innen und Außen und vor allem auch das Tor zwischen beidem darstellt, ein hohes Maß an Souveränität wichtig (Löwe), um bestimmen zu können, wer ihm nahe kommt und wer nicht: Der Krebs ist ein König in seiner Burg, der seine Wächter jeden prüfen lässt, der durch das Tor hinein will.

Wenn der Krebs nun hauptsächlich zwischen Innen und Außen unterscheidet und zu dem ihm Verwandten im Innen die Nähe sucht, ist es offensichtlich, dass er in seinem Erleben in diesem inneren Bereich nicht mehr allzu sehr zwischen Ich und Du unterscheidet, sondern sich, entsprechend dem hier wirkenden Löwen, mit allem, was bei ihm in seinen inneren Kreisen ist, identifiziert.

Das wiederum bedeutet auch, dass er sich um seine Verwandten und Wahlverwandten genauso intensiv kümmert wie um sich selber. Daher ist es, andersherum betrachtet, eben auch so notwendig, genau auszuwählen, wen er in seine Nähe lässt und wen nicht.

Dass der Krebs in seiner Burg bestimmen will, ist die eine Seite des hier im 2. Haus wirkenden Löwen. Die andere Seite ist die Wärme des Löwen, die alles ihm Anvertraute gedeihen lassen will. Diese Fähigkeit lässt sich gut daran erkennen, dass Krebse häufig Kindergärtnerinnen oder Krankenschwestern sind.

## 3. Haus: Der Krebs ist in Bezug auf die Neugier wie eine Jungfrau.

In der Begegnung mit Neuem und in der Erkundung der bunten Vielfalt der Welt ist der Krebs eher vorsichtig und prüft erst einmal, bevor er einen Schritt in Neuland hinaus wagt: der Rucksack wird sorgfältig gepackt, eine Landkarte von dem Zielort besorgt, bei Bekannten Erkundigungen über die dort vorherrschenden Bräuche, das Wetter und den Charakter der Leute eingeholt, nach dort wohnenden Leuten (Freunden von Verwandten o.ä.) gesucht, die ein sicherer Ausgangspunkt für die Erkundung der fremden Umgebung sein können, und nicht zuletzt wird geprüft, ob eine solche Reise ins Unbekannte überhaupt etwas bringen wird.

Zuviel Neues könnte den Krebs überfordern, da er ja darauf angewiesen ist, alles sorgfältig auf Verträglichkeit zu prüfen, und zu viele Fremde an seinem Burgtor könnten seine Wächter möglicherweise überfordern. Also ist eine gewisse Zurückhaltung, ein gelegentliches Verkriechen im eigenen Schneckenhaus im Zweifelsfalle die sicherste Methode, um auch weiterhin klarkommen zu können. Das bedeutet natürlich nicht, dass der Krebs gegenüber seiner Umwelt völlig „zu" ist; er ist im Gegenteil äußerst empfindsam und nimmt an allem Anteil; aber eben diese Eigenheit erfordert es auch, sich abgrenzen zu können, damit man nicht von all den Ereignissen überflutet wird.

Daher schätzt der Krebs ein eher langsameres Vorgehen bei der Bekanntschaft mit Neuem und beim Lernen allgemein: erst einmal eine Weile schauen, was sich da denn so alles anbietet, dann die Dinge auswählen, die am Vielversprechendsten sind und dem eigenen Wesen nicht allzu fremd erscheinen, dann vorsichtig seine Fühler ausstrecken und das Unbekannte abtasten, nach ein paar solchen vorsichtigen Annäherungsversuche sich vielleicht ein wenig öffnen und schauen, wie das einem bekommt, und auf diese Art in vielen kleinen Schritten schließlich herausfinden, wo das nun schon etwas näher kennengelernte Neue in dem eigenen System der konzentrischen Kreise mit von der Mitte her abnehmendem Verwandtschaftsgrad zum eigenen Wesen denn am besten anzusiedeln wäre.

### 4. Haus: Der Krebs verhält sich in der Familie wie eine Waage.

Mit allem, womit sich der Krebs verwandt fühlt und was er demzufolge in einen seiner inneren Kreise einlässt, identifiziert er sich, wie der Löwe im 2. Haus zeigt. Man könnte ja in Schwierigkeiten geraten, wenn man sich mit den unterschiedlichsten Dingen und Menschen identifiziert – daher ist der Krebs darum bemüht, in seinen inneren Kreisen (4. Haus) Frieden (Waage) zu schaffen und alles was dort ist, miteinander zu verbinden: ein fürsorglicher Freund für alle, die in seiner inneren Heimat wohnen, der für alle ein offenes Ohr hat und für jede Schwierigkeit nach Lösungen sucht, durch die alle Beteiligten reicher werden, und der auch sieht, wie sich Gegensätzliches ergänzen kann.

Der Krebs führt lange „Gemütsgespräche" mit sich selber und mit seinen Verwandten und Freunden, um die auftretenden Reibereien zu verstehen, nach Lösungen zu suchen und so das innere Gesamtbild, das verzerrt gewesen ist, wieder zu entspannen und zu klären. Daher kann man Krebse so oft über etwas „brüten" sehen.

Der Krebs kann zwar durchaus für diese „Seelenarbeit" seinen Verstand benutzen und tut dies auch, aber eigentlich hat er dabei eine Vorgehensweise, die eher akausal und assoziativ ist. Er schaut danach, was wozu passt, was wem ähnlich ist und schafft dadurch aus einander verwandten Informationen sozusagen Informations-Konglomerate, also Symbole. Diese Symbole verknüpft er gemäß seiner Waage-Methode wiederum miteinander zu dynamischeren Motiven („Teile der Psyche"), die dann ihrerseits, wenn sie wiederum durch den Waage-Stil assoziativ miteinander verbunden werden, insgesamt die innere (und äußere) Mythologie des Krebses ergeben.

Die „Gemütselemente" des 4. Hauses werden entsprechend der Waage miteinander verknüpft, wodurch der Krebs in sich denselben Frieden findet wie im Äußeren durch seine diplomatischen Bemühungen im Kreis der ihm nahestehenden Personen.

Eines der zentralen Krebs-Symbole, die Milch, entspricht dieser Denkweise in mehrfacher Hinsicht. Sie ist ein Kolloid, d.h. sie besteht aus kleinen Eiweißkügelchen, an die sich Fett und andere Stoffe anlagern und somit Molekülgruppen bilden, die einem Symbol mit seiner zentralen Vorstellung und den an es angelagerten Vorstellungen entspricht. Ebenso ist die Psyche des Krebses aus solchen zentralen Vorstellungen und Erlebnissen mit den sich um sie gruppierten Assoziationen aufgebaut. Weiterhin ist die Milch das direkteste Symbol für Ernährung, Wärme, Nähe und Geborgenheit, die die zentralen Begriffe in der Welt des Krebses sind.

Das Waage-Prinzip der Verbindung nach Verwandtschafts- und Ergänzungsaspekten führt im 4. Haus also zu einem Beziehungsgeflecht, das durch die besonders herausragenden Erlebnisse und Bedürfnisse strukturiert wird und insgesamt auf einen assoziativen Zusammenhang innerhalb des Ganzen ausgerichtet ist, der dann seinerseits Wärme, Nähe und Geborgenheit, also eine innere Fülle an Lebenskraft entstehen lässt.

Die Klarheit der Waage in diesem Haus des Unterbewusstseins und der Träume führt unter anderem auch dazu, dass es dem Krebs leicht fällt, sich an seine Träume zu erinnern und sich einen Reim auf das zu machen, was in seinem Inneren vorgeht.

Da das 4. Haus auch die Heimat, die Familie und die Verwandtschaft darstellt, ist ein Krebs in diesen Bereichen auch immer jemand, der das Ganze zusammenhält, bei Problemen hilft und sich um allgemeine Integration kümmert.

Wenn man das 4. Haus als einen Ort auffasst, ist es das Schlafzimmer, die Privatgemächer, da sich hier die Innigkeit der Begegnung abspielt. Daher ist dem Krebs die harmonische, ansprechende (Waage) Ausgestaltung dieses Bereiches sehr wichtig.

Das 4. Haus entspricht als Ort dem Krebs und ist von daher für ihn sozusagen der Bereich, in dem er am direktesten lebt (so wie der Zwilling im 3. Haus und der Stier im 2. Haus), weshalb es interessant ist, zu schauen, welche Fähigkeiten er dort einsetzt. Beim Krebs ist dies die verbindende Fähigkeit der Waage, was beschreibt, dass der Krebs nach Nähe und Geborgenheit sucht (der Zwilling braucht im 3. Haus die Selbständigkeit des Löwen und der Stier im 2. Haus die Findigkeit des Zwillings).

*5. Haus: Der Krebs verhält sich in Bezug auf sich selber wie ein Skorpion.*

Wer sein Inneres als harmonisierte (Waage) Gruppe verschiedener Elemente (4. Haus) erlebt, wird viel mit Integration und mit immer neuen Konstellationen durch neu hinzu Gekommenes zu tun haben: ein Traumdeuter und Heiler und Psychologe, der immer wieder die bestehende Gruppierung in Frage stellen muss, da er Neues entdeckt, und diese Bilder in das bereits vorhandene Gemälde einfügen muss, wodurch oft die alte Ordnung zerstört wird und ein völlig neues Gefüge entsteht, sodass dieser Heiler bald zu der Auffassung gelangen wird, dass Individualität (5. Haus) ein Prozess und eine Folge von tiefgreifenden Verwandlungen (Skorpion) ist, bei denen die Spannung des Neuen in seinem Verhältnis zu dem bereits Bestehenden integriert und sinnvoll eingebaut werden muss, sodass ein neuer, vollständigerer und vor allem lebendigerer Lebens- und Selbstbild-Entwurf entsteht.

Der Krebs mit seiner skorpionischen Energie in seinem 5. Haus ist sozusagen ein Maler, der vor einem Spiegel steht und sich selber malt und damit nie fertig wird, weil er immer wieder neue Entwicklungen an sich und in seinen Beziehungen und Verwandtschaften entdeckt und das Bild dann wieder neu malen muss, wobei er viele Elemente von dem vorigen Bild, die ja weitgehend noch gültig bleiben, beibehalten kann, sie aber in dem neuen Bild mit neuen Elementen zusammenbringen und gegebenenfalls völlig neu arrangieren muss.

Sozusagen Individualität als permanente Revolution: Das Alte wird immer wieder auseinandergenommen und neu zusammengesetzt. Was die eigene Psyche und die Vorstellung des Krebses über sein Ich betrifft, kann er voll und ganz zu dem alchemistischen Leitsatz „solve et coagula", also „lösen und binden" stehen. Die Suche nach sich selber hat für den Krebs also kein Ende und auch nur wenige feste Punkte – sie ist vielmehr eine Folge von Spannungen, Auseinandersetzungen, Begeisterungen, Höhepunkten und Abstürzen, bei denen ständig alte Zustände überwunden werden und um eine neue Form gerungen wird.

Diese ganzen heftigen und aufwühlenden Vorgänge spielen sich beim Krebs vorwiegend in seinem stillen Kämmerchen ab.

Nun hat das 5. Haus ja nicht nur die Seite der Selbstfindung, sondern auch noch die Seite der Selbstdarstellung. Der Krebs lebt und erlebt sich also offenbar in der Verwandlung und in der Spannung und wenn er einmal eine Sache oder eine Handlung als einen für ihn wesentlichen Lebensausdruck aufgefasst hat, kann er darin sehr kämpferisch sein und mit Biss und Taktik sein Ziel verfolgen. Dann kämpft er sozusagen für das Prinzip der Lebendigkeit. Daher rührt ein großer Teil der Energie, mit der sich Krebse für die ihnen Anbefohlenen einsetzen können. Krebse sind die Beschützer von allem Lebendigen und insbesondere aller Kinder und aller Wehrlosen.

*6. Haus: Der Krebs arbeitet als Handwerker wie ein Schütze.*

Hohe Ansprüche an die Verarbeitungsqualität, nur das Beste auswählen, bei allen Veränderungen, Bearbeitung und Heilung immer auf das höchstmögliche ausgerichtet sein ist die Maxime des Krebses im 6. Haus: eine Kindergärtnerin, die nur die beste Nahrung für ihre Kleinen zulässt, sich Gedanken über die Zukunft ihrer Schutzbefohlenen macht und schaut, was für sie das Beste wäre.

Das 6. Haus befasst sich mit der richtigen Ordnung der Dinge und ist daher für die Integration zuständig, für die Reparatur und die Heilung, für den sachgemäßen Umgang mit den Dingen, die einem begegnen. Es ist also ein Prozess an der Grenze zwischen Innen und Außen – und dort an dieser Grenze hat der Krebs sozusagen gut bemannte Stadtmauern.

Wenn bei der Integration von Neuem in das bestehende System nicht darauf geachtet würde, dass dies schnell vor sich geht und dabei das höchste Ziel angestrebt wird (wie es ja dem in diesem Haus stehenden Schützen entspricht), liefe der Krebs Gefahr, zu viel Fremdes und unzureichend Verdautes in seinem Inneren vorzufinden, was ihm dann viele schlaflose Nächte und nachträgliche Integrations- oder Aussonderungsarbeit verursachen würde.

Wenn man sich also die handwerklichen Dinge, die der Krebs benutzt, die Therapieformen, auf die er sich einlässt, und die Gründlichkeit, mit der er sich mit Neuem, das ihm begegnet, auseinandersetzt, betrachtet, wird man stets auf höchste Ansprüche stoßen. Insbesondere in seinem Verhältnis zu Ärzten, Therapeuten und Heilern ist dies ja leicht einsichtig, erlaubt er ihnen doch, in sein Inneres einzugreifen, das für ihn sein zentrales Thema und sein verletzlichster Bereich ist.

Dieser hohe Anspruch (Schütze) an den rechten Zustand der Dinge (6. Haus) ergibt sich auch schon daraus, dass der Krebs überhaupt eine solide Mauer zwischen dem Außen und dem Innen zieht, um das Innere zu schützen, denn eine solche Schutzmauer hat nur dann einen Sinn, wenn man auch gründlich und mit höchsten Ansprüchen sortiert, was auf die Innenseite der Mauer darf (Mond) und was nicht. Denn wozu wäre diese Mauer gut, wenn sie nicht zwei verschiedene Dinge trennen sollte?

*7. Haus: Der Krebs verhält sich in Beziehungen wie ein Steinbock.*

Je größer die Nähe zu einer Person, desto größer der Schmerz und die Konfusion und die Identitätskrise bei Trennungen beim Krebs – deshalb hat er im Haus der Beziehungen den Steinbock stehen: Es wird ein treuer, solider, verlässlicher Partner wird gesucht, der idealerweise auch das Leben auf der „Außenseite", in der Öffentlichkeit, in der Welt draußen, die von Paragraphen und Gesetzen geregelt ist, übernimmt, während der Krebs sich um die Wärme und die Geborgenheit auf der mondigen „Innenseite" kümmert.

Wenn der Krebs einmal einen Menschen in sein Inneres gelassen hat, ist er fest mit ihm verbunden, er ist sozusagen ein Teil seiner Psyche und ein Teil seiner Lebenskraft geworden. Daher prüft der Krebs lange, bevor er sich wirklich auf jemanden einlässt, und hofft auf eine beständige Beziehung. Er hat dies Verhältnis auch gerne klar geregelt und definiert und festgelegt – und hat keineswegs eine Abneigung gegen den Trauschein.

Da für den Krebs die Nähe der zentrale Wert ist und das 7. Haus die intensivsten Begegnungen beschreibt, ist es logisch, dass dieses Haus seine Grundlage darstellt und er in diesem Bereich die Beständigkeit des Steinbocks allen anderen Tierkreiszeichen vorzieht.

### 8. Haus: Der Krebs verhält sich im Kampf wie ein Wassermann.

Wenn man wie ein Wassermann mit dem 8. Haus umgeht, also den Bereich der heftigen Gefühle theoretisch zu erfassen bestrebt ist, erhält man eine gründliche Kenntnis der Motivationen: ein Psychologe, der alle Theorien über die Kräfte in der Psyche kennt, ein Detektiv, dem alle kriminalistischen Methoden bekannt sind, ein Forscher, der alle Untersuchungsverfahren kennt, ein Stratege, dem alle Theorien über Angriff und Verteidigung geläufig sind.

Der Krebs will seine zentralen Werte Nähe, Vertrauen und Geborgenheit wirklich in all ihrer Tiefe erfassen und verstehen. Er verbringt einen großen Teil seiner Zeit damit, über sein Inneres und seine Beziehungen zu brüten, weshalb es auch nicht verwunderlich ist, dass er eine so genaue Kenntnis von seinem gefühlsmäßigen Innenleben hat. Das, was er dort vorfindet, schaut er sich von allen Seiten an und benutzt dabei alle Methoden, von denen er je gehört hat.

Nun hat der Wassermann ja nicht nur die Seite des theoretischen Erfassens des Vorhandenen, sondern auch den Aspekt der Utopie-Bildung. Dieses Erschaffen eines Ideals in ferner Zukunft, das noch weit von dem heutigen Zustand entfernt sein kann, findet beim Krebs in dem Bereich der heftigsten Gefühle statt, da diese die innere Konstellation prägen und sozusagen den inneren Rhythmus festlegen. Daher besteht die Utopie des Krebses aus den in idealer Weise miteinander verbundenen intensiven Gefühlen wie Gier, Hass, Leid und Lust, Kampf und Tanz, Versenkung und Ekstase.

Und wenn der Krebs diese Gefühle endlich wirklich verstanden hat, hat er auch sich und die anderen Menschen verstanden – und kann ohne Furcht mit den heftigen Gefühlen an den Wurzeln seiner Psyche umgehen.

### 9. Haus: Der Krebs verhält sich in Hinblick auf seine Ideale wie ein Fisch.

Die Ideale des Krebses sind mehr Ahnungen und erwünschte Zustände und erhoffte

Stimmungen als konkrete, scharf konturierte Tatsachen: ein Träumer von besseren Zeiten, die noch kommen werden und denen er sich, seinem Gespür folgend, zeitweilig so unbewusst und so sicher wie ein Schlafwandler nähert.

Der Krebs fragt sich überall dort, wo gehandelt werden soll, welche Gefühle daraus entstehen werden, wie seine Psyche und die Verhältnisse zu seinen Vertrauten davon betroffen sein werden. Entsprechend setzt er gefühlsmäßige Maßstäbe an sein Handeln und beurteilt das Handeln der anderen auf dieselbe Weise.

Der Krebs entwirft entsprechend den Fischen in diesem Haus keine großen Lebenspläne – und wenn er das doch einmal macht, haben diese Pläne zumindest keine allzu große Verbindlichkeit. Stattdessen sieht er, was ihm begegnet und hat ein gutes Gespür dafür, welches Entwicklungspotential in diesen Menschen und Dingen liegt und kann sich ihnen daher frühzeitig annähern oder vor ihnen fliehen, wodurch er letztlich keinen allzu großen Energieaufwand für das Steuern seines Schiffes durch die Wechselfälle des Lebens benötigt.

Da sich der Krebs mit allem verbindet, was ihm nahe kommt, benötigt er ein solches sensibles Frühwarnsystem, das ihm zeigt, ob das, was da seinen Kurs kreuzt, etwas ihm Verwandtes oder etwas ihm Fremdes ist. Da eine solche Sensibilität für das, was einem begegnet, nicht viel nützen würde, wenn man einen starren Kurs fahren würde, braucht der Krebs diese nur aus Andeutungen, Hinweisen und vagen Entwürfen bestehenden Lebensziele, denn sonst könnte er nicht in jedem Augenblick so feinfühlig reagieren.

### 10. Haus: Der Krebs verhält sich in der Öffentlichkeit wie ein Widder.

Die Öffentlichkeit, also das Außen, ist der Bereich, den der Krebs als ihm fremd erlebt, weshalb er es vorzieht, hier spontan und direkt von Fall zu Fall zu handeln und keine langen Spannungsbögen aufzubauen: Der Burgherr verlässt nur für einen kurzen, notwendigen Ausfall seine Burg, um sich dann schnell wieder hinter seine schützenden Mauern zurückzuziehen. Wenn sich die Notwendigkeit ergibt, verlässt der Krebs den Bereich der Geborgenheit, erledigt schnell und gründlich in der Fremde, was zu erledigen ist, und kehrt dann wieder zurück.

Diese Bevorzugung von voneinander unabhängigen Einzelhandlungen gibt dem Krebs die Möglichkeit, sich nicht in der äußeren Welt zu verfangen und dort festgehalten zu werden. Die Art des Widders ist die Unabhängigkeit, das „für sich Stehen" jeder einzelnen Handlung, was für den Krebs den optimalen Schutz und die für ihn notwendige Unverbindlichkeit, was Konsequenzen aus seinen öffentlichen Aktivitäten angeht, bietet.

Das soll natürlich nicht heißen, der Krebs, wenn er im Außen handelt, unzuverlässig und ohne Verantwortung handelt, sondern nur, dass er in diesem Bereich spontan und direkt ist und sich nicht gerne auf größere Zusammenhänge festlegen lässt.

Der Widder im 10. Haus hat natürlich auch den Vorteil, dass auf Bedrohungen aus dem Außen, also dem Bereich des 10. Hauses, schnell und direkt und vehement reagiert und dadurch das Innen beschützt werden kann.

### 11. Haus: Der Krebs verhält sich im Vereinslokal wie ein Stier.

Der Krebs achtet im Haus der Gemeinschaft der Gleichgesinnten darauf, dass nur solche Personen hier auftauchen, die ihm auch bekömmlich zu sein scheinen: Er ist wählerisch, wenn es darum geht, mit wem er sich über die Dinge unterhält, die ihn wirklich interessierten und spricht nicht mit jedem über alles.

Der Krebs schaut sich alle Weltanschauungen, die ihm begegnen, daraufhin an, ob er sie sympathisch findet oder nicht, und beschäftigt sich nur mit denen näher, die ihm eine Bereicherung für ihn zu sein scheinen. Er strebt also kein umfassendes Weltbild an, sondern die umfassende Kenntnis dessen, was sein Wohlbefinden fördert. Dasselbe gilt auch für die Personen, die diese Anschauungen vertreten: Er wählt aus, mit wem er worüber redet – sonst ist die Gefahr, dass andere ihr Wissen über den Krebs dazu verwenden könnten, um ihn zu verletzen, viel zu groß.

### 12. Haus: Der Krebs verhält sich im Fluss des Alltags wie ein Zwilling.

Der Krebs ist neugierig gegenüber allem, was ihm begegnet: Er ist auch dem Tratsch und Klatsch nicht abgeneigt, hat etwas übrig für langes Erzählen und den Austausch über die Alltagskleinigkeiten: „Hast Du schon gehört, die Frau Maier vom 3. Stock ...“

Die Kenntnis von all dem, was einen umgibt und einem begegnen könnte, ist für den Krebs wichtig, weil er sich sonst nicht sicher in der Welt bewegen könnte. So weiß er, was er wovon erwarten kann und kann sich in seinen Reaktionen schon auf die meisten Situationen einstellen. Da er sehr sensibel ist und die Distanz zum Außen sein einziger Schutz ist, braucht er die Kenntnis dieses Außen, um rechtzeitig aus dem Weg zu gehen oder auch um rechtzeitig auf etwas zugehen zu können, denn schließlich gibt es ja auch die Dinge, die den Krebs anziehen: „Oh, ist ihr Kleiner aber süß! Wie alt ist er denn?“

Da das 12. Haus die Religion, die Kunst, das Sozialengagement und die Ökologie darstellt, und der Krebs hier den Zwilling stehen hat, ist er in diesem Bereich offenbar sehr offen und beweglich, er legt sich auf keine Richtung und kein Dogma fest, sondern nimmt an allem teil, probiert mal dieses und mal jenes, hat schon bestimmte Vorlieben, aber ist nie abgeneigt, einmal etwas Neues auszuprobieren.

# 5.  Egozentriker

♌

*1. Haus: Der Löwe verhält sich im „Hier und Jetzt" wie ein Löwe.*

Ich als Löwe bin von der Sonne geprägt, die alle Kräfte auf meine Mitte hin zentriert und von dort aus kreativ die Welt gestaltet. Mein Element ist das Feuer und ich bin die Tat und die Handlung und die Schöpfung und die Wärme und die Lebendigkeit. Meine Dynamik ist nicht wie beim Widder das Erschaffen, sondern das Entfalten: Mein Ich, mein Innerstes, meine Mitte ist das Samenkorn, und diese Welt ist die Erde und das Wasser und der Wind und der Sonnenschein, die von meinem Samen ergriffen und aufgenommen und verarbeitet werden und die durch ihre Verwandlung zu etwas eigenem von mir werden, wodurch ich wachse und Gestalt annehme – aus dem Samen wird durch die Qualität, die ihm innewohnt, also durch meine eigene Essenz, im Laufe der Zeit durch die Verwandlung dessen, was diesen Samen umgibt, ein großer Baum.

Ich vereine alles in mir und erschafft aus der Fülle meiner Kräfte, die meiner Mitte entspringen, in der alles zusammenläuft, meine nach außen gestaltende und wirkende Kreativität: Ich bin der König.

Mein höchster Wert ist die Lebendigkeit, das Erkennen der Individualität in jedem Menschen, jedem Tier, jeder Pflanze, jedem Berg, jedem See und jedem Stern und mein höchstes Erleben ist die Wahrnehmung und die Verbindung und das Leben der Welt als eines einzigen Lebenswesens, ob man dies nun Gott, Allah, Brahman, Eheieh, Wakan Tanka oder die Ur-Monade nennt.

Ich fördere die Selbstfindung und die Selbstentfaltung, ich bin ein Kind der Sonne, mein Leitspruch ist „Ich will!!!" und ich bin meine eigene Mitte, ich beschütze das Leben, für mich ist von Bedeutung, was an mir das Besondere ist, und ich suche in anderen nach dem, was sie in ihrem Innersten sind, und es ist mein Bestreben, diesen Samen der Individualität in mir und in anderen zu wecken, ihn zu ermutigen und ihn wachsen und gedeihen zu sehen.

Wir Löwen sind im allgemeinen kräftig, größer als der Durchschnitt, aber nicht besonders lang, haben ein etwas breit wirkendes Gesicht, das ein wenig die Form eines aufrechtstehenden Rechtecks hat; wir mögen die Löwenmähne, langes wallendes Haar; in der Jugend sind wir schlank, später haben wir oft ein wenig mehr

Substanz, wodurch wir aber nur noch an Ansehnlichkeit und Autorität gewinnen; und man kann uns leicht an unserem bewussten Blick erkennen: „Da schaut mich jemand wirklich an."

### 2. Haus: Der Löwe geht mit Besitz wie eine Jungfrau um.

Da ich alles zentriere, um mein Ich zu bilden und alles dann von dort aus durch meinen Willen lenken zu können, benötige ich eine genaue Kenntnisse meiner Substanz, also dessen, was innerhalb des 2. Hauses ist: Sachkenntnis über meinen Körper, gute Ernährung, angemessene Körperpflege, Fitnesstraining und Sonnen-bäder, aber auch gute und praktische Kleidung, die meine Eigenschaften und meinen Charakter betont, sowie einen repräsentativen und funktionalen Wohnsitz, der mir meine Aktivitäten ermöglicht und genügend Platz bietet, mich auszuleben, sowie ein gut gefülltes Bankkonto, um dessen Gedeihen ich mich mit Engagement und Geschick kümmere.

Was ich anfasse, gelingt auch, denn ich habe handwerkliches Geschick und kann mich schnell in eine neue Materie hineindenken. Da ich alle Dinge auf ihr Wesentliches, also auf ihre Mitte konzentriere, und sie von dorther entfalten will, ist dieses Geschick, die Dinge in ihrer Eigenart zu erkennen und daher sachgemäß mit ihnen umgehen zu können, für mich auch eine Notwendigkeit.

Was ich in die Hand nehme, wird gedeihen.

### 3. Haus: Der Löwe ist in Bezug auf die Neugier wie eine Waage.

Es genügt mir nicht, einfach den Menschen und den vielen Möglichkeiten der Welt zu begegnen, sondern ich will die Dinge fest einander zuordnen, Freundschaften knüpfen, und an mich binden, was das, was ich bin und habe, als Gegensatz ergänzt.

Mir liegt nicht an unverbindlichen Gesprächen, ich will über das Wesentliche reden, ich will Kontakt zu denen und zu dem, was mir begegnet, denn ich bin die kreative, schöpferische Mitte in dem Mandala, das aus meinen Begegnungen mit der Welt besteht. Mich interessiert mein Ich und das Ich derer, die mir begegnen, und von dem Standpunkt des Ichs aus sind alle Begegnungen zwischen Ich und Du etwas Wesentliches und etwas Verbindendes – sozusagen eine Begegnung mit mir selber, da dieselbe Essenz, die in meiner Mitte ist, auch in der Mitte aller anderen ist. Daher ist auch jede Begegnung von Mitte zu Mitte, von Herz zu Herz etwas Verbindendes und etwas Verbindliches.

Man sagt, wenn ich in einen neuen, mir unbekannten Raum komme, würde ich mich wie ein Salonlöwe verhalten – das stimmt natürlich, aber die, die das sagen, haben nichts verstanden: Ich stelle mich mit dem, was ich bin, in die neue Situation, und schaue, welche Verhältnisse ich zu all denen habe, die dort sind, um den Reichtum des Austausches zwischen mir und ihnen genießen zu können. Und wenn ich dabei etwas dominant erscheine, liegt das nur an meiner strahlenden Lebendigkeit, und die wird mir ja niemand ernsthaft vorwerfen wollen, oder?

Und ich bin charmant in der Begegnung, aufmerksam im Kontakt, und ich kann ausgesprochen liebenswürdig sein und achte immer das Wesen der anderen, denn was könnte mir eine Begegnung mit anderen bedeuteten, wenn ich nicht deren Ich, deren Innerstes wahrnehme und ihm begegne?

### 4. Haus: Der Löwe verhält sich in der Familie wie ein Skorpion.

Meine Zentrierung auf die Individualität, auf mein Ich bringt es mit sich, dass ich oft mein Inneres erforsche und mich dabei bemühe, selbstkritisch und schonungslos die zentralen Motivationen zu ergründen, denn nur wenn mir das gelingt, steht das Wesentlich auch in der Mitte meines Mandalas, hat die Zentrierung darauf einen Sinn, habe ich in meiner Mitte ein lebendiges und haltbares Fundament. Nun lernt man ja immer wieder dazu und das Leben bringt viele Überraschungen, sodass dieses Ich zwar immer demselben Samen entspringt, aber in seiner Gestalt doch immer Neues integrieren und sich deshalb verwandeln muss: Alle Lebewesen haben einen Samen als ihren Ursprung, ihr Wesen und ihre Mitte, aber ihre sich entfaltende Gestalt ist wie ein Baum den Jahreszeiten, den Stürmen, Waldbränden, Trockenheiten, Blitzen, Borkenkäfern und vielem anderen ausgesetzt und sie erhalten so wie ein Baum ihre besondere Gestalt mit abgebrochenen Ästen, verdorrten Zweigen, neuen Schösslingen und den verschiedenen Gestalten des Blühens im Frühling, der reichen Laubkrone im Sommer, der leuchtenden Früchten im Herbst und dem dürren Geäst im Winter – Leben ist eine fortwährende Verwandlung.

Aufrichtigkeit gegenüber meinem Inneren, meinen Träumen und meinen Stimmungen ermöglicht es mir, in meiner Mitte zu ruhen; Auseinandersetzungen und der Wille, zum Wesentlichen zu kommen, ermöglicht es mir, im Zusammenleben mit meinen Verwandten und Wahlverwandten etwas Lebenswertes zu leben; immer wieder zu hinterfragen, ob der Ort, an dem ich lebe, wirklich meine Heimat ist, oder ob ich woanders, mit anderen Menschen und Landschaften eine innigere Verbindung und Gemeinschaft haben könnte, ermöglicht es mir, immer dort zu sein, wo meine Lebendigkeit sich am besten entfalten kann und sie sowohl für mich als auch für die anderen am wertvollsten ist. Eine solche Bereitschaft, das Grundlegende zu suchen und zu entdecken und ihm zu folgen, macht mich natürlich aus der Sicht der anderen bisweilen zu einem etwas unzuverlässigen Gemeinschaftsmitglied. Aber dies kann nur entstehen, wenn jemand eine bestimmte Gemeinschaft als Wert an sich definiert, sie als etwas Festes haben und erhalten will, und nicht sieht, dass mein Maßstab in jeder Gemeinschaft das Maß an Lebendigkeit ist, das in ihr entsteht und dass ich dort sein will und mit denen zusammen sein will, mit denen ich, und die mit mir das größte Maß an Lebendigkeit entfalten können. Mein Verwandtschaftsgefühl gilt der Lebendigkeit und ich bin immer in erster Linie dem Leben treu, und dies drückt sich in immer neuen Gemeinschaften und Verbindungen aus.

*5. Haus: Der Löwe verhält sich in Bezug auf sich selber wie ein Schütze.*

Die Selbstentfaltung und die Selbstdarstellung ist mein höchstes Ziel und es gibt nichts, wofür ich mehr Energie aufbringen und einsetzen würde. Ich will, dass aus jedem Individuum das Bestmögliche wird, dass es sein ganzes Potential entfalten kann und so der größtmögliche Reichtum an Lebendigkeit und Vielfalt in der Welt entsteht, der möglich ist.

Ich schätze alle Therapieformen, die diese Selbstfindung und Selbstentfaltung fördern und bevorzuge dabei natürlich die organischeren Formen wie Biodynamische Therapie, Bioenergetik, Jung'sche Psychologie oder auch die archaischen Trancetänze z.B. aus Afrika oder Nordamerika, mit deren Hilfe man seine Krafttier oder seine Lebensvision finden kann – denn eine Therapie, die die Lebenskraft in ihr Zentrum stellt, wird auch am schnellsten die in jedem verborgene Lebendigkeit wiederentdecken.

Für meinen Lebensentwurf ist mir nur das Beste gut genug. Es muss ja nicht so platt sein wie diese (manchmal nicht ganz ungerechtfertigte) Löwe-Karikatur „Ich bin der Beste! Ich bin der Größte! Ich bin der Schönste!“, sondern bedeutet letztlich ganz einfach, dass ich mit mir selber identisch bin und mich nur über das freuen kann, was in der Welt meinem innersten Wesen entspricht, und daher alles Streben damit beginnen muss, dieses Innerste Wesen zu erfassen und zu bejahen und zu fördern und in meinem Handeln nach außen zu tragen: Es ist das Entzünden des Lichtes der Sonne in meinem Herzen.

An das, womit ich mich identifiziere, stelle ich die höchsten Ansprüche, ob dies nun Kunstwerke sind, die ich erwerbe oder selber erschaffe, ob dies eine Selbstdarstellung als Schauspieler auf der Bühne, eine Karriere als Manager oder einfach ich als Mensch in einer Freundschaft bin – immer suche und strebe ich dort nach der Entwicklung zum Bestmöglichen.

Es gibt natürlich auch beim Löwen Entgleisungen so wie es ja auch den unkoordinierten Widder, den gierigen Stier und den plappernden Zwilling gibt; bei uns Löwen ist dies in der Regel das Auseinanderbrechen der Selbstgewissheit in die beiden Extreme Größenwahn und Minderwertigkeitskomplexe, die beide die innere Orientierungslosigkeit und Haltlosigkeit, den Verlust des Kontaktes mit dem eigenen Ich und mit der eigenen Seele offenbaren. Daher führt der Weg des Löwen zu sich selber immer über den Weg der Suche nach der Lebendigkeit.

*6. Haus: Der Löwe arbeitet als Handwerker wie ein Steinbock.*

Wenn ich ein Projekt durchführen will, mein Haus aufräume, mein Wagen repariert werden muss oder ich einen Arzt aufsuchen sollte, ist es mir wichtig zu wissen, worauf ich mich da einlasse. Ich prüfe zunächst die Autowerkstatt, den Arzt oder die gesetzlichen und sonstigen Rahmenbedingungen für mein Projekt, um zu wissen, dass ich nicht auf Sand baue. Das Wesentliche dabei ist zu erkennen, wer die maßgebliche Autorität in dem betreffenden Gebiet ist: die Naturgesetze, der Gesetzgeber, eine Behörde, das führende Unternehmen der Branche, die Gebrauchsanleitung des Herstellers usw. Dadurch, dass ich, bevor ich etwas beginne, diese Grundlagen sorgfältig prüfe, kann ich mir des Gelingens meiner Unternehmungen relativ sicher sein.

Die wesentliche Eigenschaft, die uns Löwen prägt, ist die Verbindung, die Freundschaft und somit der organische Zusammenhang und die daraus entstehende Funktionsfähigkeit. Diese Funktionsfähigkeit ist mein Ziel bei der Prüfung der Grundlagen für meine Aktionen – und nicht die Sicherheit oder die Dauerhaftigkeit. Wenn ich die Teile nicht genau kenne und sie vor dem Hintergrund der allgemeinen Gesetzmäßigkeiten betrachten würde, wäre ich nicht in der Lage, die vielen Dinge, aus denen das Ganze besteht, sinnvoll zu einem Organismus zusammenzufügen. Aus dieser Einsicht stammt diese bei einem Löwen vielleicht unerwartete Strenge im Handwerk, bei der Arbeit und beim Heilen.

Da der Steinbock ja auch immer die Autorität darstellt und das 6. Haus das Haus des Lernens im Sinne des Erwerbens von Sachkenntnis ist, beschreibt diese Konstellation auch die Tatsache, dass wir Löwen gerne von Autoritäten – natürlich nur von den Besten des betreffenden Bereiches – lernen. Die Identifizierung mit einem Vorbild ist für uns die einfachste Art der Weiterentwicklung.

Dieses Prinzip findet sich auch in jeder mystischen und spirituellen Richtung als die Invokation einer Gottheit, also das bildliche sich Vorstellen dieser Gottheit und der anschließenden Identifikation mit dieser Vorstellung und somit auch mit der Gottheit. Dieses Verfahren ist eines der stärksten Methoden bei der spirituellen Weiterentwicklung. In einem etwas kleineren Rahmen ist dies die Identifikation mit einem Idol während der Pubertät.

Dies Thema der Autorität gilt natürlich auch umgekehrt: Viele von uns Löwen werden Lehrer oder wirken in ähnlichen leitenden Positionen.

*7. Haus: Der Löwe verhält sich in Beziehungen wie ein Wassermann.*

Manche Leute sagen, dass uns Löwen nur das interessiert, was an uns das Besondere ist und manchmal haben sie damit ja auch recht. Aber dies ist nur das unterste Niveau, auf dem wir leben können. Wenn wir etwas reifer geworden sind, entsteht eine allgemeine Wertschätzung von Individualität. Und an dem Wassermann in unserem 7.

Haus lässt sich erkennen, dass wir in unseren Partnerschaften durchaus freilassend sein können und uns auch für das interessieren, was an allen Menschen, mit denen wir enger zusammen sind, das Allgemeinmenschliche ist.

Natürlich schätzen wir Löwen in unseren Beziehungen auch unsere eigene Unabhängigkeit: Wenn wir zu allen, mit deren Art wir uns identifizieren können, entsprechend eine feste Verbindung aufnehmen, bedeutet das, dass wir zu allen, die wir als „einer von uns" erleben, eine Verbindung aufnehmen wollen und somit diese Übereinstimmung letztlich das Maß und das Motiv der Beziehungen ist.

Das bedeutet dann, dass wir letztlich in unseren Beziehungen uns selber treu sind und mit jedem eine Beziehung eingehen, in dem wir uns selber wiederfinden. Genau dies ist auch das Prinzip des Wassermanns: Sie sind nie einer konkreten Person oder Sache treu, sondern immer dem Prinzip, das sich in ihnen ausdrückt. Und das Prinzip, dem wir in unseren Beziehungen treu sind, sind wir selber. Das etwas archaische Bild des Königs mit seinem Harem hat einige Ähnlichkeit mit dieser Konstellation. Ein wenig antiquiert ist dieses Bild allerdings schon, denn natürlich sollten wir in der heutigen Zeit auch unserem Partner dieselbe Treue zu sich selbst (und evtl. den dazugehörigen Harem) zugestehen.

Aber der Wassermann bedeutet auch, dass ich mich nicht über meinen Partner oder meine Partnerin stellen würde (außer wenn ich völlig niveaulos sein sollte), sondern ihn bzw. sie als mir gleichgestellt betrachte und in uns beiden und in unserer Beziehung einen Ausdruck des Lebens hinter allen Dingen sehe. Beziehungen sind für uns Löwen der Lebensbereich, wo wir am stärksten über uns selbst hinaussehen, andere wahrnehmen – aber nicht aus Altruismus oder weil wir uns selber ignorieren würden, sondern gerade aus unserer Treue gegenüber unserer Identität gegenüber und aus der Wertschätzung der Identität aller andern Menschen und Lebewesen heraus.


*8. Haus: Der Löwe verhält sich im Kampf wie ein Fisch.*

Ich würde mir nie einfach so ohne guten Grund heftige Gefühle ansehen oder nach Motivationen forschen, sondern stelle dabei immer die Frage, wie diese in der augenblicklichen Situation wirken und wie ich sie wieder zusammenfügen kann, denn die heftigen Gefühle, die von dem 8. Haus beschrieben werden, haben die Tendenz, das organische Ganze zu destabilisieren und auseinanderbrechen zu lassen. Hass und Gier und Wut und Fanatismus haben alle die Neigung zu polarisieren, wodurch ich aus meiner Mitte fallen würde. Daher schaue ich mir diese Gefühle stets in ihrem Zusammenhang, in ihrem Bezug zum Ganzen, als integralen Teil meiner Psyche an, wie es dem Stil der Fische entspricht.

Eine solche Betrachtungsweise vermeidet, dass ein einzelnes Gefühl die Herrschaft über meine Psyche erlangen kann, und sie ermöglicht mir, jede Gefühlsregung von meiner Mitte aus zu betrachten und als eine Äußerung meiner Mitte anzusehen und somit sinnvoll in meinen Gesamtlebensentwurf einzuordnen. Das hat Ähnlichkeit mit dem Grundsatz aller Kampfsportarten, dass man sich nicht aus seinem inneren Gleichgewicht, aus seinem Hara bringen lassen darf, wenn man nicht stürzen und unterlegen sein will.

Das bedeutet natürlich nicht, dass ich diese Gefühle in mir ignoriere, sondern nur, dass ich schaue, wo in mir sie entsprungen sind, durch welche anderen Gefühle sie relativiert werden, und dass ich sie nicht auf die heftige, destabilisierende Art, die dem 8. Haus am meisten liegt, auslebe, sondern sie mit Feingefühl und Berücksichtigung der Gesamtsituation äußere. Genauso reagiere ich auf heftige Attacken von außen: zunächst einmal ausweichen und dem Gegner keinen Widerstand und somit keine Angriffsfläche bieten und ihn dann sanft durch seinen eigenen Schwung und seine eigene Rage zu Boden gehen lassen – ich habe durchaus etwas für die eleganten, kraftsparenden fernöstlichen Selbstverteidigungskünste übrig.

### 9. Haus: Der Löwe verhält sich in Hinblick auf seine Ideale wie ein Widder.

Wenn ich mich in ein Ziel oder Ideal verbeißen würde, wäre ich leicht aus meiner Mitte zu werfen. Daher ziehe ich es vor, meine Richtung von Augenblick zu Augenblick neu zu definieren. Da ich mir meiner eigenen Qualität sehr bewusst bin, fällt mir dies nicht schwer. Jede Ziel-Definierung ergibt sich aus einem inneren Suchbild und den äußeren Gegebenheiten – mein inneres Suchbild ist mein Selbst, meine Vision von meinen vollständig entfalteten innersten Wesen, und die äußere Situation wechselt ständig: Also ergreife ich jede Gelegenheit, um daraus das Beste zu machen, was möglich ist. Für mich ist daher jeder Augenblick, egal wie die Umstände auch aussehen sollten, im Wesentlichen also eine Möglichkeit, mich in ihr auszudrücken. Dies ist keine Frage der Gefühle oder des Verstandes, sondern eine Frage der Taten – ich weiche nie davon ab, jede Situation durch mein Wesen zu prägen und die Situation dadurch in mein Leben zu integrieren und mich über dieses Strahlen meiner inneren Sonne zu freuen.

Hin und wieder höre ich schon einmal, dass ich doch ziemlich egozentrisch sei, aber das ist von den betreffenden Leuten doch ziemlich kurzsichtig gedacht: Schließlich ist jeder, da er ein Individuum mit einer inneren Dynamik ist, egozentrisch – der Unterschied besteht nur darin, dass ich dies bejahe und manche andere das zu verbergen versuchen. Nun ja, vielleicht ist das nun von mir auch etwas zu negativ dargestellt, denn wahrscheinlich sind die Menschen einfach verschieden und sie leben nach verschiedenen Arten, sich in der Welt zu orientieren.

Der Widder in meinem 9. Haus beschreibt meine Offenheit meiner Umwelt gegenüber, auf die ich eingehen kann und die ich in ihrer Art erfassen kann – und aus dieser Offenheit heraus finde ich ständig zu meinen meist kurzfristig erreichbaren Zielen. Und das brauche ich auch in dieser Form, denn schließlich bin ich ein Mensch der Tat und meine Taten sollen erfolgreich sein – und wie sollte ich erfolgreich sein können, wenn ich nicht jeden Augenblick so nehmen könnte wie er ist?

### 10. Haus: Der Löwe verhält sich in der Öffentlichkeit wie ein Stier.

Es ist natürlich nicht schlecht, sich um die Öffentlichkeit zu kümmern, Gesetze zu berücksichtigen und zu wissen, was man den Naturgesetzen zufolge machen kann und was nicht. Aber ich halte nicht viel von Wissen und Erfahrung an sich. Ich will wissen, wozu Gesetze und Regeln und Behörden gut sind, was ich durch sie ihnen erreichen kann, wie ich durch sie mein Leben zu einem noch größeren Genuss für mich werden lassen kann.

Ich will den Beifall der Menschen, die mir wichtig sind – und was die Leute denken, die mir unwichtig sind … na ja, wen kümmert's!? Mich interessiert nicht die Öffentlichkeit an sich, sondern nur der Teil von ihr, in dem ich mich ausdrücken will, den ich mit meiner Kreativität prägen will – den übrigen Bereich weise ich ab.

Man sagt, ich hätte bei meinen Auftritten im Gesellschaftsleben einen gewissen Charme und das ist ja auch nicht ganz frei erfunden – ich spüre, welche Geste und welches Wort jetzt passt, welche Haltung meine Zuschauer jetzt in die Stimmung und zu der Reaktion bringen, die ich bei ihnen auslösen will. Das ist keine Frage der Macht, ich bin ja schließlich kein Skorpion, sondern eine Frage der königlichen Haltung.

Die königliche Haltung ist das, was einen Löwen im 10. Haus ausmacht, es ist sein äußeres Erscheinungsbild. Ein Löwe muss vor allem von allen gekannt werden und er muss möglichst alle kennen oder zumindest wissen, wann er wen kennen sollte und dies dann auch in die Hand nehmen.

Der König ist das Herz des Reiches und er kann nicht ohne dieses Reich ein König sein – und das Reich kann vor allem nicht ohne den König sein, denn der König hat sich mit dem Reich verbunden, sich mit ihm identifiziert und das Wohlergehen des Reiches liegt ihm am Herzen. Das Gedeihen und das Pflegen und das Ernten und das Genießen des Stiers ist das, was ich als König für das mir anvertraute Reich will.

Ein König, der egozentrisch ist, ist kein wirklicher König. Ein wirklicher König herrscht, aber er ist ein Diener seines Reiches und nur weil er das ist, darf er über sein Reich herrschen. Dies wird oft nicht gesehen.

Das Schlüsselwort zum Verständnis von uns Löwen ist die Identifizierung, und alles, womit sich ein Löwe identifiziert, will er wachsen und gedeihen sehen, daher kann sich ein Löwe im 10. Haus nur wie ein Stier verhalten: Das Innere des Reiches wie ein Gärtner hegen und pflegen und seine Grenzen gegen alles Bedrohende von außen wie ein Krieger verteidigen. Und man sollte einen Löwen als Krieger nicht unterschätzen!

Der Stier ist das Gedeihenlassen und die Abgrenzung gegen Schädliches und das 10. Haus ist die Öffentlichkeit – folglich will ich der Öffentlichkeit gefallen, sie gedeihen lassen, sie annehmlich gestalten und vor allem die Lebendigkeit in ihr fördern: ich übernehme als König die Verantwortung für ihr Wohlergehen.

### 11. Haus: Der Löwe verhält sich im Vereinslokal wie ein Zwilling.

Ich interessiere mich durchaus auch für weltanschauliche Themen, aber für mich ist nichts, was nicht meinem Herzen entspringt, jemals ein Selbstzweck. Daher sind für mich alle Systeme und Gedankengebäude zunächst nur Anregungen, um die Welt einmal aus einem neuen Blickwinkel zu betrachten und sie besser kennenzulernen.

Daher werde ich auch so schnell kein Mitglied in irgendeiner Vereinigung, denn mich interessiert ja nicht irgendein abstraktes Thema, das der Gegenstand einer solchen Vereinigung sein könnte – ich interessiere mich für mich selber. Und für Individualität an sich. Und daher auch für das Individuelle an jedem Menschen, der mir begegnet. Und so ein Interesse eignet sich nun einmal naturgemäß nicht besonders gut als Thema für die Gründung eines Vereins.

So kommt es, dass ich weltoffen und durchaus neugierig auf alle neue Möglichkeiten bin, wie man denn auch noch leben kann, und mich daher mit vielen zum Austausch über Gott und die Welt (und natürlich mich selber) treffe, dass aber auf dieser Basis keine langfristigeren Verbindungen entstehen. Da mich Individualität interessiert, fällt es mir leicht, mich in andere Lebensweisen hineinzudenken, was manche Löwe-Kritiker, die uns im Großen und Ganzen nur für egozentrische Angeber halten, dann bisweilen doch etwas verblüfft.

„Jedem seine eigene Art!" könnte der Leitspruch von mir sein, unter dem ich Weltanschauungen und Lebensstile betrachte.

### 12. Haus: Der Löwe verhält sich im Fluss des Alltags wie ein Krebs.

Wie ich ja bereits sagte, ist für mich als Löwe die Identifizierung (und die aus ihr folgende Zentrierung auf das Wesentliche) der Kernbegriff meines Wesens. Da ich also dazu neige, auf alles, was mir begegnet, einen Schritt zuzugehen und es zu meinem Eigenen zu machen, steht in meinem 12. Haus, das meine Verbindung zu allem darstellt, was mir so täglich auf der Straße begegnet, der Krebs, der sich in das, was ihm gegenübersteht, hineinfühlt, es abtastet, schaut, wie es sich mit ihm verträgt, und es dann entweder in sein Eigen mitaufnimmt oder es von sich weist.

Ganz allgemein ist es ja so, dass das Verhalten, das man der Welt im Allgemeinen gegenüber an den Tag legt, die Grundlage für den eigenen Charakter ist, da im 12. Haus ja immer das Tierkreiszeichen steht, das dem eigenen Tierkreiszeichen vorausgeht und somit dessen voriger Schritt war: In der Folge des Tierkreises ergibt sich der Charakter eines jeden Zeichens ja sozusagen als Frucht aus dem Charakter des ihm vorangehenden Zeichens. Diese Frucht entsteht, wenn das ihm vorangehende Zeichen selber zur Reife gelangt ist.

Daher ist es auch so anschaulich, das Wesen der Tierkreiszeichen in ihrer Reihenfolge zu betrachten: der Widder erschafft, der Stier sammelte das Erschaffene, der Zwilling schaut sich das Gesammelte genau an, der Krebs prüft die Erkenntnisse über die Dinge auf ihre Verträglichkeit, der Löwe vereint das miteinander Verträgliche zu einer Identität … Und die Qualität dieser Vorstufe muss stets auf die Welt als Ganzes im 12. Haus angewendet werden, um alles, was einem begegnet, so vorbereiten zu können, dass es in den eigen Stil aufgenommen werden kann.

Bei uns Löwen ist dieses Verhältnis zur Welt die Anteilnahme, die es uns ermöglicht, das Wesen dessen, was uns begegnet, zu erspüren und dann entscheiden zu können, ob wir es in unser Reich einlassen wollen oder nicht, ob wir uns damit identifizieren können oder nicht.

Dadurch, dass wir uns mit der ganzen Welt verbunden fühlen, können wir uns auch mit ihr als Ganzes identifizieren, was unser höchstes Erlebnis von Individualität ist, das man in früheren Zeiten als Gotteserlebnis, als „unio mystica" bezeichnet hätte.

Aber auch im kleineren Rahmen führt diese Bereitschaft, zu allem, was uns begegnet, Kontakt aufzunehmen, zu unserer bekannten Warmherzigkeit und dazu, dass wir Löwen alles, was uns begegnet, in unser Wesen integrieren können. Oder, andersherum formuliert: unsere innere Sonne leuchtet so stark und unsere Mitte ist so hell, dass wir uns der ganzen Welt öffnen können und sie an uns heranlassen können, ohne dadurch in unserer Selbstgewissheit ins Wanken zu geraten.

# 6.  Handwerker

♍

*1. Haus: Die Jungfrau verhält sich im „Hier und Jetzt" wie eine Jungfrau.*

Es geht in dieser Betrachtung der Jungfrau also darum, ihre innere Dynamik so zu beschreiben, dass sich jedes andere Sternzeichen in dieses Prinzip hineindenken kann. Zur Bewältigung dieser Aufgabenstellung gibt es mehrere Ansatzpunkte: zum einen das allgemeine Hilfsmittel der Gliederung des Charakters der Jungfrau in ihre den zwölf Häusern entsprechenden Aspekte und zum anderen die fünf Prinzipien, durch die der Charakter der Jungfrau definiert ist: der Planet Merkur, das Element Erde und die Dynamik „beweglich, anwendend, nutzend".

Der Planet Merkur steht für den Verstand, die Sprache, die Logik, die Mathematik, die Mechanik, das Geschick, den Trick, die Neugier – er ist also die Fähigkeit, Strukturen und Zusammenhänge erkennen und nutzen zu können.

Das Element Erde ist die Sachlichkeit, die Materie, das Beständige, der Körper, die Schwere, das Gedeihen – also das Element, in das hinein sich letztlich alles konkretisiert. Aus der Kombination des Merkurs mit dem Erdelement ergibt sich bei der Jungfrau folglich ein Materie-bezogenes Denken, eine sachliche Logik, Präzision und Genauigkeit, eine Vorliebe für das Detail, ein Erfassen der mechanischen Gesetzmäßigkeiten der materiellen Dinge, eine konkrete Dinge beschreibende Sprache – also letztlich die Fähigkeit, Strukturen und Zusammenhänge in der Umwelt zu erkennen und zu nutzen.

Das Erdelement ist bei der Jungfrau durch die Dynamik „beweglich" geprägt, was bedeutet, dass das eben beschriebene Denken insbesondere die einzelnen Elemente der materiellen Welt betrachtet, also ins Detail geht, und die Bewegungen dieser einzelnen Elemente sowie deren Zusammenspiel und die durch dieses Zusammenspiel sichtbar werdenden Gesetzmäßigkeiten und den sich daraus ableitenden sinnvollen Verfahrensweisen betrachtet und nutzt.

Es ergibt sich also insgesamt eine vorsichtige, auf das Detail und die sich ständig verändernde Situation schauende Grundhaltung, die das zu erkennen trachtet, was einem bekömmlich ist, die die gestörte Ordnung wiederherstellt und die aus Sachkenntnis heraus bessere Zustände als bisher anstrebt: die Bearbeitung der materiellen Welt, um sie den eigenen Bedürfnissen förderlich zu gestalten.

Zum Umfeld der Jungfrau gehören Labors, Werkstätten, Mikroskope, Häkeldeckchen, Kondome, Betriebsanleitungen, Geschicklichkeitsaufgaben, kleine Geschenke (die die Freundschaft erhalten), leichte Irritierbarkeit, Fingerspitzengefühl, Setzkästen, Deckchen auf Sofas, ganz allgemein der Deminuitiv (-chen & -lein), Ordnung, Unordnung, geschickte Lösungen, Perfektionismus, Basteleien, Systematik, Uhrwerke, Zahnräder, Flohmarktstände, Betriebsanleitungen, Vielzweckgeräte, Schmieröl, Spezialistentum, Aufgabenteilung, spitze Bleistifte, abgedämpfte Pastelltöne, eine spitze Zunge …

Jungfrauen machen einen ruhig-beweglichen Eindruck, haben oft welliges, lockiges Haar, ein spitzes Kinn und ihre Gesicht hat in etwa die Form eines auf der Spitze stehenden Dreieckes.

## 2. Haus: Die Jungfrau geht mit Besitz wie eine Waage um.

Dem Wesen der Jungfrau entspricht es, sich bei den Besitz-Themen des 2. Hauses so zu verhalten wie eine ausgleichende Waage. Bei einer die Sachkenntnis und das Geschick achtenden Grundhaltung ist die ausgewogene (Waage) Ernährung (2. Haus) von Bedeutung, ebenso die Pflege des eigenen Körpers durch Heilmittel, Körperöle, Cremes und Ähnlichem sowie die Verwendung von dekorativer Kosmetik zur Erhaltung und Erlangung eines ansprechenden Äußeren, und nicht zuletzt die geschmackvolle Auswahl der Kleidung zur Hervorhebung des eigenen Typs. Zu dieser Einstellung gegenüber materiellen Dingen gehören auch ein offenes Haus (2. Haus) für Freunde und gute Bekannte (Waage) und ein Umgang mit Geld und Kapital, der auf Geben und Nehmen, auf Spenden und gegenseitiger Unterstützung beruht.

Die Jungfrau zeigt bei diesem materiellen Thema eine Betonung der Beziehungen, die dazu führen, dass alle diese materiellen Themen von dem eignen Körper über die Ernährung, die Kleidung, die Wohnungseinrichtung, das Wohnhaus bis hin zum Bankkonto nie wirklich zur Ruhe kommen, sondern die Substanz sozusagen nur in der Wechselwirkung mit anderen Menschen bzw. Lebewesen und Dingen existiert, mit denen man kooperiert und deren Einflüsse in das eigene Wesen ständig neu integriert werden müssen.

So wird der Zustand des eignen Körpers als abhängig vom Wetter, von der Ernährung, von Stress und Ähnlichem erlebt.

Bei der Ernährung ist die Jungfrau sich darüber bewusst, dass alle Nahrungsmittel andere Lebewesen, also Tiere oder Pflanzen waren, die geschlachtet oder geerntet wurden, damit deren Substanz in die eigene umgewandelt werden kann und einen selber dadurch stärken und wachsen lässt.

Die Wahl der Kleidung ist von dem Wetter, den anstehenden Arbeiten oder Vergnügungen und von den Leuten, die man treffen wird, abhängig.

Und Eigentum wird immer als etwas betrachtet, was man von anderen erhalten hat, nun nutzt und dann an wieder andere weitergibt.

Eine solche Grundhaltung bedeutet nicht, dass man sein Fähnchen immer nach dem Wind hängt, sondern dass man sich über die Bedeutung von Beziehungen im eigenen Leben im Klaren ist und sie deshalb entsprechend berücksichtigen will. Da die Jungfrau generell ihr Augenmerk auf die Struktur der materiellen Dinge und auf die sich in diesen Strukturen abspielenden Vorgänge inklusive deren Störungen und Heilungsmöglichkeiten richtet, sind für sie die Zusammenhänge (Waage) zwischen den einzelnen Bestandteilen (2. Haus) von größter Bedeutung.

Diese Suche nach den Zusammenhängen im materiellen Bereich erschließen ihr die Gesetzmäßigkeiten, nach denen die Welt abläuft. Die Fähigkeit, sich einem Gegenüber vollständig zu öffnen und ihn klar in seiner Eigenart wahrzunehmen (Waage), ermöglicht es der Jungfrau zu sehen, wo etwas krankt und was zu einer Heilung führen könnte.

Aus diesem Grund sind der Jungfrau auch alle Systeme, die die materielle Vielfalt durch Erkennen der in ihrer Vielfalt liegenden Ordnung, die auf den Verhältnissen ihrer Bestandteile untereinander beruht, sehr willkommen. Solche Systeme sind das Periodensystem der Elemente, die Astrologie, der kabbalistische Lebensbaum, der Bundesbahnfahrplan und ähnliches.


### 3. Haus: Die Jungfrau ist in Bezug auf die Neugier wie ein Skorpion.

Dem Wesen der Jungfrau entspricht es, sich bei den Kontakt-knüpfenden Themen des 3. Hauses wie ein kritischer Skorpion zu verhalten. Da es sich in diesem Haus immer um die Begegnung mit etwas Neuem handelt und die Jungfrau die Integration des Neuen als zentrales Thema hat, ist es für sie notwendig, das Neue aufmerksam zu betrachten, seine Erscheinungsform kritisch zu hinterfragen, seine Motivationen zu ergründen und dadurch dann sein weiteres Verhalten in etwa einschätzen zu können – was eindeutig ein skorpionisches Vorgehen ist.

Daher glaubt die Jungfrau nicht gleich alles, was ihr erzählt wird, und sie ist erst einmal ein wenig abwartend und zurückhaltend (daher auch der Name „Jungfrau"). Bevor sie das Neue an sich heran lässt, wird es erst einmal einer gründlichen Prüfung unterzogen – es könnte sich ja als unverdaulich herausstellen.

Zu dieser eher passiv-verteidigenden Seite gibt es auch eine aktiv-handelnde Seite: den Forscherdrang der Jungfrauen.

Dieses Sternzeichen will die Welt so verstehen, wie man ein Uhrwerk verstehen kann, und dafür ist es notwendig, es in seine Einzelteile zu zerlegen, es zu sezieren, die Einzelteile in ihrer Eigenart zu bestimmen und die Qualitäten dieser Einzelteile in ihrer Stellung im Ganzen zu kombinieren, sodass man aus der Kombination dieser Qualitäten auf das Wesen des Ganzen schließen kann. Daher ist dieses Sternzeichen ein Forscher mit Skalpell und Mikroskop und Kombinationsgabe.

Das Wesen der Jungfrau zeigt sich bei diesem Thema in dem (vorläufigen) Distanzieren, dem Prüfen, dem Analysieren, dem Schlussfolgern und dem immer wieder kritischen Hinterfragen des Erscheinungsbildes einer Person oder Sache. Dieser Qualität entspricht es auch, dass die Jungfrau hier auf skorpionische Weise immer dem Pfad der größten Intensität folgt und dabei die Gefahren und erfolgversprechenden Potentiale zu erkennen und zu vermeiden bzw. zu erreichen versucht. Sie erforscht nicht einfach irgendetwas, sondern immer das, was ihr am bedrohlichsten oder am reizvollsten erscheint. Sowohl als Zuhörerin als auch als Forscherin achtet die Jungfrau immer auf die Motivationen – auf die eigenen und auf die der anderen.

### 4. Haus: Die Jungfrau verhält sich in der Familie wie ein Schütze.

Dem Wesen der Jungfrau entspricht es, sich bei den intimen Themen des 4. Hauses wie ein zielstrebiger Schütze zu verhalten: Wer so darauf bedacht ist, seine innere Ordnung zu erhalten wie die Jungfrau, wird nur das Beste an sich heranlassen und sich nur mit dem höchsten Erreichbaren verbinden.

Das Haus, in dem bei einem Tierkreiszeichen der Schütze steht, zeigt an, in welchem Bereich bei diesem Tierkreiszeichen das höchste Ideal liegt. Bei der Jungfrau ist es offenbar die Nähe und die Verwandtschaft, die ja das erklärte Ziel all ihrer Bemühungen zu erkennen, zu ordnen und zu integrieren ist – auch wenn das nicht jeder sofort erkennt.

Der typische Vorgang bei der Jungfrau ist die Verdauung: prüfen, ob man es annehmen und in den Mund nehmen will, es zerkauen und in Einheiten von praktischer Größe zerlegen, es schlucken und somit annehmen, es durch Magensäure und Gallenflüssigkeit (bzw. durch den Verstand und durch handwerkliches Geschick) so weit zerkleinern, bis dass die dabei entstehenden Einheiten Substanzen sind, die auch im eigenen Körper vorkommen, und dann diese Substanzen durch die Wand des Dünndarms (der Grenze zwischen dem systemfremden Bereich des Darminhaltes und dem Bereich des Systems selber, also den Blutbahnen) aufgenommen werden können und dann in der Leber wieder zu komplexeren Stoffen synthetisiert werden, die von dem eigenen System (dem Körper) gebraucht werden.

Das Ziel dieses Jungfrau-Prozesses ist die Verwandlung systemfremder Substanzen in systemeigene Substanzen, also das Ideal (Schütze), Stoffe herzustellen, die denen gleichen, die bereits in einem vorhanden sind (das Assoziations- und Verwandtschafts-Prinzip des Krebses).

Entsprechend ist der Jungfrau auch wichtig, in Beziehungen „Verwandte" zu finden, die zu ihr passen – sie ist aus Furcht vor den Störungen durch „Fremdes" eher zurückhaltend und wird erst offen und aktiv, wenn sie sieht, dass der Betreffende genau ihren Idealvorstellungen entspricht. Das bedeutet aber auch, dass die Jungfrau sehr aktiv werden kann, um ihre Wahlverwandten zu finden und zur Erreichung dieses Ideals erstaunlich viel Energie aufbringen kann.

Die Fähigkeiten der Jungfrau zeigen sich bei dem Familien-Thema des 4. Hauses darin, dass sie zum einen zu den sich oft wiederholende Vorgänge der Integration und des Ordnens und des Prüfens bereit ist, und zum anderen in der Suche nach dem genau Passenden.

## 5. Haus: Die Jungfrau verhält sich in Bezug auf sich selber wie ein Steinbock.

Dem Wesen der Jungfrau entspricht es, sich bei den egozentrischen Themen des 5. Hauses wie ein sachlicher Steinbock zu verhalten. Sie hat offenbar zu ihrer eigenen Psyche ein eher emotionsloses und pragmatisches Verhältnis. Sie analysiert, was ihr am besten tut, und leitet von dieser gründlichen Untersuchung dann einen Entwurf der Selbstverwirklichung ab.

So wie auch alle anderen Bereiche bei der Jungfrau eine gewisse Festigkeit haben, ist dies auch hier der Fall. Der Bereich der Selbstverwirklichung ist durch den in ihm stehenden Steinbock als der Bereich der Grundlage und des Haltes gekennzeichnet und er ist somit die Quelle dieser überall feststellbaren Festigkeit der Jungfrau.

Das Selbst der Jungfrau ist sozusagen das Maß aller Dinge; der eigene Charakter ist der Maßstab dafür, welche Stoffe aufgenommen werden, was für einen verträglich ist und was nicht, in was die verdauten Stoffe umgewandelt werden, wer zu ihr passt und wer nicht.

Wenn Dinge integriert werden sollen, muss klar sein, worin es integriert werden soll – und dies sind die eigenen Gene, der eigene Charakter, der eigene Stil, die eigene Vorstellung von Lebendigkeit.

Daher ist der Begriff „Integration" bei der Jungfrau eigentlich nicht ganz treffend, denn er bezeichnet einen Vorgang, bei dem sich auch das Aufnehmende wandelt und nicht nur das Aufgenommene, was hier aber nur in sehr geringem Maße der Fall ist – von daher wäre „verdauende und anpassende Einverleibung" eine zwar etwas holprige, aber treffendere Bezeichnung.

Ganz offensichtlich ist sich die Jungfrau sehr sicher in dem, was sie will, was sie ist und was ihr gut bekommt. Sie kann dies sachlich begründen und empirisch belegen und ist von daher in der Frage ihres Selbstbildes zwar anfangs voller Zweifel, aber nachdem sie sich einmal selber analysiert, kennengelernt und erfasst und begriffen hat, ist sie sehr fest in ihrem Standpunkt und in ihrer Meinung über sich. Das bedeutet natürlich nicht, dass sie unfähig ist, dazuzulernen, aber für eine Veränderung des Selbstbildes müssen schon triftige Gründe vorgebracht werden.

Das Wesen der Jungfrau zeigt sich bei diesem Identitäts-Thema in der Wachsamkeit und in der aufrichtigen Selbstbeobachtung, die notwendig ist, um das eigene Wesen zu erfassen. Dabei ist es vor allem am Anfang notwendig, jede Regung zu ihren Ursprüngen zurückzuverfolgen, um dadurch den Kern dieser Regungen, ihre gemeinsame Motivation aufzuspüren. Hat man das erreicht, kann man dann aus dieser Kenntnis heraus zu einem Lebensentwurf gelangen, der erfolgversprechend ist.

Es ist typisch für die Jungfrau, dass dies Selbstbild – anfangs häufiger, später seltener – immer wieder einmal überdacht und korrigiert werden muss.

Eine Jungfrau-Eigenschaft ist das dauerhafte Bemühen um die Prägung der eigenen Umwelt gemäß den eigenen (Steinbock-) Maßstäben, durch die man das eigene Wesen in der Welt ausdrückt.

Die Selbstverwirklichung hat ja zwei Aspekte: das Selbsterkennen und den Vorgang der Formgebung dessen, was man erkannt hat. Wenn auch der erste Teil nach und nach ein wenig von seinem rhythmisch-suchenden Charakter verliert und beständiger wird und auch der Rhythmus der Verwandlungen des Selbstbildes langsamer wird, so bleibt der Vorgang des Handelns, des Erkennens von neuen Möglichkeiten und Hindernissen und die darauf folgende Neuorientierung der eignen Taten doch auch weiterhin deutlich sichtbar: in immer neuen Situation stets die gleiche innere Essenz auszudrücken und dafür stets bereit zu sein, auf eine neue Weise und auf ein neues Ziel hin zu handeln.

### 6. Haus: Die Jungfrau arbeitet als Handwerker wie ein Wassermann.

Dem Wesen der Jungfrau entspricht es, sich bei den Ordnung schaffenden Themen des 6. Hauses wie ein umfassend gebildeter Wassermann zu verhalten. Wenn man wissen will, in welchem Lebensbereich sich ein Tierkreiszeichen wissenschaftlich fundierte Kenntnisse, einen beweglichen und klaren Geist sowie eine Utopie des bestmöglichen Zustandes besitzt, muss man nachschauen, in welchem Haus es den Wassermann stehen hat. Es ist eigentlich keine große Überraschung, dass dies bei der Jungfrau das sechste Haus ist, da dieses Haus ja der Jungfrau entspricht. Die Jungfrau betreibt also die Wissenschaft von der Ordnung der Dinge.

Solche für die Jungfrau aufgrund ihres Wassermanns im 6. Haus typischen Betrachtungsweisen stellt die Jungfrau in allen Bereichen an, in denen es um Ordnen, Verstehen, Produzieren, Reparieren und Heilen geht. Daher hat die Jungfrau eine Neigung zu handwerklichen Berufen und zu Tätigkeiten wie Arzt (weniger als Psychologe, da die Psyche nicht so gut greifbar ist), Reparaturnotdienst, Techniker, Ingenieur, Statiker und ähnlichem. Sie kann auch schon mal eine Reinigungsfirma gründen, Windeln oder Waschmittel produzieren, oder Bücher über Astrologie, Kabbala oder das I Ging schreiben.

Die Jungfrau zeigt sich bei diesen Ordnungs-Themen ein Talent zur Analyse und zur geistigen Durchdringung, die letztlich auf die Beherrschung der Materie und den dadurch ermöglichten reibungslosen und mühelosen Umgang mit ihr abzielen – also letztlich eine Einstellung, die Arbeitsersparnis und Arbeitserleichterung, d.h. Rationalisierung im positiven Sinne anstrebt.

## 7. Haus: *Die Jungfrau verhält sich in Beziehungen wie ein Fisch.*

Dem Wesen der Jungfrau entspricht es, sich bei den Beziehungs-Themen des 7. Hauses wie ein empfindsamer Fisch zu verhalten. Das von der Jungfrau hier gewählte Wasser-Sternzeichen Fische zeichnet sich durch seine Feinfühligkeit, seine Empfindsamkeit, seine Offenheit und Anteilnahme sowie durch Anpassungs- und Wandlungsfähigkeit aus. Es entspricht also dem Empfinden der Jungfrau, diese Fähigkeiten in Beziehungen zu benötigen.

Die Feinfühligkeit und Sensibilität braucht sie, da eine Beziehung die engste Verbindung mit der Welt ist und die Jungfrau das Zusammenpassen, das Geordnete sucht und somit ein Partner, der allzu sehr anders wäre als sie, sie vor unlösbare „Verdauungsprobleme" stellen würde. Daher strebt sie danach, bei der Auswahl ihrer Partner von vornherein durch ihre Sensibilität den „Richtigen zu erwischen".

Die Empfindsamkeit der Jungfrau führt dazu, dass sie sich durch Kleinigkeiten irritieren lässt, aber sich ebenso über Kleinigkeiten freuen kann.

Diese Sensibilität und die Feinfühligkeit zusammengenommen kennzeichnen eine weitere Eigenart der Jungfrau: Sie sinnt viel über ihren Partner nach und versucht sein Wesen und das, was er vorhat, zu erfassen. Dies ist zum einen Anteilnahme und zum anderen Offenheit für die Eigenarten des anderen.

Die Jungfrau ist in Beziehungen anpassungsfähig, denn sie ist es ja gewohnt, sich in Fremdes hineinzudenken, um mit ihm zurechtzukommen. Aber das heißt nicht, dass sie rückgratlos ist, denn wenn etwas nicht stimmt, verrät ihr dies ihr Feingefühl sofort und dann entzieht sie sich ihrem Partner.

Typisch für den Fisch ist es, den Weg des geringsten Widerstandes zu gehen, alles zu spüren, mit wenig Kraftaufwand ihr Ziel zu erreichen sowie nie wirklich greifbar zu sein – man kann die Fische letztlich genauso wenig greifen oder festnageln wie einen Nebel. Dieses Ausweichen in Beziehungen, wenn Dissonanzen aufkommen, ist auch typisch für Jungfrauen. Diese Fähigkeit benötigt sie, weil sie sonst gezwungen wäre, etwas „Unverdauliches" zu schlucken, etwas in ihrer Nähe zu dulden, das sie nicht integrieren kann.

Das Wesen der Jungfrau zeigt sich bei diesem Beziehungs-Thema darin, dass sie die Nähe und die Gemeinsamkeit sucht und sich diese immer neu erringen muss – ein ständiger Wechsel zwischen einer einladenden und einer abweisenden Geste. Und es zeigt sich an diesem Tierkreiszeichen Fisch im 7. Haus der Jungfrau auch, dass sie bei all ihrem Differenzieren, Unterscheiden, Analysieren, Ordnen und Regeln im engen Kontakt mit anderen Menschen auch die Hingabe, das Zerfließen und das Einswerden braucht – so wie ja jedes Sternzeichen in seinem 7. Haus die notwendige Gegensatz-Ergänzung zu den eigenen Qualitäten sucht.

### 8. Haus: Die Jungfrau verhält sich im Kampf wie ein Widder.

Dem Wesen der Jungfrau entspricht es, sich bei den gefühlsintensiven Themen des 8. Hauses wie ein spontaner Widder zu verhalten. Dies kommt dadurch zustande, dass alle intensiven Ereignisse ihre Ordnung zu zerstören drohen und es daher für sie notwendig ist, sofort auf solche Situationen reagieren zu können. Der Widder in diesem Haus kennzeichnet kurze, direkte und spontane Handlungen, die dort stattfinden, wo sich eine Bedrohung oder die Möglichkeit zu einem Lustgewinn zeigen.

Dies gilt sowohl für ihre Triebe, die sie sehr spontan leben kann, als auch für gefährliche Situationen, in die sie geraten ist, und in denen sie sehr schnell erkennt, was sie aus dieser Situation retten kann. Von daher ist der Erste Hilfe-Kasten (in dem vielleicht auch ein Kondom liegt) ein typisches Utensil für die Jungfrau. Von daher liest sie auch gerne Bücher mit Titeln wie „1001 Extremsituation und wie man in ihnen überlebt" und beschafft sich dann die notwendigen Dinge, die sie für die wahrscheinlicheren dieser Situationen zu brauchen glaubt.

Im Großen und Ganzen ist sie der Ansicht, dass sie zwar bemüht ist, alles zu durchschauen, zu verstehen und zu berechnen, aber dass man eben doch nicht alles weiß und daher immer wieder Situationen eintreten, mit denen man nun gar nicht gerechnet hat: ein aus dem Zoo ausgebrochener Gepard im Stadtwald, eine leckgeschlagene Fähre, eine zu frühe Geburt im Taxi und was einem sonst noch alles begegnen kann …

Das Wesen der Jungfrau zeigt sich bei diesen Krisen-Themen in dem Bemühen, sich auf das Unvorhersehbare vorzubereiten, das Unbekannte zumindest in seiner Kontur zu greifen und in der Fähigkeit, Situationen schnell und präzise zu analysieren.

### 9. Haus: Die Jungfrau verhält sich in Hinblick auf seine Ideale wie ein Stier.

Dem Wesen der Jungfrau entspricht es, sich bei den zukunftsweisenden Themen des 9. Hauses wie ein auf den praktischen Nutzen bedachter Stier zu verhalten. Wenn sich eine Jungfrau Gedanken über ihre Ziele, Projekte und Vorhaben macht, ist der höchste

Wert, den sie dabei anstrebt, die Verträglichkeit dessen, was sie erreichen will – ihr Ideal ist sozusagen ein großes Landgut mit sicheren Grenzmauern nach außen und gut bewachten Toren, durch die aufmerksame Wächter niemanden hereinlassen, der die Jungfrau stören könnte; und in dem Garten um das Haus wächst nichts, was ihr eine Magenverstimmung bereiten könnte, und die Leute, die zu ihr zu Besuch kommen, sind alle nett und freundlich.

Ihr Ziel ist also der geschützte Eigenbereich, für den ja auch alle anderen Häuser arbeiten: das Katastropheneinsatzkommando im 8. Haus (Widder), der die Verträglichkeiten untersuchende Wissenschaftler im 6. Haus (Wassermann), der dogmatische Bewahrer der eigenen Prinzipien im 5. Haus (Steinbock), der kritische Prüfer aller neuen Kontakte im 3. Haus (Skorpion) …

Wenn sich die Jungfrau eine Szenerie aus der Literatur als ihre Heimat auswählen dürfte, würde sie gewiss das Auenland der Hobbits aus Tolkiens „Herr der Ringe" in die nähere Auswahl ziehen.

Das Wesen der Jungfrau zeigt sich bei diesen Ideale-Thema darin, dass zum Erreichen dieses Zieles bzw. der Bearbeitung und der Formung aller auftretenden Situationen auf dieses Ziel hin sehr viel Energie notwendig ist und vor allem, dass dies eine endlose Aufgabe ist – sie hat einen eher pflegerischen Charakter, denn wenn man ungestört sein will, muss man sich paradoxerweise ständig um seine Grenzen kümmern.


## 10. Haus: Die Jungfrau verhält sich in der Öffentlichkeit wie ein Zwilling.

Dem Wesen der Jungfrau entspricht es, sich bei den offiziellen Themen des 10. Hauses wie ein redegewandter Zwilling zu verhalten. Die Öffentlichkeit mit ihren Gesetzen, Regeln und Verfahrensvorschriften, ihren Fahrplänen und Gebrauchsanleitungen, ihren Naturgesetzen und festgefahrenen Meinungen ist klar definiert und kommt daher von ihrem Wesen der Jungfrau entgegen. Denn alles, was klar definiert ist, lässt sich einfach in seinem Wesen erfassen und es ist nicht besonders schwer, in diesem Bereich Voraussagen zu machen.

Daher kann die Jungfrau hier spielen und ihre ganze Raffinesse entfalten: Sie kann ein erstaunliches Geschick darin erlangen, das Vorhandene auszunutzen – Steuertricks, Konstruktionsideen, Erwerb von Stipendien, Ersparnisse beim Kauf von Fahrkarten, Schnäppchen aller Art, Abkürzungen …

Sie kennt alle Regeln und Wege und Möglichkeiten und statt sie verändern zu wollen, nutzt sie das Vorhandene für ihre Interessen aus.

Durch diese Disposition hat sie auch eine gewisse Veranlagung zum Winkeladvokaten oder Rechtsverdreher, der mit viel Geschick durch die Auslegung einer Regel diese

Regel in das Gegenteil der Absicht, mit der sie erschaffen wurde, verkehren kann. Aber andererseits hat die Jungfrau auch durchaus ein klares Bewusstsein dafür, was mit diesen Regeln eigentlich gemeint war und der Winkeladvokat ist eher eine Schattenseite ihres Wesens und der gängigen Verfahren in der Gesetzgebung.

Das Wesen der Jungfrau zeigt sich bei diesen Öffentlichkeits-Themen in der Beweglichkeit der Vorgehensweise, die sich aus der genauen Sachkenntnis und ihrer Verwendung im Sinne der eigenen Ziele ergibt. Das Wesen dieser Strategie ist dreistufig: die auf das Neue gerichtete Aufmerksamkeit, dann das Verstehen des Betrachteten, und schließlich dessen Integration. Dies findet sich hier auf das 10. Haus bezogen als die Betrachtung der Öffentlichkeit, dem daraus entstehenden Verständnis ihrer Regeln und Gesetze sowie schließlich dem souveränen und geradezu spielerischen Umgang mit ihr.

*11. Haus: Die Jungfrau verhält sich im Vereinslokal wie ein Krebs.*

Dem Wesen der Jungfrau entspricht es, sich bei den weltanschaulichen Themen des 11. Hauses wie ein introvertierter Krebs zu verhalten. Um zu einer klaren Einstellung gegenüber Weltanschauungsfragen zu gelangen, überlegt sich die Jungfrau ihrem Wesen gemäß zunächst einmal, wozu sie Weltanschauungen und die mit ihr verbundenen Gemeinschaften von Gleichgesinnten eigentlich benötigt.

Aus ihrer Neigung zur Integration ergibt sich, dass sie dieses Thema unter dem Aspekt der gefühlsmäßigen Auswirkungen betrachtet: Welche Folgen hätte es für mich, wenn ich mich für eine Weltanschauung sehr engagieren würde (Feuer), sie klar untersuchen würde (Luft) oder mich auf sie festlegen würde (Erde)? Das Engagement (Feuer) würde dazu führen, dass ein Impuls entstehen könnte, der so stark wird, das er nicht in die Psyche integrierbar ist; eine abstrakte Untersuchung (Luft) könnte dazu führen, dass der Bezug zu den eigenen Leitlinien verloren gehen könnte; und eine Festlegung auf eine Weltanschauung (Erde) würde die eigene Flexibilität in der Reaktion auf die Begegnungen empfindlich beeinträchtigen. Es bleibt also nur das Wasser-Prinzip als brauchbare Umgangsmethode mit Weltanschauungen übrig – und das ist das Sternzeichen Krebs, das eines der drei Wasser-Sternzeichen ist.

Der Krebs im 11. Haus zeigt an, dass die Jungfrau hier Verwandte sucht und Weltanschauungen lange prüft, bevor sie ihnen zustimmen und als Teil von sich aufnehmen kann. Entsprechend dem Wasser-Element sucht die Jungfrau hier eher so etwas wie eine geistige Heimat und keine klare philosophische Definition der Welt. Daher haben diese Treffen von Gleichgesinnten bei der Jungfrau meist einen wärmenden, einhüllenden und empfindsamen Charakter, angefangen vom sonntäglichen Kaffeekränzchen über Verwandtschaftstreffen bis hin zu spirituellen Gruppen, in denen das Gemeinschaftsgefühl eine große Rolle spielt wie z.B. bei Klassentreffen,

Rave-Partys, Hexenkreisen …

Das Wesen der Jungfrau zeigt sich bei diesen Vereins-Themen in der Sorgfalt, mit der von der Jungfrau eine Person oder eine Ansicht daraufhin geprüft wird, ob sie zu ihr passt oder nicht, denn die Wärme und Geborgenheit innerhalb des Kreises der Gleichgesinnten würde verlorengehen, wenn etwas Fremdes hineinkäme.

Diese Intimität in Weltanschauungs- und Gemeinschaftsfragen bedeutet natürlich nicht, dass die Jungfrau bei diesen Themen besonders engstirnig und weltabgewandt ist – sie kann durchaus eine Orientierung über das haben, was in der Welt so vor sich geht, aber ihr Engagement zielt auf den emotionalen Rückhalt in einer vertrauten Gruppen ab, da es dies ist, was sie innerhalb der Logik ihres Sternzeichens von Gemeinschaften benötigt.

### 12. Haus: Die Jungfrau verhält sich im Fluss des Alltags wie ein Löwe.

Dem Wesen der Jungfrau entspricht es, sich bei den weltoffenen Themen des 12. Hauses wie ein selbstbewusster Löwe zu verhalten. Die Jungfrau baut ihre Welt auf der Erhaltung und der Wiederherstellung der richtigen Ordnung auf. Folglich ist für sie das 12. Haus, also der Kontakt zur Welt als Ganzes, in der ständig unvorhergesehene Begegnungen stattfinden, der bedrohlichste Bereich bzw. – etwas neutraler formuliert – der Bereich, in dem die Jungfrau am meisten gefordert wird, da sie sich hier ständig abgrenzen, sich manchmal einer Sache öffnen und immer wieder etwas verarbeiten muss. Folglich ist es für sie hier besonders wichtig, den eigenen Standpunkt zu erhalten und sich nicht selbst in dem Gewühle der Ereignisse aus den Augen zu verlieren – und dafür ist natürlich kein Sternzeichen so gut geeignet wie der Löwe.

Da der Löwe es ja mit dem „leben und leben lassen" hält und Individualität schätzt und zur Personifizierung aller Erscheinungen neigt, hat die Jungfrau trotz ihrer Neigung zur vorsichtigen Abgrenzung doch immer ein offenes Ohr für die Sorgen anderer und für die Not in der Welt, für deren Linderung sie sich oft einsetzt, wobei ihre Motivation Löwe-gemäß am größten ist, wenn sie es mit einem konkreten Individuum zu tun hat – Spenden für einen Obdachlosen auf der Straße oder Unterstützung für einen ihrer Meinung nach unrechtmäßig Inhaftierten und ähnliches.

Die Personifizierung der Phänomene der Welt führt zu der zunächst einmal eher unerwarteten speziellen Variante von Romantik bei diesem Sternzeichen: Die Jungfrau neigt dazu, Blumen zu Elfen zu personifizieren, kann mit den Vorstellungen von auf Berggipfeln wohnenden Göttern etwas anfangen und ist der Vorstellung einer belebten Natur nicht abgeneigt. Das bedeutet natürlich nicht, dass alle Jungfrauen ein mythologisch-pantheistisches Weltbild haben, sondern nur, dass sie einen sozusagen „persönlichen Blick" auf die Welt hin haben und alles als Lebewesen mit eigener

Dynamik, eigenem Charakter und eigener Individualität auffasst.

Daraus ergibt sich auch eine schützende Einstellung dem Leben gegenüber, und zwar gegenüber allen Phänomenen des Lebens von der Blume über den Menschen bis hin zum Meer, was zu einer gewissen heimatpflegerischen bis ökologischen Neigung führt.

Die Jungfrau sieht sich selber als dynamisches, geordnetes System von vielen nach allgemeinen Regeln sich bewegenden Einzelteilen, sozusagen als ein sich selber koordinierendes Muster in der Welt. Eine solche Auffassung von Individualität findet sich für die Jungfrau, die ja die ganze Welt mit ihrer Beobachtungsgabe zu ergründen versucht, in allen komplexeren Dingen wieder, denn auch dort laufen komplexe Vorgänge nach allgemeinen Regeln ab.

Insofern liegt es der Jungfrau nahe, die ganze Welt als ein System von Mustern, Zusammenhängen, Regelwerken und komplexen Systemen aufzufassen, wodurch für sie letztendlich kein Unterschied zwischen ihr selber, den anderen Menschen sowie den Tieren, Pflanzen und Erscheinungen wie Meeren oder Wind besteht. Ihr erscheint die Erde daher als ein großer Organismus, der sich berechtigter Weise auch als „Gaia" (oder mit einem anderen Namen bezeichnet) personifizieren lässt.

Dabei würde die Jungfrau sicher nicht den Begriff "personifizieren" benutzten, da er ein künstliches Erschaffen von etwas eigentlich nicht Vorhandenem suggeriert, während dies für die Jungfrau eher ein Analogieschluss von ihrer Selbstbeobachtung hin zu der Welt, in der sie dieselben Vorgänge wiederfindet, ist.

Das Wesen der Jungfrau zeigt sich bei diesen Weite-Themen am offensichtlichsten in der Verbundenheit mit der Welt, das sich in der Auffassung aller Lebewesen und Systeme als Individualität ausdrückt und das noch klarer in ihrem häufigen ökologischen und sozialen Engagement sichtbar wird. Diese Bereiche sind aus dem Blickwinkel der Jungfrau her betrachtet, durch ihre pflegerischen, helfenden und schützenden Tätigkeiten geprägt.

# 7.  Schöngeist

♎

*1. Haus: Die Waage verhält sich im „Hier und Jetzt" wie eine Waage.*

> Im ersten Haus, da steht bei mir die Waage,
> Ich suche Schönheit, das ist ohne Frage;
> Mein Leben quillt ganz aus dem „Du",
> denn Du bist all' mein Suchen, meine Ruh'.

Wenn ich Dir beschreiben sollte, was eine Waage ausmacht, würde ich sagen, dass das Leben einer Waage durch Beziehungen geprägt ist, dass sie nach Beziehungen strebt und dass die kleinste Einheit ihrer Weltanschauung die Beziehung ist. Wenn Du eine Waage wärst, würde alles, was Du tust, durch das Wesen der Gegensatz-Ergänzung geprägt sein. Du würdest nach Verbindungen und Zusammenhängen suchen, ohne große Mühe diplomatische Lösungen für Konflikte entdecken, gerne mit anderen über euch und eure Beziehung sprechen, zu einer bestimmten Meinung würdest Du gerne noch Stellungnahmen von anderen hören, und Du würdest immer nach dem suchen, was an einem Gegensatz das Gemeinsame ist, worin das Verbindende hinter aller Polarisierung liegt. Du wärst bekannt dafür, auch in den verfahrendsten Situationen immer noch einen Entwurf für eine gemeinsame Lösung anbieten zu können.

Wenn Du eine Waage bist, lässt Dich die dieses Sternzeichen prägende „erschaffende Luft" kreativ werden, neue Ideen hervorbringen, Zusammenhänge entdecken und Harmonien finden. Dein Wesen ist dann das gesprochene und das geschriebene Wort, das Impulse, Erkenntnisse, und Kontaktwünsche vermittelt.

Schließlich wärst Du als Waage auch noch ein Kind der Venus und als ein solches würdest Du nach Harmonie und nach Schönheit, nach Einklang und Begegnung, nach Kontakt, Austausch und Flirts streben.

Am deutlichsten fügen sich die ganzen Eigenschaften der Waage in einer ganz speziellen Vorliebe der Waage zusammen: in der Dichtkunst. Du kennst ja sicher auch eine Reihe von Gedichten – erinnere Dich einmal an eines, dass Du besonders magst … Ist Dir eins eingefallen? – Gut.

Zum einen sind ja Gedichte immer etwas Gleichnishaftes, dass heißt, dass sie etwas vom Wesen der alles vergleichenden Waage haben, bei der stets zwei Dinge, die etwas miteinander gemeinsam haben, gegenüberstehen.

Dieses Gleichnis-Prinzip zeigt sich auch in den ganz alten Gedichtformen z.B. der Ägypter, Sumerer oder Babylonier, die in ihren Gedichten den inhaltlichen Reim benutzten, also dieselbe Aussage mit anderen Worten wiederholten, wie z.B.:

> Der König kämpfte wie ein Löwe der Ebenen,
> Der König stritt wie ein Stier der Berge;
> Er baute einen Schrein seinem Schutzgeist im Innersten seiner Gemächer,
> Er baute einen Altar seinem Landesgott auf der Spitze der Stufenpyramide.

In diesen alten Hymnen finden sich dann auch einfache Bildgleichnisse wie z.B. das folgende Gleichnis in einem Inthronisierungs-Text eines Pharaos:

> Die Sonne am Himmel –
> Der Pharao in seinem Palast.

Auch in der Sprache selber wird dieses Wiederholen des Vorigen in abgewandelter Form angestrebt, indem der Text in einem bestimmten Versmaß gehalten wurde. Das einfachste Beispiel dafür ist der regelmäßige Wechsel von einer betonten und einer unbetonten Silbe, wie z.B. in den „Waage-Versen" an den Anfängen dieser 12 Kapitel der Beschreibung der Waage.

Durch dieses Wiederholen einer Form in immer neuen Abwandlungen entsteht in der Sprache ein Schwingen, das die normale Sprache nicht hat. Die alten Ägypter nannten dies „Worte in gut vorlesbarer Form" und das indische Wort Dharma, das man mit „Richtigkeit, Wahrheit, Einklang" übersetzen kann, bedeutete ursprünglich so viel wie „Versmaß".

Später kamen dann zu dem inhaltlichen Reim und dem Vermaß noch der Endreim (wie in den „Waage-Versen") und der seltenere Stabreim („Rüstige Ritter reiten nach Rom") hinzu. Vom Versmaß und vom Reim ist es dann nur noch ein kleiner Schritt bis zum Gesang, in dem das Schwingen und die Harmonie dann vollständig erwacht und sogar auf Worte verzichten kann und reine Melodie wird.

Dieses Wiederholen und das dadurch entstehende Schwingen ist eine Qualität der Gegensatz-Ergänzung, die man sich gut als eine Schaukel, also das Hin- und Herschwingen zwischen zwei Polen vorstellen kann. Die Chinesen haben diese Gegensatz-Ergänzung „Yin und Yang" genannt.

Die durch diese sprachlichen Hilfsmittel erreichte Harmonie ist eine Form dessen, was die Inder „Dharma", die Ägypter „Ma'at" und die Sumerer „Me" nannten und für das auch alle anderen Völker mit einem magisch-mythologisch Weltbild ein Wort hatten und das stets das Zentrum ihrer Weltanschauungen bildete. Dieser Begriff drückt auch viel von dem Wesen der Waage aus.

Hast Du Dich schon einmal gefragt, warum sich die Waagen so viel um andere kümmern und so viel auf deren Meinung geben? Es ist nicht Rückgratlosigkeit oder Meinungslosigkeit, sondern sie spüren die Verbundenheit aller Wesen und Dinge miteinander und sind daher bemüht, sie in Einklang miteinander zu bringen. Sie versuchen herauszufinden, was die richtige Art ist, in der sie sich begegnen können, wo der richtige Platz für sie selber und für die anderen ist. Sie streben danach, alles in das rechte Verhältnis zueinander zu setzen. Und am intensivsten erlebt man das Miteinander, die Gegensätzlichkeit und das Ergänzen in den Beziehungen. Deshalb sind Beziehungen für die Waagen der wichtigste Aspekt des Lebens.

Ihr Ziel ist die Harmonie, das Schwingen, die Schönheit, die Wahrheit, der Ergänzungsgegensatz – das Leben als ein Gedicht und ein Lied, dessen Verse und Reime und Melodien alle miteinander verbinden und alle bereichern und in der Öffnung füreinander lebendig werden lassen.

Die Organe, die der Waage zugeordnet werden, sind die Niere, die Haut, die Haare und bisweilen auch die Hände: Die Niere trennt das, was nicht mehr gebraucht wird oder was sogar schädlich ist, aus dem Blut und leitet es als Urin in die Blase, mit der Haut berührt man die Welt und die Hände haben unter anderem den Aspekt des Ergreifens und des Loslassens, der Kontaktaufnahme und des Fortstoßens; und die Haare haben schließlich etwas Verschönerndes, aber auch etwas Einhüllendes und Schützendes.

Das Gesicht einer Waage könnte man am ehesten als ein harmonisch wirkendes Oval beschreiben; Waagen sind eher schlank, wohlproportioniert und wirken freundlich und offen; die Haare sind meist fein und glatt und eher etwas länger als der Durchschnitt; ihre Offenheit erkennt man auch daran, dass meist viel Platz zwischen ihren Augenbrauen liegt und sie eine hohe Stirn haben.

*2. Haus: Die Waage geht mit Besitz wie ein Skorpion um.*

> Im zweiten Haus herrscht der Skorpion:
> bestimmt die Farbe, Takt, den Klang und Ton;
> verwandelt meinen Leib im Tanz zu zweit –
> und Aug' in Aug' mit Dir wird alles weit!

Wenn Du Dir vorstellst, eine Waage zu sein mit all ihrer Offenheit und Kontaktfreudigkeit, wie müsste dann Dein Verhältnis zu Deinem Körper, zu Geld, Wohnung und Kleidung, zum Abgrenzen allgemein sein? – Du meinst, das Geld, die Wohnung usw. müsste den Bestand sichern, damit Du Dich nicht selber verlierst? Das denke ich auch; entsprechend steht auch der Skorpion in diesem Haus. Der Skorpion gibt die Fähigkeit, sich zu öffnen, aber auch sich zu verschließen oder sich zu verteidigen – und bei Bedarf auch etwas zu erobern, wobei dies am deutlichsten in der Begabung der Waagen zum Flirten wird.

Die Waage mag im 2. Haus die Intensität des Skorpions: kräftig gewürzte Speisen; Kleidung, die ihr Wesen und ihre Absichten deutlich ausdrückt; geschmackvolles, reizendes Schminken; intensiven Körperkontakt und berauschende Nächte mit einem Liebhaber oder der Geliebten; das Erwerben von Besitz, aber auch das Weitergeben von Besitz; zweckmäßige Wohnungseinrichtungen …

Die Waage im 2. Haus lebt auch die Verwandlungen des Skorpions: heute so und morgen so gekleidet; heute ein Rendezvous mit diesem und morgen mit jener; heute mit diesem zusammenleben und morgen mit jener; immer neue, verschiedene Arten des Broterwerbs; häufige Umzüge …

So hat die Begegnung mit einer Waage auf der materiellen, körperlichen Ebene stets Phasen der Steigerung und Höhepunkte und Phasen des Abebbens, es tritt nie wirklich Ruhe ein in ihren Speiseplan, in ihren Wohnsitz, in ihre Verhältnisse, in ihren Besitzstand – die Waage folgt, was diese Dinge betrifft, immer ihrem Gespür dafür, wo die größte Intensität zu finden sein wird.

Diese Bewegtheit der Waagen bedeutet aber keinesfalls Oberflächlichkeit, sondern sie ist eher Reaktionsbereitschaft auf das, was ihr begegnet, oder anders gesagt: Offenheit für die Welt. Ihre Tiefe liegt darin, das Wesentliche und Innerste in jeder Begegnung erfassen zu wollen.

Wie Du ja anfangs schon sagtest, braucht die Waage bei diesem Umgang mit ihrem Körper und mit Materie allgemein auch die Fähigkeit des Skorpions zur Selbstverteidigung – man denke nur an all' die Gefahren einer Infektion, von materiellen Verlusten, von unerträglichen Wohnverhältnissen zusammen mit andern Menschen … Und auch die Regenerationsfähigkeit des Skorpions kann sie gut gebrauchen, denn bei dieser Offenheit kann es schnell geschehen, dass die Waage durch ein Erlebnis aus ihrer Bahn geworfen wird – aber durch diese Regenerationsfähigkeit erholt sich die Waage schnell und kann schon bald wieder die Teile ihrer Psyche und ihres Körpers neu fassen und in einer neuen Harmonie anordnen, sodass sie ihr „Dharma" – also ihre innere Ordnung – wiederfindet und sich wieder der Welt öffnen kann.

Diese Regenerationsfähigkeit auf körperlicher Ebene zeigt sich auch noch in einem anderem Phänomen, dass für Waagen sehr typisch ist: Sie haben einen ausgeprägten Gleichgewichtssinn, wie ja schon der Name ihres Sternbildes nahelegt. Das Prinzip des Gleichgewichtes ist einer der Schlüssel zu dem Verständnis dessen, was eine Waage will: Fast alle Worte, die mit „Gleich-" beginnen wie z.B. Gleichberechtigung, Gleichzeitigkeit oder Gleichbehandlung, stammen aus ihrem Weltbild – Waagen sind Balletttänzer und Balletttänzerinnen.

„Gleichzeitigkeit" heißt auf englisch „coincidence". Dieses englische Wort hat auch die Bedeutung „Zufall", d.h. eigentlich „sinnvoller Zufall". Solche sinnvollen Zufälle sind das, was einen großen Teil des Dharmas ausmacht: Die Dinge im außen sind

Antworten auf das, was im Innen ist, oder wie es in der Tabula Smaragdina des Hermes Trismegistos heißt: „Wie oben, so unten." Das Wesen der Dichtkunst, also das Gleichnis, das Vermaß und der Reim, sind für die Waage das Prinzip, auf das die Welt aufgebaut ist. Aus dieser Analogie-Ordnung heraus kann es auch Magie, Orakel und den Einklang zwischen der Seele innen und der Welt außen geben.

Aus diesem Einklang ergibt sich das zentrale Gefühl der Waagen, das, was sich aus dem Schwingen, dem Reim, dem Einklang ergibt: die Freude.

### 3. Haus: Die Waage ist in Bezug auf die Neugier wie ein Schütze.

> Im dritten Haus lebt hier der Schütze,
> zeigt mir die Chance nun, dass ich sie nütze,
> und richtet meine Augen auf dies Ziel,
> mein starker Arm erreicht es wie im Spiel.

Du findest den Schützen im 3. Haus einleuchtend? Warum? Weil die Waage bei ihrer Kontaktoffenheit eine Orientierung braucht? Das ist einleuchtend. Schließlich geht es nicht an, dass sich die Waage für alles und jeden öffnet, zu allen und allem ein inniges Verhältnis haben will, denn es soll ja schon passen. Und dafür braucht die Waage in ihren Begegnungen den Blick für die Zukunft und für das Entwicklungspotential, den der Schütze ihr in diesem Haus geben kann.

Ist Dir auch schon einmal aufgefallen, wie schnell sich Waagen in einer ihnen neuen Situation orientieren können, wie schnell sie Umstände und Menschen richtig einschätzen können? Das liegt an dem Schützen im Haus der Kontakte und des Lernens und der Neugier. Diese Fähigkeit ist ja auch notwendig, um sein Gleichgewicht zu bewahren oder um zu erfassen, in welcher Richtung diplomatische Aktivitäten die Kontrahenten wieder einander annähern lassen könnten.

Die pazifistischen Neigungen der Waagen sind unter anderem deshalb erfolgversprechend, weil die Waagen die Beteiligten in ihrer Eigenart verstehen können und erkennen, in welcher Situation sie gerade stehen. In Gesprächen sind Waagen daher durchaus zielgerichtet, sie wissen, was sie erfahren, erkennen oder vermitteln wollen. Daher bringen Waagen in Gesprächskreisen nicht nur etwas Ausgleichendes, Zusammenfassendes und Entschärfendes hinein, sondern sie geben den Gesprächen auch Richtung und Zielorientierung, was man manchmal, wenn man über die Waagen etwas zu klischeehaft urteilt, leicht übersehen kann.

Diese Zielorientierung im Kennenlernen und in Gesprächen richtet das Ganze auf eine gemeinsame Qualität aus und verbindet die Bestrebungen enger miteinander, wodurch wieder das von den Waagen angestrebten kreative Schwingen entstehen kann, in dem jeder die anderen mit seinen Ideen anregt und man so gemeinsam viel weiter kommt als man es alleine geschafft hätte.

Die Waagen sind deshalb unter anderem auch gute Gesprächsleiter, Koordinatoren und Helfer bei Kooperationen aller Art – denn eine der wichtigsten Fähigkeiten der Waagen ist es, in dem Chaos der Vielfalt (3. Haus) eine klare Richtung (Schütze) zu erkennen und allen dabei zu helfen, sich nach dieser Richtung, auf dieses gemeinsamen Ziel hin auszurichten.

*4. Haus: Die Waage verhält sich in der Familie wie ein Steinbock.*

> Das vierte Haus nun prägt der Steinbock,
> und er ist meines Herzens Weinstock,
> nur er gibt meiner Heimat Halt und Frieden
> und hier sind meine Wurzeln stets geblieben.

Es ist schon wahr, wenn Du sagst, dass die Waagen ein offenes Auge (und nicht nur das) für die Reize nicht nur eines anderen Menschen haben, aber zu sagen, dass Waagen nicht treu sein können, stimmt nicht so ganz. Sie wollen einfach mit jedem, der ihnen begegnet und der sie anspricht, den Kontakt haben, der dem entspricht, was zwischen ihnen schwingt – sie wollen jede wichtigere Beziehung in ihrem Leben auch wirklich leben und ausschöpfen.

Ein anderes Verhalten als dieses Offenheit wäre für sie in etwa so, als wenn sie ein Gedicht schreiben würden und einen gut passenden Reim gefunden hätten, aber ihn aus ihnen völlig unverständlichen Gründen nicht verwenden dürften. So liegt ihre Wahrheit darin, zu schwingen, und das bedeutet, sich jeder Begegnung, in der eine Bereicherung, ein Geheimnis zu liegen scheint, zu öffnen.

Die Treue der Waage liegt nicht in der Ausschließlichkeit von Beziehungen, sondern in der Aufrichtigkeit in Beziehungen, was eine ganz andere Grundhaltung ist. Die Dauerhaftigkeit einer Beziehung hängt für eine Waage davon ab, wie gut der Reim passt, wie genau das Versmaß übereinstimmt und wie sich der Inhalt der beiden Verse zueinander verhält.

Im 4. Haus, das ja die Einstellung zu Nähe, zu Verwandtschaft und zu Heimat beschreibt, findest Du bei der Waage den Steinbock, also das beständigste Zeichen überhaupt. Daraus kann man schließen, dass die Waage erst einmal gründlich prüft, bevor sie jemanden wirklich bis an ihr Innerstes heranlässt und ihn als Verwandten auffasst und die Entstehung einer gemeinsamen Aura zulässt. Wenn sie aber jemanden in solch eine Wahlverwandtschaft aufgenommen hat, wird dieses Verhältnis, diese Beziehung auch von Dauer sein. Auf Waagen ist Verlass – sofern man erkennt, worin ihre Beständigkeit liegt: in der Aufrichtigkeit und in der Wertschätzung dessen, was sie mit einem anderen verbindet, also in dem Schwingen, in einem gemeinsamen Dharma, und nicht in irgendeiner Form von Ausschließlichkeit.

Gespräche, Begegnungen, selbst heiße Nächte zu zweit können von der Waage sehr wechselhaft und mit den verschiedensten Menschen gelebt werden, aber ihr wirkliches Innerstes, ihre Verbundenheit mit ihrer Heimat, ihre Träume und ihre Seele zeigt sie nicht so schnell – bei dieser Form von Nähe ist sie zu verletzlich, als dass sie sie ungeprüft zu jemandem zulassen würde.

Das bedeutet nun aber keineswegs, dass die Waage verschlossen ist, denn diese Seite von ihr ist ihr ausgesprochen wichtig und sie freut sich über jeden, den sie in diese innerste Kammer einlassen kann, denn mit diesen Menschen erlebt sie wirkliche Nähe und diese Menschen geben ihr auch einen inneren Halt – eben weil sie ihrem eigenen Wesen verwandt sind.

*5. Haus: Die Waage verhält sich in Bezug auf sich selber wie ein Wassermann.*

> Im fünften Haus steht hier der Wassermann
> er zeigt der Welt, was ich nun will und kann;
> ich bin in meinem Tun ein Teil des Ganzen,
> und es ist Blick und Zahl und Form und Tanzen.

Als Waage ist für Dich das 5. Haus, das ja der egozentrischste Lebensbereich überhaupt ist, ein etwas seltsamer Bereich, denn gleichzeitig wie eine Waage Du-bezogen und wie das 5. Haus egozentrisch zu sein, klingt doch etwas widersprüchlich. Aber diese Situation ist doch nicht ganz so seltsam, da Du als Waage ja aufgrund Deiner Prägung durch den Ergänzungs-Gegensatz in jedem Haus gerade das Tierkreiszeichen stehen hast, das der Gegenpol zu dem Tierkreiszeichen ist, das diesem Haus entspricht.

Im 5. Haus, das ganz im Dienste der Selbstverwirklichung und der Selbstdarstellung steht, erscheint hier das unpersönlichste aller Tierkreiszeichen: der Wassermann. Dies ist ja auch recht einleuchtend, denn schließlich ist die Waage immer auf das „Du'" bezogen, woraus sich folgerichtig ergibt, dass ihre Selbstverwirklichung nicht in einer wie auch immer gearteten Hervorhebung von Eigenschaften von ihr selber, sondern in dem Aufbau einer Gemeinschaft von Gleichgesinnten besteht.

Diese Wassermann-Gemeinschaft beruht nicht auf Nähe oder Verwandtschaft oder etwas ähnlichem, sondern auf einem gemeinsamen Interesse, einem allen gemeinsamen geistigen Ziel – in der weitesten und allgemeinsten Fassung ist diese Essenz, dieses Ziel, diese Wassermann-Utopie das Dharma, der Einklang zwischen allen Beteiligten, aus denen sich ihr gemeinsames miteinander-Schwingen ergibt, das nur eine eher funktionale Beschreibung des Gefühls des Richtigkeit und der Freude ist.

Der Wassermann im Haus der Selbstverwirklichung beschreibt auch eine für die Waagen sehr charakteristische Eigenheit: Sie denken weniger in einzelnen Beziehungen und schon gar nicht in Vorstellungen von der einen und einzigen Beziehung, sondern eher in Beziehungsgeflechten, die aus den Beziehungen zu all den Menschen bestehen, in denen die Waagen eine Resonanz zu ihrem eigenen Wesen spüren können.

Aus dem Wassermann hast Du sicher auch schon geschlossen, dass sich die Waage für die Wissenschaft der Individualität interessiert, also für psychologische Richtungen wie die von Carl Gustav Jung (dessen Sonne im Löwen stand und dessen Aszendent Wassermann war) oder für spirituelle Psychologien wie die des tibetischen Buddhismus oder andere Weltanschauungen, die das Wesen des Einzelnen aus allgemeingültigen Gesetzmäßigkeiten ableiten, die Psyche als Mandala darstellen oder den Charakter des Einzelnen in irgendeiner Weise als die Summe und die Verbindung all seiner Beziehungen zur Welt auffassen.

Aus dieser Betrachtung des menschlichen Wesens von einem übergeordneten Standpunkt aus ergibt sich auch ein allgemeineres Verständnis für das, was sich in Menschen abspielt und daraus wiederum die Fähigkeit der Waage, anderen zuhören und sich in sie hineinversetzen zu können. Was Nicht-Waagen dabei manchmal ein wenig wundert, ist der Umstand, dass die Waagen die innere Dynamik eines anderen verstehen und ihr zustimmen können und wenig später einem völlig anders „gestrickten“ Menschen genauso zuhören und zustimmen können. Dies ist aber keineswegs eine Standpunktslosigkeit, wie manchmal angenommen wird, sondern eher eine Auswirkung des „kühlen Glanzes“ der Wassermänner, die immer leicht distanziert und irgendwie unberührt von den Dingen die Welt betrachten und die Welt ihrer Vielfalt zu begreifen versuchen.

Insofern kannst Du diesen Aspekt der Waagen vielleicht am besten als ihren Wunsch, andere in ihrem Wesen mit dem eigenen Wesen zu berühren und darauf zu lauschen, welcher Klang sich aus dem Zusammenspielen dieser beiden Töne ergibt, auffassen. Die Selbstverwirklichung der Waagen findet nicht in ihnen selber, sondern zwischen ihnen und den anderen Menschen statt.

### 6. Haus: Die Waage arbeitet als Handwerker wie ein Fisch.

> Das sechste Haus nun ist das Heim der Fische,
> wo ich zur Heilung and'rer Tränke mische,
> wo ich empfindsam bin und weit und offen,
> wo meine Worte wieder spenden Trost und Hoffen.

Hast Du schon mal bemerkt, wie beweglich Waagen sind? Sie sind bewegt, aber wenn du sie mit etwas Abstand und über eine längere Zeitspanne hinweg anschaust, wirst Du sehen, dass hinter ihrer scheinbaren Anpassung an jeden, dem sie begegnen, auch eine innere Beständigkeit steht. Sie nehmen Anregungen auf und geben Anregungen weiter und öffnen sich daher den anderen – aber sie bleiben bei all diesem „auf andere eingehen“ doch immer sie selber. Sie bleiben trotz aller Beweglichkeit und trotz aller scheinbarer Anpassung doch immer „bei der Sache".

Die Waagen bemühen sich, alle Gefühlsbereiche zu klären, zu festigen und zu konkretisieren, alle materiellen Bereiche gefühlsmäßig zu durchdringen und die Substanz wieder ins Fließen zu bringen, die Verstandes- und Kontaktbereiche mit viel Elan und Tatendrang zu ergreifen und die Bereiche des Handelns durch Nachdenken, Zuhören und Kooperation zu weiten und mit anderen Menschen in Verbindung zu setzen. Dadurch haben die Waagen ihren ausgeprägt ausgleichenden Charakter.

Angenommen, Du wärst eine Waage, dann hättest Du in dem 6. Haus den Fisch stehen. Du würdest zwar in dem Haus der Heilungen und der Reparaturen noch immer auf die Beweglichkeit und auf die Details achten, aber Du würdest nicht mehr sozusagen die Körnchen der Substanz im Zentrum Deiner Aufmerksamkeit stehen haben, sondern das Fließen, das Öffnen und die Hingabe, also die Qualitäten der Fische.

Man ahnt daher schon die Arten der Therapie, die die Waage bevorzugt: Massagen, Schwimmen, Wassertherapien aller Art, Kontakt mit Freunden, Entspannungs- übungen, Beichten, Meditationen über den Mond, Gebete zur Muttergöttin, Rebir- thing, Pranayama – eben alles, was das Erstarrte wieder fließen, das Verschlossene sich wieder öffnen und das Verkrampfte sich wieder lösen lässt: „Schaukeln!" sagt der Ergänzungs-Gegensatz dazu.

Denselben Ansatz hättest Du als Waage auch bei Reparaturen: die Gelenke ölen, fehlende Teile ergänzen, die richtige Umgebung herstellen u.ä.

Als Waage hättest Du die Fähigkeit, Dich ganz auf das, worum Du Dich sorgend kümmern willst (6. Haus), einzustellen (Fische) – sei es nun ein Mensch, ein Tier, eine Pflanze, eine Maschine oder sonst etwas. Du würdest Dich sozusagen mit Deiner Wahrnehmung ganz in Dein Gegenüber hineinbegeben und dadurch erkennen können, was dort vor sich geht. Diese Fähigkeit macht die Waage (nicht nur in Therapien) zu einem verständnisvollen Gesprächspartner.


*7. Haus: Die Waage verhält sich in Beziehungen wie ein Widder.*

> Das siebte Haus ist hier des Widders Reich,
> zum „Du" gibt es hier keine Grenze, Riegel, Deich;
> es ist ein Blick, ein Kuß im Hier und Jetzt –
> die Freiheit ist es, die mein Herz hier liebt und schätzt.

Das 7. Haus ist der zentrale Bereich der Waage, da dieses Haus der Waage entspricht. Wie Dir ja sicher auch schon aufgefallen ist, sind die Waagen sehr kontaktfreudig und können schnell einen Menschen, der ihnen begegnet, als ein „Du" annehmen – dies liegt an dem Widder im 7. Haus. Die Waagen sind, was Beziehungen betrifft, sehr spontan und direkt: „Hey, Du! Du gefällst mir! Hast Du nicht Lust, mit mir ein Stück spazieren zu gehen oder eine Tasse Tee zu trinken?"

Diese Direktheit haben sie ständig, wodurch sie viele Menschen kennenlernen und zu ihnen eine Beziehung aufbauen. Die Vielzahl ihrer Beziehungen und Begegnungen bedeutet nun aber nicht, dass diese Kontakte alle eher oberflächlich sind, sondern nur, dass meistens mehrere nebeneinander stattfinden und die Begegnungen manchmal eher kurz sind und dass sich die Intensität in Beziehungen nicht auf Ausschließlichkeit, sondern auf Offenheit und Aufrichtigkeit begründet ist.

Der Widder in diesem Haus zeigt, dass es dieser Bereich ist, der für die Waagen am einfachsten und am unkompliziertesten ist, wo sie gerne in Neuland vordringen und eher unbekümmert vorgehen und sich wenig um Strukturen, Regeln, Alter, soziale Schichten und ähnliches scheren – nur die Begegnung selber zählt und was man in ihr erleben kann.

*8. Haus: Der Waage verhält sich im Kampf wie ein Stier.*

> Im achten Haus nun lebt der Stier
> und schützt vor allzu wilden Stürmen hier,
> und lehrt mich, heiße Feuer klug zu nutzen,
> und meiner Gegner Zahl durch Freundlichkeit zu stutzen.

Entsinnst Du Dich, wie mein Freund Karl, der ja auch eine Waage ist, letztens, als wir von diesen Halbstarken angepöbelt wurden, die Ruhe selber geblieben ist und die Halbstarken zu sich nach Hause auf ein Bier eingeladen hat, womit er sie schließlich ganz aus dem Konzept gebracht hat? – Das war typisch für die Bodenständigkeit des Stiers, für seine Schwere und sein Beharrungsvermögen, die die Waagen in Situationen des 8. Hauses einsetzen.

„Seine Festigkeit und Grenzen wahren, aber elastisch bleiben," sagt Karl doch immer, „und ihnen etwas von dem geben, was sie haben wollen." Nun, es ist ja nicht verwunderlich bei dieser Stierprägung im Haus der heftigen Gefühle, dass die Waage Konflikte stets als Grenz- und Besitzthemen ansieht.

Die Waagen vermeiden ja gerne allzu große Ecken und Kanten sowie Konfrontationen und Schroffheit. Da diese Ecken und Kanten eben bei den Themen des 8. Hauses, also bei Streit, Sexualität, Todesgefahren, Krankheiten, Krisen, Kriegen, Spionage, Verbrechen und ähnlichem am ehesten auftreten, bemüht sich die Waage, ihre heftigen Gefühle zu erkennen, zu ergreifen und zu kultivieren – sie bemüht sich sozusagen aus der gefahrvollen Wildnis des 8. Hauses (das dem Skorpion entspricht) einen freundlichen Garten zu erschaffen, in dem sich jeder Stier wohlfühlen würde.

In dieser Weise bemüht sie sich sowohl in ihrem eigenen Inneren als auch in ihrer

Umgebung eine friedliche Kooperation herzustellen und die heftigen Kräfte und Impulse, die aus dem eigenen Inneren und in ihrer Umwelt auftauchen, kreativ zu nutzen. Dieser Blickwinkel auf die Dinge, die um sie her und in ihr selber geschehen, ist letztlich die Grundlage ihrer pazifistischen Grundhaltung und ihres diplomatischen Geschicks.

Letztlich fasst sie alle aus dem Verborgenen hervorbrechenden Kräfte als Kräfte des Wachstums auf, die nur noch in die richtige Richtung gelenkt werden müssen. Und alle Motivationen, in welch aggressiver Handlung sie auch immer auftauchen mögen, sind in den Augen der Waage immer konstruktiv – lediglich die Art ihrer Umsetzung muss halt noch ein wenig korrigiert werden.

*9. Haus: Die Waage verhält sich in Hinblick auf seine Ideale wie ein Zwilling.*

> Das neunte Haus ist ganz geprägt vom Zwilling,
> denn er macht aus dem Pfennig schnell 'nen Schilling,
> und dann aus diesem einen Golddukaten –
> denn er erreicht sein Ziel stets ohne langes Warten.

Hast Du schon mal eine begriffsstutzige Waage gesehen oder eine Waage, die längere Zeit dasselbe Ziel verfolgt? Nein? Ich auch nicht. – Ich hielt das ja lange Zeit für Wankelmut und Rückgratlosigkeit.

„Die hängen ihr Fähnchen auch immer nach dem Wind," dachte ich, „und reden jedem nach dem Mund."

Aber damit habe ich den Waagen doch Unrecht getan. Ihr Ziel ist die Begegnung und deshalb haben sie eine schnelle Auffassungsgabe und können ihren Kurs entsprechend ihren neuesten Erkenntnissen schnell ändern.

Sie haben nicht das eine große, konstante Ziel, sondern die jeweiligen Ziele ergeben sich aus ihren Begegnungen – ihre Ziele sind durch die Neugier des Zwillings geprägt. Sie haben viele und wechselnde Ziele, weil ihr Bestreben das Kennenlernen der Menschen und der Welt ist – sie streben nach dem Austausch zwischen dem Ich und dem Du. Daraus ergibt sich dann eine Zielgerichtetheit, die sich daran orientiert, wieviel Neues es noch in dieser Richtung zu entdecken gibt. Ist eine Richtung erschöpft, wird die nächste gewählt.

Diese Konstellation macht die Waagen so beweglich und unternehmungslustig – nicht nur in Beziehungen, sondern insgesamt in ihrer Lebensausrichtung. Es fällt den Waagen von daher nicht schwer, eine Situation zu erfassen, richtig einzuschätzen und ihr Entwicklungspotential zu erkennen, was wiederum ein wichtige Fähigkeit bei ihren vielen vermittelnden und ausgleichen Tätigkeiten ist und sie für leitende Positionen in Kooperationen sehr geeignet macht.

Die konkreten Ziele der Waage ergeben sich immer aus der Situation, in der sie gerade ist; lediglich die generell von ihr hoch geschätzten Qualitäten wie Unabhängigkeit, Freiheit, Beweglichkeit und Abwechslung in ihrer Lebensführung lassen sich konkreter und beständiger angeben.

*10. Haus: Die Waage verhält sich in der Öffentlichkeit wie ein Krebs.*

> Im zehnten Haus, da wohnt der Krebs,
> er zeigt die Art, in der Du strebst,
> und sie ist still, fürsorglich und verborgen,
> und schaut auf ihre Lieben und auf morgen.

Eine Waage fällt in der Öffentlichkeit nicht auf, sie ist in diesen Zusammenhängen eher zurückhaltend. Die Waagen bemühen sich gewissermaßen, sich gegen die Regeln und Zwänge der Öffentlichkeit zu schützen, um sich ihr reges Privatleben zu wahren. Wenn sie in der Öffentlichkeit tätig werden, ziehen sie am ehesten die eher verborgenen, pflegenden und fürsorglichen Tätigkeiten vor wie die des Sozialarbeiters oder die des Schlichters in Tarifkonflikten: sie stellen Nähe und Geborgenheit im öffentlichen Bereich wieder her. Und sie eignen sich natürlich hervorragend zum Angestellten in Eheanbahnungsinstituten und ähnlichen Partnervermittlungsagenturen.

Andererseits zeigt der Krebs in diesem Haus, dass sie durchaus mit dem „Vitamin B", mit Beziehungen zu den richtigen Leuten am richtigen Platz umzugehen verstehen und sich selber genauso gerne unterstützen lassen wie sie selber auch andere unterstützen – „Eine Hand wäscht die andere."

Du kennst ja sicher auch dieses Phänomen bei den Waagen: Sie können in den unmöglichsten Situationen stecken, und egal wie verknöchert und reglementiert die Umstände dort auch sein mögen … sie schaffen es immer, eine freundliche, verbindliche und gemütliche Stimmung herzustellen – und sei es im Keller des Finanzamtes bei der Vordruckausgabe für die Beamten.

Offensichtlich fassen die Waagen alle Gesetze, Regeln, Verordnungen, Naturgesetze usw. als etwas auf, was man im eigenen Sinne nutzen muss und dem man die Härte, Entschiedenheit und Schärfe durch einen wärmeren und menschlichen Umgang miteinander nehmen muss. Insofern sind die Waagen vielleicht nicht besonders paragraphentreu, aber dafür umso geschickter darin, die Paragraphen in eine lebenswerte Wirklichkeit zu verwandeln.

*11. Haus: Die Waage verhält sich im Vereinslokal wie ein Löwe.*

> Im elften Hause, hört!, da brüllt mein Löwe!
> dort bin ich stark – und frei wie eine Möwe,
> denn die Gespräche und Gedanken
> haben für mich niemals Schwere, niemals Schranken.

Der Löwe zeigt an, in welchem Haus ein Tierkreiszeichen die größte Selbständigkeit besitzt. Was würdest Du sagen, welchen Lebensbereich eine Waage für den Bereich halten würde, in dem sie am selbständigsten und am selbstsichersten ist? Freundschaften? Das würde ich auch erwarten. Und somit passt der Löwe vortrefflich in das 11. Haus.

Ihre Offenheit für Begegnungen und ihr Wunsch, das Wesen der Menschen, die ihnen begegnen, zu verstehen, führt dazu, dass die Waagen nach und nach einen guten Überblick darüber erhalten, welche Weltanschauungen die Menschen so alles haben können. Zum einen können die Waagen dann alles, was ihnen an diesen Anschauungen sympathisch ist, aus diesen Ansichten ziehen und zu einem Teil ihrer eigenen Philosophie machen, und zum anderen werden sie sich nach einer Weile in diesem Bereich immer sicherer fühlen und immer selbständiger werden. Die Waagen werden schließlich die verschiedenen Weltanschauungen als das erkennen, was sie sind: Landkarten für den Weg durch das eigene Leben.

Dadurch fühlen sie sich zum einen in diesem Bereich der Weltanschauungen und der Freundschaften zuhause und zum anderen gewinnen sie eine immer größere Selbständigkeit in Bezug auf Lebensphilosophien aller Art und können von der einen zur anderen ohne große Mühe wechseln. Gleichzeitig erleben sie die Philosophie als eine Quelle der Lebendigkeit, weil diese Überzeugungen die Schritte der Menschen lenken und ihr Erleben prägen und weil sie die verbindende Essenz in den Gemeinschaften von Gleichgesinnten ist.

In solchen Gemeinschaften können die Waagen, wie der Löwe im 11. Haus zeigt, sehr selbstbewusst auftreten und viele kreative Impulse geben. Sie haben auch hier am ehesten die Neigung, die Dinge in die Hand zu nehmen und den Verlauf der Ereignisse prägen zu wollen.

Freundschaften und die Gemeinschaft von Gleichgesinnten sind das Element, in dem sich die Waagen richtig entfalten, für das ihr Herz schlägt, denn diese Gemeinschaften sind die Frucht der Bemühungen der Waagen, alle zu verstehen, auf alle einzugehen und für alle den richtigen Platz zu finden.

*12. Haus: Die Waage verhält sich im Fluss des Alltags wie eine Jungfrau.*

Im zwölften Haus seht ihr der Jungfrau Wirken,
in ihrem Gärtchen unter jungen Birken,
und prüfend nun die Tore öffnen oder schließen:
drum kann es in ihrem Gärtchen wachsen, blühen, sprießen.

Was meinst Du, warum die Waagen in ihrem 12. Haus so vorsichtig sind, dass sie dort die Jungfrau als Sternzeichen gewählt haben? Du meinst, das müsse mit ihrer Weltoffenheit zu tun haben? Nun, weltoffen sind die Waagen ja mit Sicherheit – obwohl man vielleicht eher beziehungsoffen sagen müsste …

Ihnen ist es offenbar wichtig, genau zu erkennen, was ihnen da in der Welt begegnet, sagst Du? Das würde bedeuten, dass es ihnen auch wichtig ist, womit sie sich einlassen und womit nicht, was ja durchaus einen Sinn gibt. Schließlich wollen die Waagen nicht ein Sammelsurium von Tönen sein, die zusammen nur einen großen, entsetzlichen Missklang ergeben, sondern sie wollen Töne miteinander verbinden, die gemeinsam eine klangvolle Sonate oder eine ergreifende Symphonie ergeben. Schließlich suchen die Waagen überall nach dem Schwingen, das in dem Ergänzungs-Gegensatz liegt und dafür müssen sie genau schauen, was sie womit verbinden.

Die Waagen haben also eine große Wachsamkeit gegenüber der Welt und analysieren alles, was ihnen begegnet, um es einordnen und auf die rechte Weise mit ihm umgehen zu können. Sie sind daher in ihrer Begegnung mit der Welt vorsichtig, empfindsam und leicht irritierbar und haben ein großes Geschick dafür (worin Du mir sicher zustimmen wirst), Unliebsamem unauffällig auszuweichen und Angenehmem näherzukommen. Waagen sind schwer zu halten oder auf etwas festzunageln – das ist einfach nicht ihre Art; und um dies erreichen zu können, ist es für sie sehr hilfreich, durch die Jungfrau in ihrem 12. Haus gleich bei der ersten Begegnung ziemlich genau erkennen zu können, was einem da gegenübersteht.

# 8.  Tiefgründiger

♏

*1. Haus: Der Skorpion verhält sich im „Hier und Jetzt" wie ein Skorpion.*

Sehr geehrte Damen und Herren! Wir sind stolz, ihnen verkünden zu können, dass sich der Vorhang öffnet – der Vorhang für das Schauspiel „Das Leben des Skorpions" – Applaus, Applaus für den Hauptdarsteller!

Sie kennen ja gewiss den Aufbau des klassischen Dramas – er entspricht genau der Dynamik des Skorpions, der einzigen lebenswerten Dynamik, neben der alles andere schal und leer und flach ist … Wie sollten Sie es nicht kennen? Sonst wären Sie ja nicht hier!

Im 1. Akt stellen sich die Kontrahenten vor und man weiß „Wow, eine gewagte Mischung!" – im 2. Akt verstricken sich die Kontrahenten in unlösbare Konflikte: „Ich hab's ja gleich gesagt!" – Im 3. Akt steigern sich die Gegensätze bis zur Unerträglichkeit „Echt gute Inszenierung!" – Im 4. Akt genießt man die Unerträglichkeit der Spannung „Da fällt mir ja nichts mehr ein ..." – und im 5. Akt löst sich die Spannung auf, entweder lustvoll (dann war's eine Komödie) oder leidvoll (dann war's eine Tragödie) … „Und wo gehen wir jetzt hin?"

Sie haben es sicher schon gemerkt. Sie kennen das ja alle nur zu gut. Es ist ja jedem bekannt. Deshalb heißt es ja auch Akt. Diese Dynamik ist die Dynamik des Orgasmus – es ist Ihnen ja sicher schon aufgefallen: 1. Akt: anbaggern – 2. Akt: flirten – 3. Akt: heißes Techtelmechtel – 4. Akt: zusammen im Bett (oder wo auch immer) – 5. Akt: Orgasmus (naja, bei einer Tragödie endet's irgendwo zwischen dem 2. und dem 4. Akt mit einer Abfuhr – aber was soll's … auf zum nächsten Versuch!).

Sie wünschen eine genauere astrologische Erklärung? Nun gut, wenn Sie's noch nötig haben … Also: Der Skorpion ist ein Wasserzeichen und somit ein Gefühlsmensch (was er allerdings aufgrund aus allgemeinen taktischen Erwägungen nicht zeigt). Er ist ein gestaltendes Zeichen und hat somit einen Standpunkt – einen gefühlsmäßigen Standpunkt! – den er zu entfalten und auszudehnen bestrebt ist (wobei das Wasser zu einer gewisser Exzessivität und Maßlosigkeit in dieser Ausdehnung der eigenen Mitte auf die Umwelt führen kann). Er ist ein zum Mars gehörendes Sternzeichen und als solches kämpferisch – ein Krieger, der Gefühle anstrebt, ein Krieger, der im Bereich der Gefühle kämpft, ein Krieger, der mit Gefühlen kämpft – weh dem, der ihm im

Weg steht und kein dickes Fell hat!

Der Skorpion ist das auch das Sternzeichen, das zum Pluto gehört. Daher ist der Skorpion intensiv, Leitbild-orientiert und heftig – er hat immer ein Ziel vor Augen, das er mit aller Kraft anstrebt … was eine gewisse Fixierung, Einsgerichtetheit und Entschlossenheit (und ein wenig Intoleranz) mit sich bringt – eine Psyche wie ein Laserstrahl: gebündelt und alle Bestandteile gleichgerichtet und nur auf das eine Ziel fixiert (das aber des öfteren wechseln kann).

Er ist das Zeichen der nach außen gerichteten Verwandlung und strebt somit nach dem Aufbau von Spannung, um eine größere Intensität zu erreichen (dies gilt natürlich nicht nur für das Verhältnis zwischen den Geschlechtern). Seine Mittel dafür sind die Provokation, das Bohren in Wunden, der Flirt, die Agitation, der Widerspruch aus Prinzip, die Polarisierung – und es führt durch die Überwindung alter, verbrauchter Zustände und Situationen zu immer neuen Verwandlungen, die einem Wasserwesen ja nicht gerade schwer fallen.

Ein Rat an Neulinge: Seien Sie vorsichtig mit den klaren Gedanken und Beweisführungen der Skorpione – es handelt sich hierbei nicht in erster Linie um Gedanken, sondern um als Gedanken getarnte Gefühle, Absichten und Standpunkte. Der Skorpion ist immer darauf ausgerichtet, etwas zu erreichen, von dem er gefühlsmäßig fasziniert ist, von dem er in den Bann geschlagen ist – und er ist ein brillanter Taktiker, der alles dafür nutzt, um sein Ziel zu erreichen. Er durchschaut alles und geht jeder Sache auf den Grund und durchforscht sie, bis er die ihr zugrundeliegende Motivation erkannt hat.

Genauso nutzt er aber auch die Verschleierung und trägt Masken und gibt vor, etwas zu sein, was er jedoch nur aus taktischen Erwägungen ist oder weil es ihm gerade Spaß macht – warum nicht mal auf einer Party felsenfest behaupten, dass die Erde eine Scheibe ist? – Man wird sicher bald im Mittelpunkt stehen und kann dann diese emotional aufgeladene Atmosphäre für die verschiedensten Dinge nutzten (eine Nacht mit der Frau dort hinten wär' nicht zu verachten …). – Sprache dient der Verständigung und der Erkenntnis? Was sagten Sie, von wo Sie kämen? Vom Land?

Nun, Sie sind sicher schon darauf gekommen, dass das Ganze auch umgekehrt gilt. Aber hier noch einmal für die, die es noch nicht gemerkt haben: Wenn Sie mit Skorpionen sprechen, ist es besser, wenn Sie sich nicht aufs Argumentieren einlassen, denn da sind Ihnen die Skorpione vermutlich überlegen. Und beachten Sie immer, dass Skorpione nicht auf Worte reagieren (schließlich handelt es sich beim Skorpion ja wirklich nicht um ein Luftzeichen!), sondern immer nur auf die mit den Worten transportierten Gefühle.

Natürlich können die Skorpione immer alles gut erklären und begründen, aber wenn sie sich auf diese Ebene einlassen, haben Sie schon verloren. Nur wenn Sie eine klare

Motivation haben, können sie den Skorpionen bei verbalen Gefechten Paroli bieten – ansonsten: „Touché!" ... und zwar für den Skorpion!

Apropos Erkenntnis: Ihnen als Zuschauer bei dem Drama „Das Leben des Skorpions" ist natürlich klar, dass es keine Erkenntnisse gibt – der Verstand beschreibt nur, zieht Analogieschlüsse; Gefühle sind nur Reaktionen von mir auf Umweltreize; Wahrnehmungen sind durch meine Sinne begrenzt; und mein Wille erschafft willkürlich die Strukturen innerhalb meiner Wahrnehmungen – es gibt nichts als mein Bewusstsein und das ist auch alles, was ich weiß.

Daher steht der Skorpion (aufgrund der Isolation seines Bewusstseins) auch in einem ständigen Widerspruch zur Welt, in einer ständigen Auseinandersetzung mit ihr (ach ja, für die Astrologie-Lehrlinge: es handelt sich hier um eine Aussage über das nach außen gerichtete Quincunx, also um den zum Skorpion gehörenden astrologischen Aspekt). Leben ist Leid, wenn man nur das tut, was man selber will (denn die Mächtigen der Welt wollen meisten etwas anderes), wie schon Prometheus erfuhr, als er nach seinem Raub des Feuers von Zeus (dem damals Mächtigen) an die Felsen des Kaukasus geschmiedet wurde, wo ihm ein Adler täglich aufs neue genüsslich die Leber aushackte.

Aber wie heißt es doch so schön bei dem von uns Skorpionen allseits geschätzten Dichter: „Man muss sich Sisyphus als einen glücklichen Menschen vorstellen." Für Nicht-Skorpione natürlich unbegreiflich, was daran gut sein soll, ein Leben lang einen Felsblock den Berg hinaufrollen zu müssen, nur um zu sehen, wie er kurz vorm Ziel wieder hinabrollt.

Das gleiche gilt natürlich auch für Tantalus, der sich endlos vergeblich darum bemüht, das Wasser zu trinken, in dem er steht oder die Trauben zu erreichen, die über ihm hängen. – Es ist nun mal der höchste Genuss, seinen eigenen Standpunkt zu verteidigen und ihn anzustreben, und wenn's dabei Widerstände und Geschrei gibt – umso besser: das erschafft Kontur und zeigt, dass man sich nicht angepasst hat (aber das können – unter uns Skorpionen gesagt – die Weicheier der anderen Sternzeichen natürlich nicht begreifen).

Skorpion – das ist Dramatik, Steigerung, Faszination, Kompromisslosigkeit, Bewertung, Einsgerichtetheit, Unbedingtheit, Provokation, Polarisation, Überwindung, Stellungnahme, Kontur, Unterschied, Schärfe, Widerspruch, Ich und Schatten, Dr. Jekyll and Mr. Hide, Intensität, Absolutheit, Wille, Prägung, Macht, Heiliger und Dämon, Sex, Kampf, Leben und Tod, Geburt, Erleuchtung, Bewerten, Akzentuierung, Unterschied, Unterscheiden, Trennen, Richten, Wirksamkeit, Verwandlung, Maske, Orgasmus, Tanz, Urteil, Entschiedenheit, Verwandlung, Drama …

Ja, Sie dahinten ... was interessiert Sie? Das Aussehen der Skorpione? Sehen Sie sich doch einfach gegenseitig an! Hier werden ja vermutlich fast nur Skorpione anwesend sein. – Das reicht Ihnen nicht? Haben Sie sich denn noch nie einen Skorpion einmal aufmerksam angeschaut? Also gut. – Sie haben einen präsenten, wachen, durchdringenden und manchmal leicht stechenden Blick, haben oft ausgeprägte Augenbrauen, und bisweilen auch eine spitze Oberlippe wie bei einem die Panflöte spielenden Faun (in gewisser Weise ist der lüsterne, wilde, unzivilisierte Pan, der der Gott der Wildnis und der Instinkte ist, der Schutzpatron der Skorpione).

Wie alle Wasserzeichen haben sie in ihrer Jugend etwas anmutig-betörendes und gute Portion Charme (Sind Sie schon einmal einem Skorpion begegnet, der Sie verführen wollte? Ja? Nun, dann wissen Sie ja, wovon ich rede.) Und wie alle Wasserzeichen neigen sie mit den Jahren zu einer gewissen Fülle.

Was wollen sie denn jetzt noch wissen?! – Die Organzuordnung? Aber die müsste Ihnen doch mittlerweile bekannt sein! Also gut, aber das ist dann auch wirklich der letzte Punkt für diesen Abschnitt meines Vortrags, der eigentlich schon längst zu Ende sein sollte. – Die Organe des Skorpions sind die Ausscheidungs- und Abgrenzungsorgane: die Blase, der Dickdarm und die Geschlechtsorgane. Das Absondern des nicht mehr Gebrauchten findet zum einen in der Blase in Flüssigkeit gelöst statt (Urin – typisch Wasserzeichen Skorpion!) und findet zum anderen im Dickdarm (der gerade umgekehrt wie die Niere dem Darminhalt die noch verwertbare Flüssigkeit vor der Ausscheidung wieder entzieht) in fester Form (Kot) statt: Dass es sich bei der Ausscheidung selber nicht um kontinuierliche, sondern um eher heftige, kurze Vorgänge handelt, entspricht ganz der Mars/Pluto-Dynamik des Skorpions. Nun, die Dynamik der Geschlechtsorgane mit ihrem Zeugen und Gebären wurde ja schon kurz erwähnt – typisch für die Dynamik des klassischen Dramas sind hier wieder die Folge necken/reizen/Senkwehen (1. und 2. Akt) – Annäherung/Vereinigung/Wehen/ Rhythmus/Anspannung-Entspannung (3. und 4. Akt) – Presswehen/ Orgasmus (5. Akt) – Entspannung/ Nachwehen (Nachwort).

### 2. Haus: Der Skorpion geht mit Besitz wie ein Schütze um.

Im 2. Haus wird Substanz, was im 1. Haus geschieht – hier wird gesammelt, verbunden, angenommen, abgelehnt, aufgenommen, aufgebaut und genossen. Sie erinnern sich an die Neigung des Skorpions zum Extrem, zu diesem Effekt des Plutos im Wasser? – Auf Substanz angewandt wird daraus der höchstmögliche Anspruch an den eigenen Körper (Leistung), an den Körper anderer (Sex), an die Nahrung (Feinschmeckerlokale), an die Kleidung (Disignerware), an die Wohnungseinrichtung (Ledersitzgarnitur), an die Wohnung (Landsitz, First-Class-Hotel) und natürlich das Bankkonto („Wie viele Millionen sagten Sie?“).

Ob der Skorpion dies auch erreicht, ist eine zweite Frage, obwohl er dafür nicht gerade unbegabt ist. Für solche Ziele ist natürlich eine Menge Energie notwendig, aber daran fehlt es dem Skorpion ja im Großen und Ganzen nicht. Er ist natürlich ein Wasserzeichen, woraus man schließen kann, dass der Mars des Skorpions nicht notwendigerweise mit den Muskeln arbeiten will: Streitgespräche, Agitationen, Detektivarbeit, Provokationen, Werbekampagnen und ähnliche auf das Gefühlsleben der anderen abzielende, pointierte Aktionen liegen ihm viel mehr.

Schnell und heftig und effektvoll in der Handlung, aber nicht sehr ausdauernd – wenn's nicht im ersten Anlauf klappt, lässt der Schwung nach – es sei denn, man nimmt den Fehlschlag als persönlichen Affront; dann gibt es zur Not ja immer noch die altbewährte Wadenbeißer-Taktik …

Sie halten Skorpione für phlegmatisch, da sie ein Wasserzeichen sind? – Nun, grundsätzlich ist das richtig. Warum etwas tun, wenn es nicht nötig ist … Aber wenn ein ausreichend großer Reiz da ist, der Lust verspricht oder Leid ankündet, kann sich der Skorpion ganz vehement in Bewegung setzten. Sie wissen ja: ganz oder gar nicht. Von daher fällt es dem Skorpion mit seinem Schützen im 2. Haus auch nicht schwer, bei Bedarf nicht nur seinen Standpunkt, sondern auch seinen Ort, und wenn er schon dabei ist, gleich auch noch seinen Beruf und seine Beziehungen zu wechseln. Er folgt immer dem, was ihm am reizvollsten erscheint.

Für andere birgt dieser Charakterzug natürlich ein wenig Überraschungspotential – aber wer will schon ein langweiliges Leben?

Schütze im 2. Haus … Orientierung und Zielgerichtetheit auf der materiellen Ebene … lassen Sie sich das einmal auf der Zunge zergehen … Was bedeutet das? – Sehr feine Sinneswahrnehmungen, gutes Gehör, scharfe Augen? Stimmt zwar, aber darauf wollte ich nicht hinaus. – Ein feiner Geschmackssinn, der einen Hamburger von einem T-Bone-Steak unterscheiden kann? … Natürlich können sie das und Sie haben auch damit recht, dass die Skorpione nicht gerade die typischen Vegetarier sind (außer wenn sie zufällig gerade einmal den Schutz des Lebens als Leitbild haben) …

Aber schauen Sie doch einmal genauer hin: Orientierung in der Landschaft – das bedeutet, dass die Skorpione gute Strategen und zum Teil auch gute Taktiker sind: die geborenen Feldherren, Marketingabteilungsleiter und Spione – Aktionen im Verborgenen, Spiele ohne offene Karten, ein wenig verschweigen, ein wenig verdrehen, natürlich die Motivation verbergen, hier eine List, dort ein kleiner Hinterhalt und schon ist man am Ziel – manche sind dabei fanatische Verteidiger des Fair-Play, andere treten noch mal nach, wenn der Gegner am Boden liegt, aber keiner ist nur halb bei der Sache.

Natürlich ist es auch nicht immer niveauvoll bei den Skorpionen, man findet unter ihnen auch Bodyguards, Zuhälter, Kampfsportschulen-Leiter, den Mann fürs Grobe und den Abbruchunternehmer, aber ihre Tätigkeiten haben doch immer auch dieses gewisse Flair von Eroberung, Verwandlung, Heftigkeit, Extrem, Lebensbedrohung und Überwindung und einen Hang zur drastischen Aktion. Eine Fähigkeit, die auch bei Therapeuten und anderen Krisenmanagern nicht zu verachten ist. Skorpione werden überall dort gebraucht, wo der Topf schon übergekocht ist … oder wo er endlich überkochen soll. Idealjob: agent provocateur.

Wenn Sie nicht mehr weiter wissen, holen Sie sich einen Skorpion – er wird's richten (wobei sie im Allgemeinen weniger die homöopathische als die chirurgische Methode bevorzugen, sofern sie nicht gar zu der Gilde der Sprengmeister gehören).

Haben Sie sich schon einmal gefragt, was ein Witz ist, und wieso gerade Skorpione einen Hang zu Witzen haben? Weil sie generell wegen ihres Mars und ihres Plutos im Wasser einen Hang zu eruptiven Gefühlen haben? – Es lässt sich nicht leugnen, dass Lachen, Weinen, Wutanfälle, Orgasmen, Zittern, Brüllen, Fluchen Drohen, Reizen, Verlocken und ähnliches schon recht typisch für den Skorpion sind – Mars und Wasser eben – aber eine nähere Betrachtung des Witzes lohnt sich trotzdem.

Sie ahnen es schon: Es ist wieder das klassische Drama – genau. Ein Witz beginnt mit der Schilderung einer Szene (1. Akt), in der dann eine bestimmte Konstellation oder Entwicklung beschrieben wird, mit der man sich identifizieren kann (2. Akt); diese Entwicklung wird weitergeführt, bestimmte Erwartungen werden geweckt, denen man selber zustimmen kann, sodass man aus der Identifikation mit dem Erzählten nicht herausfällt, sondern durch die sich die Identifikation noch weiter verfestigt (3. Akt); schließlich läuft die Schilderung auf ein ganz bestimmtes, vom Zuhörer erwartetes Ergebnis zu (4. Akt); wobei nun der wesentliche Punkt des Witzes auftritt (gewissermaßen der Augenblick der höchsten Spannung vor dem Orgasmus) und die Schilderung eine plötzliche, unerwartete Wendung nimmt und eine in der bisherigen Erzählung zwar deutlich angelegte, aber nicht gleich erkennbare Bedeutung zutage tritt, die emotional sehr aufgeladen ist und deren Bewusstwerdung im Zuhörer eben das Lachen (die Entsprechung zum Orgasmus bzw. zur Katharsis, wenn man beim klassischen Drama bleiben will) auslöst.

Sehr beliebt sind für den Aufbau einer solchen verborgenen Bedeutung natürlich sexuelle Vorgänge – der sich mit der Erzählung identifizierende Zuhörer steht durch seine Identifikation und die plötzliche Wendung am Ende des Witzes plötzlich in seiner Sexualität da, wodurch sich seine verborgene (sexuelle) Spannung löst.

Tendenziell haben Witze (wie übrigens alles beim Skorpion) etwas Ambivalentes, haben sie zwei verschiedene Seiten, rufen sie zwei verschiedene mögliche Reaktionen hervor: entweder das Lachen oder, wenn das im Witz benutzte und zunächst verborgene Gefühl zu heftig oder zu abstoßend war, bisweilen auch Ekel oder leichte Übelkeit oder Verletztsein hervor – dann wurde die Grenze der (gesunden, nicht neurotischen) Scham übertreten.

Zielgerichtete, kraftvolle Bewegung der Materie – Schütze im 2. Haus … Nicht zuletzt ist auch der Tanz einer der beliebtesten Ausdrucksweisen des Skorpions. Schließlich benötigt man beim Tanzen ein Leitbild, ein Gefühl, das Ausdruck finden will (denn sonst bleiben die Bewegungen leer), und man kann sich wunderbar durch seine Bewegungen in solch einen Tanz hineinsteigern. Vorgezogen werden von den Skorpionen im allgemeinen Flamenco (stolz und unnahbar und zugleich verlangend), Tango (Hüften aneinanderpressen und angewidert wegschauen – Polarisierung in einem selber und zwischen den Tänzern), Trancetänze aller Art (Rave) und natürlich nicht zuletzt die mittlerweile etwas aus der Mode gekommenen archaischen Paarungstänze und Kriegstänze, die letztlich wie ekstatische Gebete eine Kraft in die Tänzer hereinrufen (in diesen beiden Fällen Potenz und Fruchtbarkeit bzw. Kampfstärke) – ein lohnendes Erlebnis!

Sie kennen doch sicher den Faust von Goethe? Faust ist ja dank Goethes Skorpion-Aszendent auch ein wenig skorpionisch geraten: Er will die Welt ergründen, stellt sich zwischen den Himmel und den Teufel, paktiert mit Mephisto und verspricht ihm seine Seele für den Fall, dass er einmal wirklich zufrieden sein würde. Natürlich ist ein Skorpion nie wirklich ganz zufrieden (und Goethes Sonnenzeichen, die Jungfrau auch nicht) – schließlich handelt es sich beim Skorpion (wie auch bei der Jungfrau) um ein Sternzeichen, das zu dem Quincunx-Aspekt verwandt ist, der ständig ordnet oder verwandelt. Aber am Ende wäre es im „Faust" dann doch fast noch zu einer Tragödie gekommen, als Faust sich zu der Aussage „Hier könnte ich sagen, dass ich zufrieden wäre." hinreißen ließ – aber er hatte Glück und der Konjunktiv wurde vom himmlischen Gericht nicht als eine Vertragserfüllung mit Mephisto angesehen und Faust somit gerettet.

Hin- und hergerissen sein zwischen den heftigsten Mächten ist generell nichts Unbekanntes für Skorpione – dem Pluto sei's gedankt.


*3. Haus: Der Skorpion ist in Bezug auf die Neugier wie ein Steinbock.*

Was der Steinbock in einer Beschreibung des Skorpions zu suchen hat, fragen Sie? Was in aller Welt dieser Skorpion-Revolutionär mit diesem Steinbock-Langeweiler zu tun haben soll? – Ich verstehe Sie ja, aber schauen Sie, auch der Steinbock hat seine guten Seiten: Er ist realistisch, hat ein gutes Gedächtnis, ist sachlich, penibel, akkurat. … Würden Sie bitte ihre Pfiffe und Buhrufe einstellen!?

Sonst machen wir gleich Astrodrama mit Ihnen und Sie können die 50-Jahr-Feier des Verbandes der mittelwestfälischen Antiquariatsangestellten inszenieren!

So, wieder Ruhe? – Gut.

Zugegeben, Sie haben ja nicht ganz unrecht. Und Sie haben da ja auch gerade ganz treffend den Skorpion-Charakter mit ihren Zwischenrufen dargestellt. Aber warum gleich so beleidigt? Als Skorpion muss man auch eiskalt sein können und statt sich durch emotionale Äußerungen verletzbar zu machen, den anderen durch einen gezielten Schlag außer Gefecht setzen können. Aber das üben wir später noch.

Womit wir auch schon beim Thema wären. „Eiskalt" ist sozusagen die skorpionische Steigerung der Abgrenzung gegen alles Fremde, die eine typische Eigenschaft des Steinbocks ist. Und wenn Sie argumentieren wollen, brauchen Sie klare Argumente – klare Argumente wohlgemerkt, also gutgeschliffene Waffen, die den Gegner erledigen und nicht etwa präzise Formulierungen Ihrer Wünsche und Bedürfnisse! Das heben Sie sich bitte für die Suche nach dem Wesen der Dinge auf, die Sie unter anderem mit Gleichgesinnten führen.

Bei einer solchen gemeinsamen Betrachtung der erforderlichen Überwindung von veralteten Vorstellungen, durch die Sie zu dem gelangen wollen, „was die Welt im Innersten zusammenhält", wie es Goethe so treffend formuliert – wobei ich persönlich das archaischere Bild vom Grundgegensatz in der Welt vorziehe – können Sie dann auch mal Gefühlsoffen sein.

Aber zurück zum Steinbock im 3. Haus: Um treffende Pfeile für ihren Bogen zu haben, brauchen Sie ein gutes Gedächtnis, eine genaue Beobachtungsgabe und die Fähigkeit, so tun zu können, als ob Sie sachlich seien. Und genau das ermöglicht Ihnen der Steinbock in Ihrem 3. Haus. Also überwinden Sie bitte Ihre Vorurteile gegenüber diesem Sternzeichen!

Um noch einmal auf das von mir favorisierte Weltbild des grundlegenden Gegensatzes zurückzukommen: Da es ja die einzig vernünftige Ansicht darstellt – schließlich wäre ohne die Annahme des ja ohnehin überall erlebbaren Grundgegensatzes die Dynamik und die Bewegung in der Welt unerklärbar – findet es sich in sehr vielen Weltbildern wie z.B. als Yin und Yang bei den Chinesen, als Nifelheim und Muspelheim bei den Germanen, als Himmel und Hölle bei den meisten monotheistischen Religionen, als Sulphur und Merkurius bei den Alchemisten, als Luzifer und Arhiman bei Steiner (Er hat einen Skorpion-Aszendent!), als Urknallimpuls und Gravitation in der Astrophysik usw. Und Sie wissen ja sicher auch alle, welcher alte Grieche zu diesem Thema so treffend gesagt hat „Der Krieg ist der Vater aller Dinge." ... Was rufen Sie da dazwischen? ... Ja – es war Heraklit.

Der Steinbock ist das sachliche Erkennen – folglich sollten sich unter Ihnen einige Richter und andere Juristen befinden – melden sie sich doch bitte einmal ... Ah, ja, zwei Richter, ein Verteidiger, fünf Staatsanwälte, drei Wirtschaftsjuristen ... Das entspricht ja recht genau der Motivations-Bewusstheit der Skorpione ... die Anklage steht der skorpionischen Neigung zu Provokation und Kampf am nächsten, die Wirtschaft bringt noch am meisten Geld ein, das Richten hat immerhin noch die meiste Macht, und das Verteidigen, nun ja, das muss es ja auch geben.

Das Ganze findet nun in einem Wasserzeichen statt, folglich wird aus der sachlichen

Beobachtung des Steinbocks beim Skorpion ein Bewerten, also eine emotionale Stellungnahme, die von den Leitbildern des betreffenden Skorpions geprägt ist, woraus bei einem geeignetem Leitbild dann eben der Richter wird. Den eigentlich auch hierhin gehörenden Henker können wir aus unserer Betrachtung fortlassen – er ist ja hierzulande aus der Mode gekommen …

Erinnern Sie sich an die Szene in „Lawrence von Arabien", wo Lawrence als neutrale Person einen Araber nach einem Streit zwischen zwei Stämmen hinrichten muss und er anschließend sehr in sich gekehrt ist? Und auf die Frage eines Freundes antwortet, dass er nicht etwa Gewissensbisse hat, sondern dass es ihn beunruhigt, dass ihm das Töten gefallen hat?

Im Bereich der Juristen finden Sie einige der auffälligeren Eigenheiten des Skorpions: die Erforschung der Motivationen bei sich selber und vor allem bei den anderen, die kritische Prüfung von Informationen, bevor man ihnen vertraut, Verschwiegenheit, Wahrheitsliebe, Fangfragen, Taktik, Kreuzverhöre, andere in die Enge treiben und zu Geständnissen oder zur Kapitulation bewegen, es genießen zu können, alle gegen sich zu haben (besonders beim Ankläger), Auseinandersetzungen von der glasklaren Argumentation bis hin zum demonstrativen Furz … früher gehörte ja auch noch Folter dazu, die heute ja nur noch im Geheimen betrieben wird …

Sie kennen doch sicher die Sache mit dem Salzsäure-Test, der ein wenig diese Steinbockseite des Skorpions illustriert, die sich nur mit den wirklich beständigen Dingen befasst? Doch nicht? – Also: Wenn einem Skorpion etwas Neues begegnet und ihm nicht ausweicht, gießt er ein wenig Salzsäure darüber – löst es sich dann auf, war es das Interesse sowieso nicht wert; überlebt es den Test, scheint es ja Substanz zu haben und man könnte es sich ja einmal näher anschauen … Und da sagen die Leute, Skorpione seinen bissig und würden immer gleich Kontra geben und alles zurückweisen und niedermachen – nichts haben sie verstanden! Der Salzsäure-Test ist einfach eine ökonomische Vorsichtsmaßnahme ganz im Geiste des Steinbocks – schließlich wollen wir unsere Zeit ja nicht mit gehaltlosen Zufälligkeiten vergeuden.

Vom Steinbock geprägt ist auch unsere Abgrenzung in der Begegnung, unsere zunächst einmal zur Schau getragene Distanziertheit und Unnahbarkeit – wer die ernst nimmt, ist selbst dran schuld. Schließlich ist der Skorpion ein Wasserzeichen und als solches emotional und an der Begegnung interessiert; aber er will nur die wirkliche Tiefe und Intensität und dann auch die Dauer („Jede Lust will Ewigkeit" sagte – mal wieder – der Skorpion-Aszendentler Goethe zu diesem Thema). Deshalb hat der Skorpion den Steinbock zum Türhüter seines 3. Hauses bestellt.

Aus pragmatischen Überlegungen oder genauer gesagt aus bereits erwähnter emotionaler Konfiguration heraus neigen Skorpione dazu, Begegnungen und Kontakte für ihre Zwecke zu nutzen – Neider sagen dazu, wir würden die Menschen funktionalisieren – aber die sind, wie gesagt, einfach nur neidisch, dass sie dies nicht so gut beherrschen wie wir Skorpione.

Was spricht denn gegen geschickte Manipulationen? Schließlich will doch jeder das Ziel seiner Lust erreichen und die Begegnung mit Leid vermeiden … Nun, auf jeden Fall besitzen wir ein sachliches und kritisches Urteilsvermögen … Und der eine stellt sich unter ein solches emotionales Leitbild und der andere eben unter ein anderes emotionales Leitbild … Aber was soll's – die Sachlichkeit im Urteil ist immer nur der Diener des Zieles, das wir erreichen wollen, und sie ist abhängig von dem Weg, der uns für die Erreichung unseres Zieles am geeignetsten erscheint. – Und eine Diskussion mit einem wohlmeinenden Skorpion (dies gilt insbesondere für Nicht-Skorpione) ist immer ausgesprochen anregend und klärend.

Nebenbei bemerkt: Kennen Sie Werke von Edgar Allen Poe? Speziell „Der Mord in der Rue Morgue"? Dort wird der Steinbock im 3. Haus des Skorpions recht treffend dargestellt.


*4. Haus: Der Skorpion verhält sich in der Familie wie ein Wassermann.*

Aus dem bisher gesagten sollten Sie inzwischen auf den Charakter des 4. Hauses des Skorpions schließen können.

Vorschläge? …

Was sagen Sie? Ach so, Sie haben noch eine humanistische Bildung genossen: „Ubi bene ibi patria" – „Wo es mir gefällt ist meine Heimat." Nun ja, sehr standorttreu sind Skorpione nicht gerade.

O.k. – Weitere Vorschläge? … Philosophie-Bewohner? … sind Sie vielleicht Zwilling? Bei dieser Wortschöpfung … aber tut mir leid, das Wohnen ist eine Frage des 2. Hauses; wenn Sie jedoch meinen, dass der Skorpion seine Wurzeln in der Philosophie hat, kann ich dem zustimmen. …

Ah, noch eine Wortmeldung – wie bitte? Psychologischer Universalismus, Gemüts-Globetrotter und Leitbild-strukturiertes Innenleben? Noch ein Zwilling? … Nein, eine Jungfrau? Aber dann sicher mit einer Merkur-Uranus-Konjunktion, oder? … Ja? Konnte ja auch kaum anders sein …

Aber zurück zum Thema, wir schweifen ab. Der Skorpion. Wassermann im 4. Haus. Der Wassermann ist das globale Denken, die Suche nach den allgemeingültigen Prinzipien, nach der Weltformel. Wieso braucht der Skorpion eine solche Blickweise, wenn er nach innen zu seinen Wurzeln schaut? …

Ja, Sie dahinten? … Weil Skorpion das Pluto-Sternzeichen ist? Ja, genau. Der Pluto ist die Grundüberzeugung, die Ausrichtung auf einen Punkt, der Überlebenstrieb, das Leitbild. Wenn der Skorpion also in sein Inneres schaut, sich also mit seinem 4. Haus beschäftigt, ist er nicht damit zufrieden, ein paar Ängste oder Lüste und Verdrängungen zu entdecken, sondern er will bis auf den Boden seiner Psyche hinabtauchen und dort will er nicht etwa nur ein paar persönliche Strukturelemente finden, sondern er sucht dort nach den Prinzipien, nach denen alle Menschen handeln, nach den Prinzipien, nach denen die Welt gestaltet ist, er sucht in der tiefsten Tiefe seines Inneren nach der Weltformel – er ruht nicht eher (genügend hohes Niveau vorausgesetzt), bis er in sich selber Gott (oder wie er es auch immer nennen wird) gefunden hat.

Wenn schon klassische Psychologie, dann lieber C.G. Jung oder besser noch Alfred Adler, aber nicht so sehr Sigmund Freud – wobei ihm aber letztlich alles, was nach Wissenschaft oder Religion oder ähnlichem aussieht, noch zu materiell und zu dicht ist: Die reine Philosophie ist das Element, in dem der Skorpion seine Heimat sucht und aus der er seine Utopie extrahieren kann, die für ihn dann in seinem Leben das Orientierung gebende Leitbild darstellt.

Eine solche Einstellung macht ihn dann in seinem Heimatgefühl weitgehend unabhängig von Orten und Personen. Ebenso ist sein Vertrauen und seine Geborgenheit, wenn er dieses Ziel erreicht hat, weitestgehend unangreifbar geworden – früher nannte man diese Haltung Gottvertrauen.

Dieses Prinzip ist allen Religionen bekannt: bei Buddha Zuflucht suchen, sein Herz für Allah bereiten, auf Christus vertrauen, Jahwes Wort folgen, sich Krishna zu Füßen setzen … am konsequentesten skorpionisch ist dabei ganz klar Buddha: Das Leben als Leid aufzufassen ist offensichtlich eine Quincunx-Einstellung; das Innerste der Welt nicht zu personifizieren, sondern sie als Nirvana, gewissermaßen also als das Nichts, das Unerschaffene (wörtlich: nirgendwohin gehen) zu bezeichnen, ist ein deutlicher Ausdruck für die abstrakte Qualität des Wassermanns im 4. Haus; die Konsequenz, mit der Buddha nur die Auflösung des Leides als einzige Motivation und als einzige sinnvolle Handlung gelten lässt und folglich jede Philosophie, jeden Kult und ähnliches strikt ablehnt, ist ausgesprochen plutonisch; und als Methode die Durchlässigkeit für das Karma, das Verebbenlassen der Ursachen durch das ausdrückliche Vermeiden von jeder Art von Extrem ist deutlich eine Methode des Wasser-Elementes und zeigt die Vertrautheit mit der Neigung des Skorpions zur Polarisierung.

Eigentlich schade, dass uns Buddhas Geburtsdaten nicht überliefert worden sind …


*5. Haus: Der Skorpion verhält sich in Bezug auf sich selber wie ein Fisch.*

Haben Sie schon einmal mit einem Skorpion über Persönlichkeit diskutiert? Ja? … Und, was haben Sie festgestellt? … Genau: Es gibt keine Persönlichkeit, keine unvergängliche Seele, sondern nur Kräfte und Motivationen, die in ihren vielfältigen

Konstellationen eine immer wieder neue Persönlichkeitskontur entstehen lassen. Mit dieser Ansicht befinden sich die Skorpione in bester Gesellschaft: Buddha hat gesagt, dass die Illusion einer unvergänglichen oder auch nur zeitweilig beständigen Seele oder Persönlichkeit das größte Hindernis auf dem Weg zur Erleuchtung ist (also wieder ein Indiz dafür, dass Buddha ein Skorpion war).

Genau diese Auffassung wird durch die Fische im 5. Haus dargestellt: Die Persönlichkeit und der Selbstausdruck sind ständig im Fluss, verwandeln sich ununterbrochen von einer Form in die nächste. Und die Verwandlung ist eine der Qualitäten des Pluto, und auf der Verwandlung beruht ein großer Teil der Spannung des klassischen Dramas.

Daher finden Sie bei den Skorpionen auch so viele Personen mit Biographien, die zwischen Extremen hin- und herpendeln: General und Pazifist, Säufer und Heiliger, Detektiv und Verbrecher – die Themen in einer Skorpion-Biographie sind relativ konstant, aber ihre Ausformungen sind extrem und vielfältig.

Aus der Erkenntnis dieser Tatsache heraus fordern manche Skorpione geradezu den Paradigmenwechsel als bewussten Lebensstil: heute ins Bordell, morgen ins Kloster – und übermorgen Bundespräsident oder vielleicht doch Metzger? Sozusagen eine zeitgenössische Interpretation der buddhistischen Maxime, dass man die Illusion eines festen, beständigen und immer gleichen Selbstes aufgeben soll.

Kennen Sie solche Menschen? Der Heilige Franziskus und Kirchenvater Augustinus zum Beispiel führten beide ein ziemlich ausschweifendes Leben, bevor sie dieses Lebensstiles überdrüssig wurden und nach einer größeren Intensität zu suchen begannen. Die anschaulichste Darstellung eines skorpionischen Lebenslaufes ist vermutlich nach wie vor der nun schon einige hundert Jahre alte Roman „Simplizius Simplizissimus" von Grimmelshausen, der zur Zeit des 30-jährigen Krieges spielt und in dem Simplizius nach und nach die verschiedensten Dinge lebt, angefangen vom Findelkind, dem Hofnarren und dem Schatzsucher über den Feldherrn und Schauspieler bis hin zum Geliebten der französischen Königin, einer Art Callboy der französischen High Society der damaligen Zeit, und schließlich noch Syphiliskranker, Räuber und Einsiedler.

Typisch für die Fische ist ja auch die Verbindung zu den Kräften, die in der Welt wirken, angefangen von dem feinen Gespür des Seemannes auf einem Dreimaster für den Wind über die Empfindsamkeit des opportunistischen Politikers für den Zeitgeist bis hin zum Hellseher, der mit seinen inneren Sinnen einen viel größeren Bereich von Raum und Zeit erfassen kann als mit seinen äußeren Sinnen.

Stellen Sie sich nun diese Qualität im Haus der Selbstverwirklichung vor und dazu noch die allgemeine Neigung der Skorpione zu einem deutlich akzentuierten Lebensstil … Was ergibt sich daraus? … Genau, Sie sagen es: Magie.

Wenn man ein Gespür für die feineren Kräfte hat, für die Möglichkeiten des Willens – oder wie sie diese Möglichkeiten auch immer nennen wollen – und wenn Sie dieses Gespür und diesen Zugang gezielt der Selbstverwirklichung nutzbar machen, ergibt sich daraus die Möglichkeit, durch den eignen Willen den Zufall zu lenken und z.T. die Naturgesetze vorübergehend außer Kraft zu setzen.

Sie haben doch sicher schon alle einmal eine begabte Hellseherin erlebt oder an einem Feuerlauf teilgenommen oder einem Heiler zugesehen, der in Trance ohne Betäubung jemanden operiert? Oder irgendetwas anderes, was den Naturgesetzen widerspricht? Falls nicht, sollten Sie dies bei nächster Gelegenheit nachholen, denn sonst bleibt für Sie dieser Aspekt des Skorpions, der wieder mit dem Pluto im Wasser zu tun hat, also mit der Einsgerichtetheit im Bereich der Gefühle und der Lebenskraft, bestenfalls eine Hypothese, mit der Sie nicht viel anfangen können.

Sie wissen ja, der Skorpion ist immer von etwas vehement überzeugt, aber er ist, falls er nicht zu niveaulos ist, auch bereit, Versuche anzustellen, die sein Weltbild erweitern könnten – um dann von etwas anderem genauso überzeugt zu sein. Schließlich ist der Skorpion das Prinzip der Intensität und daher auch das Prinzip der Verwandlung.

### 6. Haus: Der Skorpion arbeitet als Handwerker wie ein Widder.

Ordnung? Ordnung ist für Kleingeister. Jeder Augenblick ist nur eine Übergangsphase in dem prinzipiell nicht Erfaßbaren. Es gibt kein System, keine Wahrheit, keine Regeln. Es gibt Konventionen, Gewohnheit, praktikable und pragmatische Umgangsweisen mit der Welt – aber haben Sie tatsächlich schon einmal eine Aussage über die Welt gehört, die nicht darin gegründet gewesen wäre, dass jemand sich auf die Welt projiziert hat und sich in ihr gesehen hat? … Keine Erkenntnis. Nein. Die gibt es prinzipiell nicht.

Im 6. Haus gibt es nur das Hier und Jetzt. Jeder Augenblick ist so, wie er ist. Wer sich umfassende Regeln und „Naturgesetze" konstruiert, hat nur Angst vor seiner Freiheit. Im eigenen Willen liegt der Zustand der Welt begründet – was man dann landläufig „Magie" nennt.

Es spricht natürlich nichts dagegen, sich die Gebrauchsanleitung einer Bohrmaschine durchzulesen, bevor man sie benutzt. Oder die einer Waschmaschine oder die eines Computers. Aber zum einen schätzt der Skorpion das Prinzip der konkreten Erfahrung viel zu sehr, um sich um solche Anleitungen übermäßig zu kümmern, und zum anderen will doch sicher niemand behaupten, dass ein Mensch nur eine etwas größere und komplexere Waschmaschine sei?!

Vergessen Sie bei Aussagen über den Skorpion nie, dass er ein Wasserzeichen ist – sein Interesse liegt in der Teilnahme, im Gefühl, in der Verbindung, in der Formung und in der Auflösung, in der Lebenskraft – und der Widder ist das einzige Zeichen, das aufgrund seiner Spontanität und Gegenwartsbezogenheit verhindern kann, dass die Suche nach Ordnungssystemen und ihre Benutzung, die das Wesen des 6. Hauses ausmachen, dieses Haus zu etwas Allzufestem wird. Der Widder im 6. Haus ist wie das Wasser des Skorpions: Jeder Augenblick zeigt ein neues Muster von Wellen, Strömungen und Strudeln – zwar einander verwandt, doch niemals wirklich gleich.

Nur diese Offenheit ermöglicht es dem Skorpion, auf plutonische Weise jeden Augenblick als das Wichtigste zu erleben und in jeder Situation bis zu den tiefsten Wurzeln hinabzutauchen und stets mit ganzer Intensität zu leben. Und diese Offenheit gibt dem Skorpion die Möglichkeit, hemmungslos den Impulsen seines Mars zu folgen. Verwechseln Sie hier hemmungslos nicht mit triebhaft, obwohl das natürlich auch eine naheliegende Verhaltensmöglichkeit des Skorpions ist. Hemmungslos bedeutet, dass der Skorpion in jeder Situation das Potential an Lust und Leid erkennt, das in ihr liegt, und darauf aufbauend seine Beschreibung der Situation formuliert, also eine spontane, situationsabhängige 6. Haus-Analyse erstellt, und dann aufgrund dieser Analyse sein weiteres Vorgehen plant.

Eine solche Konstitution ermöglicht es dem Skorpion auch ohne viel Mühe, sich in alle Arten von Ordnungssystemen hineinzudenken, sei dies die Motivation eines anderen Menschen, die Taktik eines von ihm gejagten Verbrechers oder die Funktionsweise einer ihm unbekannten Maschine. Diese Fähigkeit macht ihn zu einem ernstzunehmenden Diskussionsgegner oder Feldherrn.

Ganz offenbar ist dieser Charakterzug nicht nur mit einer Vorliebe für handfeste, funktionstüchtige und effektive Werkzeuge verbunden, sondern auch mit dem Prinzip der Paradigmen-Wechsel, mit der Verwandlung der eignen Rolle in der Welt … Daraus ergibt sich auch ein gewisser Eulenspiegel-Humor: scharfes Erkenntnisvermögen, spitze Zunge, spöttische Rede, ein Hang zu leicht absurden Situationen und vor allem das Prinzip „Frechheit siegt!".

### 7. Haus: Der Skorpion verhält sich in Beziehungen wie ein Stier.

Ist jemand unter Ihnen, der ein Skorpion ist und etwas über Beziehungen erzählen möchte? … Nun, niemand? … Das habe ich auch nicht erwartet. Ist eh' ein heikles Thema und der Stier ist ja, wie Sie sich sicher noch erinnern werden, das Prinzip der Mauer, die den eigenen Garten schützt – von daher ist hier bei diesem Thema ja von Seiten des Skorpions eher Zurückhaltung angesagt … und na, ja – wie heißt es doch: „Der Gentleman genießt und schweigt."

Also nun ein paar allgemeine Fragen an Sie: Welchem Prinzip folgt der Skorpion in seinen Beziehungen und womit lässt sich das begründen, also welche systemimmanente Argumentationen gibt es dafür? Was geschieht, wenn der Partner eines

Skorpions fremdgeht? Wie erlebt der Skorpion das „Du"?

Vorschläge zur ersten Frage? … Ja, der Herr dort hinten mit den markanten Augenbrauen. Sie haben sicher einen Skorpion-Aszendenten? … Wie meinen Sie das? Ach so – der Skorpion folgt einfach seinen Bedürfnissen, sagen Sie, er nimmt sich, was er gerade haben will. …

He! Was soll das?! Wer singt denn da?! Dort die Dame in Rot! Wie bitte? Das war ein Beitrag zum Thema? „Ich mach mir die Welt, wie es mir gefällt!" Was ist das? Der Pippi-Langstrumpf-Song? Hmm … Nun ja, stimmt eigentlich, wenn auch die Art Ihres Beitrages etwas ungewöhnlich ist. Aszendent Wassermann? Oder Zwilling? Ah, Zwilling. Nun gut. Das Lied stammt von Astrid Lindgren, nicht wahr? Ist am 14. 11. 1907 geboren, war also eine Skorpionin, von daher o.k. …

Noch ein Beitrag? Der Herr dort mit dem Flötenkoffer neben seinem Stuhl? … Der Skorpion folgt in seinen Beziehungen dem Prinzip des Hedonismus und dies ist so, weil er ein plutonisches Wasserzeichen ist und folglich dem intensivsten Gefühlsanreiz folgt? … Besser hätte ich es auch nicht ausdrücken können. Pluto nimmt nur mit dem Kontakt auf, was wirklich zusammenstimmt, was wirklich zusammen mit dem eigenen Charakter den gewünschten Klang ergibt, und eine solche Treue zu sich selber führt dann in der Beziehung zum Genuss. Der Stier ist ja das Prinzip, das danach schaut, ob etwas zusammenpasst oder nicht.

Vorschläge zur zweiten Frage? Thema: Partner geht fremd. …

Der Skorpion wird wütend und eifersüchtig? … Er geht selber auch fremd? … Er lässt seinen Partner fallen? … Er kämpft um ihn? … Er inszeniert eine Gruppensex-Party und lädt seine Partnerin dazu ein? … Er geht ins Kloster? … Er geht ins Bordell, macht Fotos davon und schickt sie seiner Ex? …

Danke, danke, es reicht schon … Das scheint ja eine anregende Frage für sie zu sein. Alles in allem scheint der Skorpion bei diesem Thema ja ein breites Spektrum an Verhaltensmöglichkeiten zu haben. Das Gemeinsame an Ihren Vorschlägen – oder Erfahrungsberichten? – ist die Heftigkeit, mit der die Reaktion ausfällt: Es scheint ein Extrem sein zu müssen, es ist auf jeden Fall sehr emotional, und sachliche, klärende Gespräche scheinen nicht so im Vordergrund zu stehen.

Der Skorpion scheint ja von der Askese über die treue Ehe bis hin zur Promiskuität und zum sexuell ausschweifenden Leben alle möglichen Einstellungen haben zu können. Aber die Einstellung, die er gerade hat, vertritt er heftig. Entsprechend dem Stier-Charakter im 7. Haus wird er sich ohne großes Zögern aber von einem Partner trennen, wenn deutlich wird, dass es nicht mehr passt – schließlich hält der Stier sein Haus sauber.

Nun zur dritten Frage. Wie erlebt der Skorpion das „Du"? … Als Genuss? … Nun, das ergibt sich ja aus dem Gesagten – wobei man hier auch die Möglichkeit des

Gegenteils mit anführen müsste, zumal der Skorpion ja bei allem der Ansicht ist, dass in jeder Sache auch ihr Gegenteil schlummert. Eigentlich haben die Skorpione eine Weltanschauung, die dem I Ging recht verwandt ist: alles ändert sich und Yin verwandelt sich früher oder später immer in Yang und umgekehrt; es gibt nichts Festes, alles ist nur Wandel; und dieser Ur-Gegensatz zwischen Yin und Yang ist das, was die Welt bewegt – und dies ist das Tao, sagt die eine Fraktion der Skorpione – das Tao ist nur das erlebende Bewusstsein, sagt die andere Fraktion – das Tao ist nur ein Konstrukt der Feiglinge, die den Grundwiderspruch von Yin und Yang in der Welt nicht aushalten können, sagt die dritte Fraktion der Hardliner. Aber ich schweife ab. ...

Weitere Wortmeldungen? ... Das „Du" als Halt und als Orientierung? ... Das stimmt in gewisser Weise auch, denn schließlich ist der Stier als Erdzeichen ja relativ fest und beständig. ... Als Ergänzung? ... Auch das ist eine Qualität des Stiers, das sich in seiner Herrscherin, der Venus, zeigt.

Was bedeutet nun der Stier im 7. Haus für das Beziehungsverständnis des Skorpions? ... Er braucht halt auch mal Baldriantropfen, sagen Sie? Welches Tierkreiszeichen sind Sie denn? Kein Skorpion vermutlich? ... Ach – eine Jungfrau? ... Aber jedem seine Ausdrucksweise ... Sie haben zumindest recht, wenn Sie damit meinen, dass auch der Skorpion irgendwo einen Heimatplatz benötigt, an dem er sich ausruhen und sich öffnen kann (innerhalb der schützenden Mauern des Stier-Bereichs) und wo er nicht kämpfen muss. Der Stiers ordnet und fördert und pflegt und lässt gedeihen – man kann verstehen, dass der Skorpion bei seinem doch recht aufreibenden Lebensstil sich manchmal auch nach dieser Qualität sehnt.

Und da er mit der Welt als Ganzes in einer Auseinandersetzung, in einem philoso-phisch wohlbegründeten Widerspruch lebt, bleibt ihm nur die persönliche Begegnung, um auch diese friedliche und Gedeihen-fördernde Qualität in seinem Leben finden zu können.

Kennen Sie den Mythos von Isis und Osiris, den beiden altägyptischen Gottheiten? ... Sie kennen nicht alle diesen Mythos? Nein? ... Kurz gefasst waren das Götterpaar Isis und Osiris sowie das Götterpaar Seth und Nephthys die vier Kinder des Erdgottes Geb und der Himmelsgöttin Nut, die diese vier Kinder gleichzeitig geboren hatte. Seth und Nephthys herrschten über die Wüste, während das fruchtbare Schwemmland des Nils unter der Herrschaft von Isis und Osiris stand. Nun wollte Seth auch Herr des Nillandes werden und tötete und zerstückelte Osiris und verteilte seine Körperteile über ganz Ägypten. Nach vielen Auseinandersetzungen, in denen Atum, der Vater von Geb und Nut, der Schakalgott Anubis und Thot, der Gott der Weisheit, und vor allem der falkenköpfige Gott Horus, der der Sohn von Isis und Osiris war, eine Rolle spielten, sammelte Isis die Teile ihres Gatten Osiris wieder ein und fügte sie mit Hilfe des Gottes Thot wieder zusammen und belebte sie aufs Neue, woraufhin Seth von

Atum wieder in die Wüste verbannt und Osiris wieder Pharao von Ägypten wurde.

In diesem Mythos findet sich viel Skorpionisches: der Gegensatz von Wüste und fruchtbarem Land, deren verfeindete Herrscher Brüder sind (jedes Ding hat zwei Seiten), die Zerstückelung (eine Erinnerung an den Brauch des Kannibalismus), die Suche (eine Reise in die Unterwelt) und die Auferstehung (magische Wiederbelebung durch Isis) des Osiris (also in gewisser Weise eine Skorpion-Verkörperung), wobei Isis hier ganz ausgeprägt die Züge des Tierkreiszeichens Stier aufweist: sie gehört zum fruchtbaren Schwemmland, sie verfügt über die Lebenskraft (sie zeugt im Jenseits mit dem toten  Osiris ihren gemeinsamen Sohn Horus), sie sammelt die Leichenteile des Osiris ein und sie belebt sie aufs Neue und ist somit letztlich die Ursache für das spätere Gedeihen des Landes nachdem Osiris wieder den Thron von Ägypten bestiegen hatte. Isis steht hier für die Fruchtbarkeit, die Lebenskraft, das Sammeln, das Beleben und das Gedeihen, ohne die Osiris nicht aus dem Jenseits hätte zurückkehren können.

Nun ist solch ein Mythos natürlich kein astrologisches Gebilde, sondern die Beschreibung einer Weltanschauung, die auf den damals für die Menschen wichtigsten Erfahrungen, eben denen von Leben und Tod, beruht, aber sie ist als Beschreibung des 7. Hauses des Skorpions doch recht anschaulich: Skorpion-Osiris und Stier-Isis.

### 8. Haus: Der Skorpion verhält sich im Kampf wie ein Zwilling.

Diesen Teil der Skorpion-Beschreibung würde man im Fußball ein Heimspiel nennen, da der Lebensbereich des 8. Hauses dem Stil des Skorpions entspricht: heftige Gefühle, die Ausrichtung aller Fähigkeiten auf ein Thema, Erschaffung und Zerstörung, Suche nach Tiefe … Hier in diesem Bereich der Schlachtfelder und der Klöster, der Bordelle und der Leichenverbrennungsplätze, der Polizeibüros und der Räuberhöhlen fühlt sich der Skorpion in seinem Element. Es muss natürlich nicht immer ganz so extrem sein, aber ein wenig Intensität wird doch vom Skorpion nur selten dankend abgelehnt.

In diesem Bereich wirkt der Skorpion spielerisch leicht, da dies sein Metier ist. Hier entfaltet er ein verblüffendes taktisches Geschick und er steckt hier voller Neugier und Entdeckerfreude – er hat keine Hemmungen, die tiefsten Tiefen und die höchsten Höhen der menschlichen Natur auszuloten. In der Sexualität ist er beweglich und stets zu neuen Abenteuern aufgelegt; im Kampf erfindet er stets neue Listen und Finten; in der Philosophie erreicht er immer neue Ebenen; und in der Religion, der Magie und der Meditation erreicht er durch seine Beweglichkeit alles, was er anstrebt, sei es Macht oder ein Gotteserlebnis oder heilerische Fähigkeiten.

Skorpione werden wegen dieser Fähigkeiten auch gerne als Strategen, Wadenbeißer oder Mann fürs Grobe angeheuert – ihnen liegen der Angriff und die Zerstörung, aber dies muss sich nicht unbedingt auf dem Niveau von billigen Kriminalromanen abspielen. Auch im Bereich der Urbilder gibt es eine Gestalt, die die Suche nach der Tiefe, das Zerstören des Verbrauchten, den spielerischen Umgang mit den untergründig treibenden Kräften darstellt: Shiva, der Gott des Feuers, des Tantra-Yogas, der Ekstase, der Sexualität, des Tanzes, der Zerstörung, der Meditation und der Erleuchtung.

Die Tantrikas, die Shiva-Yogis und die ihnen nahestehenden Vajrayana-Buddhisten suchen den schnellen und deshalb gefährlichen Weg zur Erleuchtung. Sie konfrontieren sich mit ihren größten Ängsten und nutzen ihre Gier und Angst als Mittel für die Erleuchtung, ganz so wie ein Yudo-Kämpfer die Kraft, mit der sein Gegner ihn angreift, gegen diesen ausnutzt. Eine bei ihnen sehr beliebte Methode ist es, sich in das, was einen hindert (Angst vor dem Tod, Sexualitäts-Besessenheit, Fressgier u.ä.) hineinzusteigern, bis schließlich alles in der Welt diese Qualität angenommen hat und der Betreffende dann diese Qualität, weil er ja nirgends mehr etwas anderes wahrnimmt, schließlich als den einen „Geschmack" in der Welt erlebt und dieser eine Geschmack sich dann auflöst (weil jeder Kontrast zu ihm fehlt) und daraus dann das Erlebnis der Einheit der Welt entsteht.

Wüssten Sie eine noch skorpionischere Methode, um zu diesem Erlebnis zu gelangen als dieses „sich bedingungslos in seine Schattenseiten stürzen"?

Die weibliche Form dieser Qualitäten und diesen Weges ist Kali, die indische Göttin des Todes und der Erneuerung. Wenn Sie sich die Gottheiten und die Mythen anschauen, die in dem Leben von Skorpionen eine Rolle spielen, so werden Sie fast nur Gottheiten finden, die mit Tod und Auferstehung oder die mit der Unterwelt und dem Reich der Schatten und des Verdrängten zu tun haben: zum einen die Gottheiten der Verwandlung wie Christus, Baldur, Mithras, Krishna, Odin, Obatale, Tammuz, Persephone und Osiris und zum anderen die Gottheiten der wilden, dunklen Seite wie der Teufel, Seth, Loki, Hödur, Pan, Gilgamesch, Shiva, Kali und Hekate.

Nach den lichten, hehren Gottheiten (und Heiligen) wie Appollo, Athene, Heimdall, Petrus oder Jupiter werden Sie bei den Skorpionen vermutlich vergeblich suchen.

Eine leichte sexuelle Betonung der Gottheiten wie bei Pan, dem Teufel, Shiva oder den ägyptischen Göttern Min und Sobek sind dem Skorpion hingegen nicht unbedingt unsympathisch.

Die methodische Bandbreite des Skorpions reicht wie immer von dem einen bis hin zu dem anderen Extrem – von der Schwarzen Messe bis hin zur Askese auf einem schneebedeckten Gipfel im Himalaya.

Das bedeutet natürlich nicht, dass ein Zwölftel der Menschheit ständig an Schwarzen Messen teilnimmt oder seine Zeit auf schneebedeckten Gipfeln im Lotussitz verbringt, sondern nur, dass die Skorpione generell die Neigung haben, die Tiefen und Höhen auszuloten und auszuleben, wobei sie natürlich abhängig von ihrem Niveau verschieden weit kommen.

*9. Haus: Der Skorpion verhält sich in Hinblick auf seine Ideale wie ein Krebs.*

Ihre nächste Aufgabe, werte Zuhörer, ist es nun, den bewussten Lebensentwurf des Skorpions zu verstehen. Dieses Ziel wird wie auch das Vorgehen, das durch das 1. Haus beschrieben wird, und wie die Selbstdarstellung, die durch das 5. Haus beschrieben wird, durch ein Wasserzeichen dargestellt: das gestaltende Wasser (Skorpion) als Stil der Vorgehensweise (1. Haus), das bewegliche Wasser (Fische) als Methode der Selbstverwirklichung (5. Haus) und das schöpferische Wasser (Krebs) als Art der Zielvorgabe (9. Haus).

Es ist folglich die Absicht des Skorpions, neue Gefühle (Krebs) zu entdecken (9. Haus). Der Skorpion will erleben und empfinden, wobei für ihn das Maß der Intensität maßgeblich ist und es dabei nur zweitrangig ist, ob sich diese Intensität in Lust oder Leid ausdrückt. Haben Sie schon einmal mit einem Doppel-Skorpion über seine Lebensphilosophie gesprochen? ... Es lohnt sich – auf jeden Fall für das Verständnis dieses Zeichens.

Natürlich wird der Skorpion wie jedes andere Sternzeichen auch gegen das Leid kämpfen und nach der Lust streben, aber er unterscheidet sich von ihnen dadurch, dass er das Leid als einen festen Bestandteil der Welt ansieht, dem man nicht ausweichen kann – weshalb es ihm als etwas völlig Unsinniges erscheint, diesen dunklen Teil der Welt zu verdrängen. Im Gegenteil: Oft steht diese dunkle Seite in seinem Bewusstsein im Vordergrund (siehe Buddhas Philosophie des Leides).

Der Skorpion will die Welt erfahren, sich ihren Geschmack auf der Zunge zergehen lassen, und die Welt dadurch in sich aufnehmen bzw. sich selber dadurch in die Welt hinein erweitern können.

Der Skorpion ist die Expansion (9. Haus) des Gemüts (Krebs) – er erlebt sich als Teil des Ganzen, als von den grundlegenden Kräften in dieser Welt bestimmt, die er durch sein sich-Öffnen für diese Kräfte zu erfahren versucht. Das Grundmuster des Krebses, die konzentrischen Kreise mit nach außen hin abnehmendem Verwandtschaftsgrad, findet sich auch in den Zielen des Skorpions wieder: Er versucht immer neue Verbindungen, neue Erlebnismöglichkeiten zu erschaffen und dadurch die Grenze zwischen dem, an dem er schon teilhat, und dem, an dem er noch nicht teilhat, weiter nach außen zu schieben. Wie sagt man doch? „Ihm war nichts Menschliches fremd."

Sein Ziel ist es, eins zu werden mit der Welt; wobei seine Methode die Bereitschaft, neue Erfahrungen zu machen, ist. Hier zeigt sich bei aller Vorliebe für den Spannungsaufbau auch das generelle Streben nach dem richtigen, dem integrierten

Zustand.

Der Krebs im 9. Haus entspricht genau dem Mars und dem Pluto im Wasser: Die Anteilnahme und das gefühlsmäßige Erleben, das durch den Krebs bzw. das Wasser dargestellt werden, werden durch das 9. Haus (das dem Schützen entspricht) bzw. durch die Tatkraft und den Eroberungswillen des Mars und durch den Anspruch des Pluto auf die größte Intensität und die alles prägende Wichtigkeit immer weiter ausgedehnt, bis schließlich das Grundgefühl des Skorpions, mit der ganzen Welt verwandt zu sein, erreicht wird.

Der Krebs im 9. Haus bedeutet aber auch, dass Skorpione ein bildhaftes Verständnis von Zielen haben und in der Lage sind, diese Ziele mit suggestiven Bildern auszudrücken. Das macht sie zu guten Werbefachleuten und Agitatoren. Aber auch weniger zielgerichtete Projekte wie Buchillustrationen gewinnen durch diese Fähig-keit an Intensität, die wie in der Werbung vor allem auf der Darstellung von Gegensätzen beruht.

Die besten Beispiele dafür dürften die Kinderbücher von Ali Mitgutsch sein, in denen sich immer ein Gewimmel von Menschen findet, die den verschiedensten Tätigkeiten nachgehen und die ihre Spannung durch die vielen kleinen Gegensatzdarstellung finden: eine Gouvernante neben ein paar Hippies, ein Mini-Ruderboot neben einem Ozeanriesen, ein Arbeiter mit Spaten, der sehnsüchtig zu seinem Kollegen in dem großen Bagger aufschaut usw.

Entsprechend der Sensibilität des Krebses hat der Skorpion ein ausgeprägtes Feingefühl für die Betonung, die Geste und die Haltung und er transportiert seine Botschaft in erster Linie durch diese drei – die konkrete Handlung und die konkreten Worte sind für ihn vor allem als Träger der Gefühlsbotschaft von Bedeutung. Von daher reagiert der Skorpion auch kaum auf die Worte an sich, sondern vielmehr auf die Gefühle, die man in die Worte verpackt. Beliebte Methode (aber nicht nur bei Skorpionen, auch wenn die es am besten können): Man kritisiere einen berechtigte Kleinigkeit an einem anderen und lege in diese Kritik dann aber die ganze Wut über alles Mögliche an dieser Person, wodurch diese Person (wenn sie nicht ausgesprochen wach ist) zunächst einmal kaum eine Chance zur Gegenwehr hat, da der Skorpion ja mit der Kritik der Kleinigkeit durchaus recht hat.

Manchmal gibt man zu solchen Angriffen den recht passenden Kommentar ab „Der Ton macht die Musik."

*10. Haus: Der Skorpion verhält sich in der Öffentlichkeit wie ein Löwe.*

Kennen Sie Napoleon? Er war ein Löwe mit Skorpion-Aszendent. Fidel Castro übrigens auch. Die umgekehrte Mischung ist auch nicht langweilig – Skorpion mit Löwe-Aszendent: Josef Goebbels und Schah Reza Pahlavi. Dies als Einstimmung für

Sie für diesen Abschnitt der Skorpion-Darstellung.

Bekanntlich blüht der Skorpion auf, wenn er im Widerspruch zum Rest der Welt stehen kann und die Welt gezwungen ist, diesen Widerspruch zu ihm zu überwinden – zumindest entspricht diese Blickweise dem Löwen im 10. Haus. Wenn man Motivationen durchschaut, die möglichen Wege zum Ziel erkennt und die taktisch sinnvollste Richtung klar vor Augen hat, wird man, wenn man öffentlich auftritt, eine prägende Persönlichkeit sein.

Was vermuten Sie, woraus der Skorpion sein Selbstbewusstsein zieht, wenn es darum geht, die Einkommenssteuererklärung auszufüllen, ein Unternehmen zu gründen, eine Revolution zu beginnen oder ein Land zu beherrschen? …

Ja, der Herr dort hinten in Schwarz … Weil er durch den Pluto immer von einer Idee besessen ist? Ich nehme mal an, dass Sie kein Skorpion sind, eher ein Stier oder ein Krebs? Ein Skorpion hätte dieser Aussage vermutlich eine etwas andere Wertung beigelegt, aber im Prinzip ist die Erkenntnis richtig. …

Noch etwas? … Ja, die Dame hier vorn … Durch den tatkräftigen Mars? Wieso das? … Weil der Mars etwas tun will und konkrete Ergebnisse sehen will? Eigentlich steht der Mars ja im Wasser, daher strebt der Skorpion eher Gefühlsergebnisse an … Aber das bedeutet natürlich, dass man die Umwelt, also die einen umgebenden Menschen und Ereignisse und Dinge im eigenen Sinne prägen will, was schon auf eine gewisse Dominanz im öffentlichen Bereich hinweist. Zusammen mit dem Pluto ergibt das dann einen kaum zu bremsenden Tatendrang, der sich unbedingt durchsetzen will und der das Ergebnis seiner Selbstbehauptung auch felsenfest absichern will – also wieder ein ausgeprägter Wille zur Beherrschung und Prägung des 10. Hauses. …

Noch eine Meldung? Ja? … Weil es ein gestaltendes Zeichen ist und deshalb von sich als Zentrum ausgehend seine Umgebung prägen will? – Zweifellos richtig.

Ja, der Herr mit dem barocken Bauch dort drüben … Weil es ein Wasserzeichen ist?? Wieso das? Können Sie mir das erklären? … Weil Wasserzeichen träge sind und es ihnen am besten geht, wenn die Umwelt so ist, dass sie sie genießen können? – Nun ja, Ihre Argumentation überzeugt mich nicht ganz, aber vielleicht kann sich ja der eine oder andere Skorpion in ihr wiederfinden. …

Wer rief da „Wegen des Quincunx-Aspektes!" dazwischen? … Ah, sie waren das? Wie kommen sie darauf? … Sie sagen, weil die Skorpione die Spannung und den Widerspruch zur Welt brauchen? Nicht schlecht. Der Aufbau von Spannungen und die Verwandlung erfordert ja tatsächlich einen Gegner und da haben Sie sich gedacht „viel Feind, viel Ehr" und daraus ein Argument für den Löwen im 10. Haus gemacht … Sozusagen die Welt als den Steinblock, aus der der Skorpion durch sein Leben eine Gestalt nach seinem Bilde herausschlägt … oder so ähnlich.

Der Skorpion will also herrschen und die Macht in seinen Händen halten, kann sich effektvoll und publikumswirksam in Szene setzen, übt auf die Öffentlichkeit in seiner Unbedingtheit und Einsgerichtetheit eine große Faszination aus, wird oft zum Leitbild einer Bewegung (was ihm nicht unangenehm ist) und hält es oft mit dem polarisierenden und zur Stellungnahme zwingenden Spruch „Wer nicht für mich ist, ist gegen mich!"

Es gibt auch noch einen ganz anderen Aspekt: Der Löwe ist ja bekanntlich das Zeichen der Lebendigkeit und der Individualität. Und der Skorpion sucht stets nach der tiefsten Wurzel, nach der ursprünglichen Motivation, nach den im Innersten wirkenden Kräften – und es drängt ihn, diese Kräfte zu leben.

Wenn er nun diesen Lebensstil zu einem allgemeinen Gesetz erhebt, ihn also ins 10. Haus überträgt, ergibt sich daraus der Anspruch, dass ein jeder die Möglichkeit haben sollte, das eigene Wesen zu ergründen, zu entfalten und die Früchte dieser Selbstentfaltung zu genießen – also die Philosophie des Löwen in seinem reiferen Stadium. Daraus ergibt sich, dass Skorpione auch gute Erzieher und Lehrer sein können, die das Potential der ihnen anvertrauten Schüler sehen können und fördern wollen.

Diese Betrachtung führt dann wieder zu dem ausgeprägten Charisma, der Ausstrahlung der Skorpione, die sie zusammen mit ihrem Sinn für Tiefe und ihrer Kompromißlosigkeit zu beeindruckenden Lehrern, Vorbildern und Gurus werden lassen kann.

Die Fähigkeit ist da – ob nun daraus solche Bücher wie die von Selma Lagerlöf, solche Bilder wie die von Picasso, solche revolutionären Ziele wie die von Fidel Castro oder solche Agitationen zur allgemeinen Mobilmachung wie die von Josef Goebbels werden, ist eine Frage des übrigen Horoskops und des Niveaus.


## 11. Haus: Der Skorpion verhält sich im Vereinslokal wie eine Jungfrau.

Ich habe gerade von der Kursleitung gehört, dass in dem Abschnitt zu dem philosophischen 11. Haus die Verhältnisse der Elemente beim Skorpion besprochen werden sollen. Was haben Sie dazu beizutragen? …

Ja? … Die aktive Selbstverwirklichung spielt sich beim Skorpion im Gefühl ab, sagen Sie? Und sein Verstand ist sachlich und realistisch? Ja. Und seine Gefühle sind sehr bewegt und sein Umgang mit der Welt ist von Tatendrang geprägt? … Gut.

Also: der Skorpion hat in dem 11. Haus, das den Charakter der Luft hat – Debattieren, Forschen, Utopien – die Jungfrau stehen, also ein Erdzeichen. Er schaut sich weltanschauliche Fragen also ganz penibel und im Detail an und ist ein Meister darin, andere Anschauungen als seine eigene genüsslich zu demontieren, Widersprüche in ihnen nachzuweisen und so die anderen Ansichten als „falsch" zu entlarven oder zumindest als „falsch" darzustellen.

Der Skorpion drängt nach außen und will seine Umgebung prägen. Das entspricht den

Qualitäten des Pluto: sich selber ergründen und sich selber rückhaltlos bejahen und sich hemmungslos durchsetzen und verwirklichen.

Nachdem wir nun der Jungfrau in dem Haus der Philosophie beim Skorpion den Gefallen einer kleiner systematischen Analyse getan haben, kommen wir nun zu den weiteren Aspekten dieser Kombination „Jungfrau im 11. Haus". Offensichtlich ist der Skorpion sehr an Weltanschauungsfragen interessiert und will sie im Detail kennenlernen und ihre innere Logik und Funktionsweise genau verstehen – ein Handwerker in der Schule der Philosophen.

Er fragt, wozu diese Anschauungen gut sind, wieviel Realitätsbezug sie haben und wozu sie nützlich sind und er kann mühelos seinen Standpunkt ändern, wenn er zu einer neuen Erkenntnis gelangt. Er hinterfragt alles und hält sich mit den neuesten Erkenntnissen in Philosophie und Wissenschaft auf dem Laufenden und gelangt so zu einem fundierten Weltbild, das er in Diskussionen vorzüglich als Werkzeug und Waffe verwenden kann.

Wie nicht anders zu erwarten, gelangt der Skorpion auch hier schließlich zu den Grundgegensätzen, zu der Vergänglichkeit aller Dinge und zu der prinzipiellen Unmöglichkeit, etwas zu erkennen. Nicht durch Zufall haben die beiden bekanntesten Existentialisten – Camus und Satre – eine deutliche Skorpionbetonung in ihrem Horoskop. Deren Philosophie ist ja unübersehbar skorpionisch: „Du stehst im meist leidvollen Widerspruch zur Welt: Genieße es!"

Von da bis zur Erhebung des Chaos und des Absurden zum höchsten Prinzip ist es nicht weit – dies drückt unter anderem auch das grundlegende Freiheitsgefühl der Skorpione aus: Es gibt kein grundlegendes Gesetz und keine in der Natur der Welt verankerte Ordnung, nur mich und meinen Widerspruch zur Welt, in dem eine unbegrenzte Expansionsmöglichkeit liegt.

Diese Einstellung und diese Fähigkeiten führen dann auch zu solchen Früchten wie dem absurden Theater, zu der Erschaffung solch allgemein bekannter Gestalten mit brillianter Kombinationsgabe wie die des Detektiven Sherlock Holmes oder zu solchen Forscherbiographien wie die von Professor Picard, der nacheinander mit seinem U-Boot neue Tiefenrekorde und mit seinem Fesselballon neue Höhenrekorde aufgestellt hat, also immer davon besessen war, die alten Grenzen zu überschreiten.


*12. Haus: Der Skorpion verhält sich im Fluss des Alltags wie eine Waage.*

Nun, dies ist jetzt der letzte Abschnitt der Betrachtung des Skorpions. Wie Sie ja sicher aus den Betrachtungen über die vorhergehenden Tierkreiszeichen noch wissen, stellt das 12. Haus den Rückhalt des Tierkreiszeichens und seines Stiles dar, sozusagen den Boden, auf dem es in seiner individuellen Eigenart gewachsen ist, gewissermaßen der besinnliche Schritt zurück in die Vergangenheit.

Beim Skorpion ist dieses Tierkreiszeichen der Besinnung und des Haltes in Zeiten der Krisen die Waage. Die Waage setzt bekanntlich alles miteinander in Verbindung und erschafft dadurch ein Gewebe von Verhältnissen und Beziehungen. Die Erkenntnisse über diese Zusammenhänge sind demnach die Grundlage für die Motivationsforschung und die Selbsterkenntnis und den Expansionsdrang des Skorpions.

Dies bedeutet, dass der Skorpion die Welt letztendlich für ein Gebilde hält, in dem alles zusammengehört und ein jedes Teil eine Beziehung zu allen anderen Teilen aufnehmen kann. Diese Ansicht – das Verknüpftsein mit allen Dingen – spiegelt sich ja auch schon in dem Verhalten des Skorpions in den anderen Häusern wieder:

Im 1. Haus in dem Drang, die ganze Welt zu prägen und als Objekt der eigenen Begierden anzusehen;

im 2. Haus in der Betrachtung der Welt als zu eroberndes Objekt;

im 3. Haus in dem Nachdruck, mit der die Gesetzmäßigkeiten der Welt erforscht werden;

im 4. Haus in der Tatsache, dass die Philosophie, also das geistige Spiegelbild des Wesens der Welt, als die eigene Heimat angesehen wird;

im 5. Haus in dem Lebensgefühl der Skorpione, nach dem sie alle denkbaren Formen dieser Welt annehmen müssen, um sich selbst zu verwirklichen und ihr Potential auszuschöpfen;

im 6. Haus in der Vielfalt der möglichen Ordnungs- und damit Kommunikationssysteme;

im 7. Haus in der Offenheit für Beziehungen;

im 8. Haus in der Beweglichkeit im Kampf und in der Sexualität, durch die auf der Ebene der fundamentalen Bedürfnisse ein Kontakt zu anderen hergestellt wird;

im 9. Haus in dem Drang, die ganze Welt als sein eigenes Inneres erleben zu können;

im 10. Haus in dem Anspruch auf die Weltherrschaft (im krankhaften Fall) und in dem Blick für Individualität sowie dem Anspruch, dass jeder seine Individualität verwirklichen können muss;

im 11. Haus in der Leichtigkeit, mit der neue Weltanschauungen begriffen werden;

und im 12. Haus in der Auffasung der Welt als eines Gesamtentwurfes, in dem alle Teile einen Bezug zueinander haben.

In allen zwölf Häusern findet sich das Erfassen oder Erschaffen eines Netzes von Beziehungen zur Welt als Grundlage für das jeweilige Verhalten des Skorpions wieder: die Waage im 12. Haus als Grundlage und Ausgangspunkt für die skorpionischen Aktivitäten.

Das 12. Haus ist auch der Bereich der Feinfühligkeit, der Ahnungen und der Intuition. Wenn der Skorpion hier nun als Stil die Waage stehen hat, bedeutet dies auch Hilfsbereitschaft, wenn jemand in Gefahr geraten ist, ein feines Gespür für Dissonanzen in Beziehungen oder für die Chance, jemanden verführen zu können, sowie ein intuitives Erfassen von Zusammenhängen. Im weitesten Sinne bedeutet die Waage im 12. Haus auch eine Offenheit für Begegnungen aller Art sowie die Fähigkeit, sich auf die unterschiedlichsten Menschen einstellen zu können. Bei aller Freundlichkeit und auch Freundschaftlichkeit kann dabei doch jederzeit auch die Schärfe des Skorpions zutage treten, wenn er sich verletzt oder angegriffen fühlt.

Der Skorpion, der ja viel mit Polarisation, Provokation, Widerspruch und anderen taktischen Maßnahmen arbeitet, benötigt dieses feine Gespür für Bezüge und Beziehungen, da ja seine ganze Strategie auf der Beeinflussung anderer durch das Ausnutzen der verborgenen Ängste und Begierden dieser Personen beruht – recht offensichtlich ist dies z.B. bei seinem Talent für den Entwurf sehr wirksamer Werbestratgien.

Der Skorpion mit seinem scharfen Blick für das Verborgene und das Allgemein-Menschliche mit seinen ganzen Schwächen hat die Themen Geburt und Kampf und Sex und Erleuchtung und Tod im Mittelpunkt seines Interesses stehen und sie bestimmen unmittelbar seine Entscheidungen und Handlungen. Dies sind zwar auch bei den anderen Tierkreiszeichen die Motivationen, aber sie treten nirgends so deutlich zutage wie beim Skorpion, und sie sind den anderen Tierkreiszeichen in der Regel auch nicht so deutlich bewusst und so direkt im Leben präsent.

# 9. Idealist

*1. Haus: Der Schütze verhält sich im „Hier und Jetzt" wie ein Schütze.*

Der Untertitel dieses Projektes fasst unser Ziel, das wir in den nächsten zwölf Abschnitten verfolgen, schon gut zusammen: „nach außen gerichteter Aufbau durch das bewegliche Feuer". Wir wollen die Tatkraft betrachten und erfassen, wie durch Aktionen, die der Situation angepasst sind, ein konkretes Ziel erreicht kann, und wie dabei durch die Überzeugungskraft dieses Zieles andere Personen begeistert und zur Mitarbeit an der Verwirklichung dieses Zieles bewegen werden können.

Wir werden uns in den folgenden zwölf Abschnitten von der Effektivität der Handlungen des Schützen und von seinem klaren Blick für die Zukunft sowie von dem Fortschritt, den die Verbindung dieser beiden Fähigkeiten, bringt, inspirieren lassen. Diese Inspiration ist einer der wesentlichen Aspekte des Schützen.

Der Maler Johfra, der die zwölf Tierkreiszeichen in sehr treffender Weise gemalt hat, hat diesen Aspekt des Schützen sehr anschaulich dargestellt: der Schütze als Zentaur, also als Pferd mit Menschenoberleib, wodurch die Doppelnatur des Menschen – halb irdisches, halb göttliches Wesen, dargestellt wird – spannt seinen Bogen und ist bereit, den Pfeil auf sein Ziel abzuschießen, und oben in den Wolken auf seinem Thron sitzt Zeus und entzündet die Spitze des Pfeiles des Schützen mit seinem göttlichen Feuer durch einen Blitz, den er von seiner Hand hinab zu dem Schützen sendet.

Wie wir an diesem Bild sehr schön sehen, ist der Schütze nicht isoliert, sondern fasst sich als Teil von etwas Größerem auf – er strebt ein übergeordnetes Ziel an. Dies entspricht astrologisch dem Jupiter, dessen griechische Entsprechung eben Zeus ist. Der Schütze ist in gewisser Weise ein Bote und ein Krieger des Götterkönigs. Und somit ist der Götterkönig – Jupiter, Zeus, Indra, Odin, Amun, Enki, Tyr, Vishnu – der Schutzpatron des Schützen.

Es gibt ein Ziel, einen göttlichen Plan, eine Lebensaufgabe für jeden Einzelnen – wie sollte diese Welt sonst einen Sinn haben? Und worin, wenn nicht in einem Ziel, sollte der Impuls für die Erschaffung dieser Welt gelegen haben? Deshalb ist es das Wesentlichste, dieses Ziel zu erkennen und dann seine eigene Aufgabe innerhalb dieses Großen Zieles zu verstehen.

Und diese Aufgabe offenbart sich nun eben gerade in Zeus' Blitzstrahl, den er uns sendet: in seiner Inspiration.

Jede Tat des Schützen fußt in solch einer Inspiration durch Zeus – Jupiter ist der Planetenherrscher des Schützen.

Jede Tat des Schützen bündelt durch die Überzeugungskraft des angestrebten Zieles alle Energien – das einigende Trigon ist der Aspekt des Schützen.

Jede Tat des Schützen richtet sich auf die konkrete Welt und will dort etwas gründen, verbessern und erweitern – das Trigon des Schützen ist nach außen auf die Welt hin ausgerichtet.

Jede Tat des Schützen ist ein Ausdruck seiner Kraft und seines Lebenswillens – das Feuer ist das Element des Schützen.

Jede Tat des Schützen ergibt sich aus dem Augenblick und den derzeitigen Umständen – die Beweglichkeit ist die Dynamik des Schützen.

Der Schütze ist kraftvoll, idealistisch, begeisterungsfähig und seine Kraft wächst mit der Größe seiner Ziele, er blickt in die Zukunft, seine Ziele beginnen bei ihm selber und wachsen mit zunehmender Reife immer mehr über ihn selber hinaus zu dem Ziel des Gemeinwohls.

Vom Schützen können wir lernen, was es bedeutet, sein eigenes Leben selber in die Hand zu nehmen – an seinem begeisternden Beispiel können wir sehen, dass es keine Probleme, keine Ängste, keine Schwierigkeiten und keine Altlasten aus unserem früheren Leben und kein schlechtes Karma gibt, dass sich nicht durch die hoffnungsvolle und tatenbereite Zuwendung zu der Zukunft überwinden ließe.

Es nützt niemandem, zurückzublicken und endlos in Altem und Vergangenem zu stöbern, sondern wir müssen in die Zukunft zu dem Neuen, zu dem, was wir nach unserem Ideal erschaffen werden, blicken – dann können wir alte Wunden heilen und unsere Wahrheit leben. Gut, es ist nützlich zu wissen, welche Ereignisse und Ängste uns zu schaffen machen, aber wenn wir das einmal wissen, müssen wir sie fortlegen und uns unserer eigentlichen Bestimmung zuwenden.

Nur wenn wir Begeisterung finden können, werden wir die Kraft für Veränderungen haben. Wir müssen uns unser zukünftiges Leben ausmalen – unser Ideal von einem zukünftigen Leben! Und wir müssen dabei so hemmungslos wie nur möglich sein! Schließlich soll das Ziel begeistern können. Wünschen wir uns, was immer uns einfällt! Es ist dabei gut, es aufzuschreiben oder es sich gegenseitig zu erzählen, um es dadurch in einem allerersten Schritt zu erden.

Schreiben Sie ruhig auf, dass Sie Millionär werden wollen, weltbewegende Bücher schreiben werden, Weltreisen, einen Landsitz und große Autos besitzen wollen, dass sie acht Kinder haben wollen, an Gruppensex-Partys teilnehmen wollen, interessante Menschen treffen werden, mit dem Dalai Lama Tee trinken werden, auf dem Mond spazieren gehen werden ... was immer Ihnen auch einfallen mag.

Es geht darum, den Müll fortzuräumen und ein Gespür dafür zu bekommen, was sich in einem jeden von uns entfalten und ausdehnen und konkretisieren will. Schreiben Sie, wenn Sie wollen, ihren kompletten idealen Lebenslauf! Nur wer sich etwas vornimmt, wird etwas erreichen! – Wenn sie nicht wissen, wohin sie wollen, brauchen sie sich nicht zu wundern, wenn Sie ganz woanders ankommen.

Formulieren sie Ihre Wünsche und schmeißen sie alles beiseite, was sie daran hindern will – also solche Sätze wie „Ich darf nichts." – „Ich bin nichts wert." – „Ich bin erfolglos." – „Ich muss brav bleiben." und was es sonst noch alles an Hemmnissen gibt, an Blockaden, die Ihre Entfaltung behindern. Es ist nicht nötig, dass Ihre Formulierungen sofort perfekt sind und dass Sie sich für immer auf sie festlegen – es kommt darauf an, dass sie durch diese Formulierungen zeigen, dass Sie bereit sind, sich begeistern zu lassen.

Beschreiben Sie ihr Idealleben immer wieder aufs Neue und vertrauen Sie darauf, dass Sie sich immer mehr Ihrem Kern annähern werden – das Feuer Ihrer Begeisterung, das sich durch diese Ziele in ihnen entfachen wird, wird nach und nach alle Hindernisse – in Ihnen und außerhalb von Ihnen – fortbrennen und sie werden Ihre Kraft freisetzen und Sie werden staunen, wozu Sie alles in der Lage sind! Das Potential liegt in Ihnen! Lassen Sie es frei! Öffnen sie die Tore für ihre Ideale und ihre Ideale werden wahr werden.

Beginnen Sie mit dem Verändern Ihres Lebens an den Stellen, an denen Sie sehen, dass es sich verändern muss, machen Sie ruhig kleine Schritte – Sie werden dabei ein Gespür für ihren Weg und für ihre größeren und größten Ziele finden, beginnen Sie ruhig mit den kurzfristigen Projekten, bevor sie die mittel- und die langfristigen fertig formulieren.

Auf ihrem Weg zählt vor allem, dass sie ihren nächsten Schritt klar sehen. Und dass sie ihn gehen. So unvollkommen dieser Weg auch sein mag, er ist der Beginn ihres Weges! Und er wird klarer und deutlicher werden, je weiter Sie auf ihm gehen! Und schließlich werden Sie nicht mehr im Nebel wandern, sondern die Sonne wird durch die Wolken brechen und ihre Strahlen werden Sie und die Welt um Sie her erwärmen und sie werden in der Ferne die hohen schneebedeckten Berge erkennen können und Sie werden wissen, wo Sie sind und wohin Sie gehen wollen und Sie werden mit klarem Auge und mit sicherer Hand voller Freude das tun, was Sie zu ihrem Ziel bringt. Und wenn Sie dies Ziel erreicht haben, werden Sie sehen, dass Sie dann von dort aus noch viel größere Ziele erkennen werden, deren Erreichen noch viel lohnender sein wird. Machen sie sich auf ihren Weg! Jeder von uns! Jeder auf seinem Weg zu dem gemeinsamen Ziel der Lebendigkeit und der Begeisterung!

Wir leben im Hier und Jetzt. Unsere Vergangenheit können wir nicht mehr ändern.

Aber wir können unsere Zukunft planen und dann das, was auf uns zukommen wird, durch unseren Willen und unsere Taten in der Gegenwart gestalten. – Die Vergangenheit ist vorbei. Die Zukunft liegt in unserer Hand. Und ohne Zukunftspläne, ohne begeisterndes Ideal ist die Gegenwart schal und flach und richtungslos. …

Also: Nehmen wir unser Leben in die Hand und machen wir etwas daraus!

Wir Schützen fallen durch unseren irgendwie abwartenden und einschätzenden, in die Ferne gerichteten Blick auf; wir haben ein rechteckiges, aber zum Kinn hin spitz zulaufendes Gesicht, eine freie Stirn, und sind von einer eher drahtigen, kräftigen Statur, die aber im Gegensatz zu dem gewissermaßen punktförmigen Widder und dem kreisförmigen Löwen etwas Hohes, Großes ausstrahlt.

### 2. Haus: Der Schütze geht mit Besitz wie ein Steinbock um.

Wenn wir unsere Ziele anstreben, brauchen wir einen festen Startblock, von dem aus wir los sprinten: den Steinbock im zweiten Haus.

Wir brauchen einen realistischen Blick für die Leistungsfähigkeit unseres Körpers, für die passende Ernährung, für die der Aufgabe angemessene Kleidung, für den benötigten Raum und dafür, ob wir über eine für das anstehende Projekt ausreichende Kapitaldecke verfügen. Unser Ziel ist es, zu einem konkreten Ergebnis zu gelangen – zu einer real greifbaren Veränderung und nicht nur zu der Vision von irgendeinem Wolkenkuckucksheim. Und dafür müssen wir klar erkennen können, mit was für einer Substanz wir es zu tun haben – denn sonst können wir sie unmöglich verändern.

Um Erfolg zu haben, müssen Sie nicht nur der Situation entsprechend gekleidet sein, sondern Sie brauchen auch einen vernünftigen Umgang mit denen Ihnen zur Verfügung stehenden Ressourcen. Dies bedeutet zum einen eine sachliche Bestandsaufnahme und Bewertung des Ihnen zur Verfügung stehenden Materials und Kapitals und auch der Zeit, die Sie zu investieren gewillt sind. Und zum anderen bedeutet dies, dass Sie alle irgendwie erreichbaren Unterstützungen und Förderungen für Ihr Projekt ausfindig machen und ausschöpfen müssen. Was ist von der Steuer absetzbar? Zinsgünstige Kredite für Unternehmensgründungen? Stipendien? Fonds? Fundraising?

Und sie müssen planen, wie Sie mit den Ihnen dann zur Verfügung stehenden Ressourcen umgehen. Sparen Sie nicht an einer soliden Planung, an einem fundierten Entwurf für Ihr Vorgehen! Brauchen sie vielleicht einen Berater, einen Coach? Und haben sie ihr Ziel gut bedacht? Entzündet es wirklich Ihre Begeisterung? Denn wenn schon Sie nicht wirklich von Ihrem Vorhaben begeistert sind, wie wollen sie dann andere zur Mitarbeit bewegen? Ohne eigene Begeisterung werden Sie nur Halbherzige finden oder Vampire, die Ihnen Ihr Kapital absaugen und Sie dann liegen lassen … von beidem gibt es mehr als genug …

Klären Sie die Faktoren, die Ihre Unternehmung betreffen und die Sie nicht sogleich ändern können wie die Naturgesetze, die staatliche Gesetze, die konjunkturelle Lage und ähnliches – und prüfen Sie, in welcher Weise Sie diese feststehenden Fakten, wenn sie Ihnen hinderlich sind, in eine Unterstützung verwandeln können: Sprechen Sie mit dem Bürgermeister und begeistern sie ihn für Ihren Plan, nehmen Sie an Sitzungen der betreffenden Innungen teil und erforschen Sie dadurch die Situation in ihrem Sektor von innen her, wählen Sie den optimalen Standort aus und sehen Sie zu, dass Sie in dieser Hinsicht beweglich bleiben! Beginnen sie wie ein Unternehmensberater zu denken, lesen Sie entsprechende Bücher über Management, Time-Management, Vergleiche von fernöstlichen Kampfsporttechniken und modernem Management, beachten Sie solche Konzepte wie das von Mitsubishi entwickelte „Slim Management" – werden Sie Manager, delegieren Sie und begeistern sie ihre Untergebenen für ihr Projekt: Alle Beteiligten müssen eine klare Vision von Ihrem Ziel haben. Und nutzen Sie die Eigeninitiative und die Kreativität aller Beteiligten aus, indem Sie klare Aufgaben verteilen, aber die Organisation der dafür nötigen Arbeiten den Ausführenden überlassen – die Selbstverantwortlichkeit, die Initiative und der Wille Ihrer Untergebenen sind Ihr größtes Kapital!

Trennen sie das Wesentliche von dem Unwesentlichen, sonst werden Sie nie effektiv werden. Und kümmern sie sich vor allem um die Erschaffung von soliden Grundlagen für Ihre Unternehmung, sonst werden Sie Ihre gesamte Zeit (und meistens viel mehr Zeit, als Sie überhaupt in das Projekt investieren wollten) in Ihr Projekt stecken müssen. Und vergessen Sie nie, warum sie eigentlich dieses Ziel anstreben – letztendlich sollte es Ihr Leben verbessern, Sie sollten sich mit ihrem Leben durch Ihr Projekt wohler fühlen und nicht ausgelaugter. Jede Ihrer Unternehmungen sollte Ihre Lebendigkeit vermehren, sonst läuft etwas grundlegend falsch. Verlieren Sie diesen Aspekt nie aus den Augen. Sonst werden Sie früher oder später in eine Vielzahl von kraftraubenden Selbstläufern verstrickt sein – beruflich, in Ihrer Beziehung, in Ihrem Verhältnis zu Ihren Kindern, in Ihren Freundschaften, in Ihrer Freizeit …

Prüfen sie, welche Verbindungen und öffentlichen Stellungen Ihnen wirklich wichtig sind und mit Ihrem Ziel und ihrem Lebenssinn tatsächlich übereinstimmen! Gehört der Vorsitz im Einzelhandelsverband dazu? Die Mitgliedschaft im anthroposophischen Zweig? Der Vizevorsitz vom Kirchenchor? Die Teilnahme am örtlichen Taubenzüchterverband? Ihre Beratertätigkeit für den Gemeinderat? Ihre nebenberufliche Tätigkeit als Astrologe?

Was davon ist wirklich nützlich und was davon verbraucht nur unnötig Zeit und Geld? Was fördert Ihre Ziele und in welchem Ausmaß? Lohnt es sich oder könnten sie mit demselben zeitlichen und finanziellen Aufwand woanders mehr erreichen?

Und noch ein letzter Punkt: Begeisterung entsteht aus der Übereinstimmung Ihres Innersten mit Ihrer Aufgabe. Und diese Aufgabe ist ein Teil der Welt so wie ihr

Innerstes ein Teil der spirituellen Welt ist. Deshalb ist sehr schwer, wirklich erfolgreich zu werden ohne über eine Technik zu verfügen, mit der man die Wogen in seinem Inneren wenigstens einmal am Tag beruhigen und mit der man zumindest einmal am Tag bis zu seiner inneren Sonne sehen kann.

Und wenn sich diese Meditation oder dieses Gebet auf weitere spirituelle Erfahrungen ausdehnen kann – umso besser. Dies ist genauso wichtig, wie der Blick auf die Ereignisse in der Welt. Als Manager Ihres Lebens sind sie vor allem ein Koordinator – und um diese Aufgabe erfüllen zu können, brauchen Sie klare Informationen über die äußere Welt und klare Informationen über die innere Welt. Denn wie sollten sie sonst durch Ihre Handlungen die äußere Welt in Übereinstimmung mit Ihrer inneren Welt bringen können?

Und die Wahrhaftigkeit, aus der Ihr Ziel seine Kraft bezieht, ist ganz einfach die äußere Gestalt, die die inneren Gesetze der Welt annehmen, wen Sie sie klar erfasst haben. Wenn sie sich nicht nur entsprechend dem Steinbock im 2. Haus darum bemühen, mit den äußeren Autoritäten kooperativ zusammenzuarbeiten, sondern die Realität der Inneren Welten erkennen und deshalb versuchen, mit den inneren Autoritäten auf dieselbe Weise zusammenzuarbeiten, werden Sie den größten Erfolg und die größte Befriedigung durch die Früchte Ihrer Projekte ernten.

Arbeiten sie mit Jupiter zusammen!


### 3. Haus: Der Schütze ist in Bezug auf die Neugier wie ein Wassermann.

Wenn wir ein Projekt durchführen wollen, ist es oft nicht das effektivste, selber den Spaten in die Hand zu nehmen, obwohl auch das durchaus mal der Fall sein kann. In der Regel ist die wichtigste die Aufgabe dessen, der etwas erreichen will, die Begeisterung aller in Frage kommenden Personen für das Projekt zu wecken und anschießend die Koordination aller Beteiligten zu leiten.

Das bedeutet in sehr großem Umfang das Knüpfen von Kontakten, das Entdecken von neuen Möglichkeiten, das Überprüfen von Situationen und vor allem viele Gespräche, die letztlich dazu führen sollen, dass alle von dem Projekt begeistert sind, seine Zielsetzung und die eigene Aufgabe in dem Projekt klar erkennen und dadurch ihren eignen Willen, ihre Kreativität und Verantwortung voll in das Projekt miteinbringen können.

Wenn nun diese Gespräche ein solch wichtiger Teil der Tätigkeit des Schützen sind, ist es nicht verwunderlich, dass er den Wassermann im 3. Haus stehen hat. Es ist für einen angehenden Manager durchaus sinnvoll, eine Ausbildung in Kommunikations- technik und Rhetorik zu absolvieren, über psychologische Grundkenntnisse zu verfügen und ein Netz von zusammenarbeitenden Gleichgesinnten aufzubauen. Der Wassermann im 3. Haus hat vor allem drei Aspekte: Der erste Aspekt ist die fundierte

Sachkenntnis seines Bereiches, der zweite ist die Utopie, also der weit in der Zukunft liegende Idealzustand, und drittens die Gemeinschaft der Gleichgesinnten.

Durch die Sachkenntnis wird der Schütze als Autorität auf seinem Gebiet anerkannt – er kennt die Grundlagen seines Projektes, er kann zuhören und sich in andere hineindenken und er kann seinen Standpunkt klar darstellen.

Durch die Utopie hat der Schütze eine klare Richtung, die er als konkretes, als nächstes zu erreichendes (und erreichbares) Ziel formulieren kann – dadurch wird er zur Inspiration für seine Mitarbeiter und seine Untergebenen. Er kann das Ziel mit einem prägnanten Satz allen klar verständlich machen und sie durch diesen Satz wachrütteln, Er kann eine „corporate identity" überzeugend formulieren und alle für dieses Prinzip begeistern.

Durch den Gemeinschaftssinn für die Gruppe der Gleichgesinnten schafft er einen großen Synergieeffekt, denn viele, die gemeinsam auf das gleiche Ziel hinarbeiten, sind effektiver, als wenn es jeder von ihnen alleine versuchen würde – dadurch wird der Schütze bei seiner Aufgabe, die Kräfte aller Beteiligten auf das Ziel hin zu bündeln, auch stets darauf achten, das alle Lösungen für anstehende Probleme zum Vorteil für alle Beteiligten sind, dass es also nie Sieger und Verlierer gibt, sondern immer nur Gewinner; dafür benötigt er seine geistige Beweglichkeit und seine Bereitschaft, neue Wege zu sehen und zu gehen. Ein guter Manager ist auch immer ein Abenteurer.

Schließlich ist der Wassermann ein global denkendes Sternzeichen, dass alle Grenzen überwinden will – und diese Qualität im 3. Haus, also in den Gesprächen mit dem Schützen schätzen alle, die mit ihm zu tun haben.


*4. Haus: Der Schütze verhält sich in der Familie wie ein Fisch.*

Wer die Weite der Welt erforschen und hoch hinaus will, darf nicht an der heimatlichen Scholle kleben. Die Fische im 4. Haus sind dafür die Idealkombination für den Schützen: Der Fisch kann sich allem öffnen und alles für seine Ziele nutzen.

Wenn Sie sich also ernsthaft daran machen, ihre Ideale zu verwirklichen, müssen sie bereit sein, ihre Heimat nicht zu kleinkariert aufzufassen. Das vierte Haus als Heimat-symbol ist die Geborgenheit, die Nähe und die Nestwärme. Der Fisch fasst diese Nähe und Geborgenheit stets so weit wie möglich – wenn Sie sich auf den Weg machen, werden Sie feststellen, dass die ganze Welt ihre Heimat sein kann, dass sie überall „Wahlverwandte" finden werden, und dass ein Standortwechsel, der zur Förderung ihrer Projekte nötig geworden ist, keinesfalls den Verlust der eigenen Wurzeln bedeutet, sondern vielmehr eine Erweiterung des eigenen Erlebens von Heimat ist.

So wie Sie selber in der Lage sind, überall Fuß zu fassen und zuhause zu sein, so sind Sie auch in der Lage, mit den verschiedensten Menschen quasi-verwandtschaftliche Bande zu knüpfen – was ihnen bei der Organisation ihrer Unternehmungen sehr zugute kommt, denn Sie können dadurch allen an ihren Projekten beteiligten Menschen das Gefühl von Zusammengehörigkeit, von Gemeinschaft, von Familie geben: Wir sitzen alle in einem Boot und was wir tun, tun wir nicht nur für uns selber, sondern auch für die Gemeinschaft, und dadurch erreichen wir zusammen viel mehr, als jeder einzelne von uns alleine erreichen könnte.

Zeus, Jupiter, Indra, Odin, Tyr, Enki, Vishnu – also all die Schutzgottheiten des Schützen, sind alle auch die Götterkönige, die Väter und Patriarchen der Gottheiten-Familie eines Pantheons. Auf dieselbe Weise ist auch der Schütze der Vater und Beschützer aller Personen in seinem Unternehmen – er kennt die Eigenheiten und Bedürfnisse und Fähigkeiten jedes Einzelnen und erkennt, an welchem Platz sich jeder am wohlsten fühlen und sich am besten zum Nutzen des Ganzen entfalten können wird.

So wie die Ausrichtung des Schützen im 1. Haus auf ein klares, übergeordnetes Ziel hin eine Gemeinschaft aller Personen, die ebenfalls dieses Ziel haben, erschafft, so fördert die Sachlichkeit des Steinbocks im 2. Haus die Realisierung dieses Zieles und somit durch die handfeste Vorgehensweise auch die Überzeugungskraft dieser Ziele auf andere; ebenso ermöglicht die Offenheit und die rasche Auffassungsgabe des Wassermanns im 3. Haus die Koordination aller Beteiligten; und die Empfindsamkeit und Einfühlsamkeit der Fische im 4. Haus lässt diese Gemeinschaft schließlich auch emotional zusammenwachsen.


*5. Haus: Der Schütze verhält sich in Bezug auf sich selber wie ein Widder.*

Sie haben nun ihr Ziel formuliert und die Reihenfolge und die Art der Durchführung ihrer Aktionen geplant und sie nun konkret in Angriff genommen. Aber die Welt ist bunt und voller Überraschungen ... Nachdem Sie drei Schritte gegangen sind, sieht alles schon wieder ganz anders aus und dort, wo Sie ihren Weg vermuteten, steht ein großes Hindernis vor Ihnen – sei es ein neues Gesetz, der Konkurs eines Lieferanten, die Kündigung eines wichtigen Mitarbeiters oder was auch immer. Es ist also notwendig, die eigenen Ziele ständig entsprechend der Ereignisse und der Entwicklung der Dinge neu zu formulieren.

Stellen sie sich den Schützen als einen Jäger vor: Er hat am Vortag Wildschwein-spuren an der Brücke beim Bach im Wald gesehen, aber als er nun heute mit seinem Gewehr dorthin geht, sind weit und breit keine Wildschweine zu sehen – also muss er den Spuren folgen, oder sich auf die Lauer legen oder vielleicht auch seinen Speiseplan ändern und sich an den Hirsch anpirschen, der von drüben aus dem

Buchenhain zu hören ist. Und egal, für was er sich entscheidet, seine Jagd wird ständig neue Entscheidungen erfordern, wenn er erfolgreich sein will und nicht mit knurrendem Magen ins Bett gehen will.

Nun ist das 5. Haus auch das Selbstbild und das Selbstverständnis. So klar auf die Welt hin ausgerichtet, wie der Schütze ist, erlebt er sich vor allem als die „bewusste Gestaltung der Situationen", in denen er sich gerade befindet. Es gibt beim Schützen im Grunde kein fertiges oder dauerhaftes Selbstbild, sondern er identifiziert sich mit seinen Taten – was auch die einzige Möglichkeit ist, seinen eigenen Taten wirkliche Kraft und Überzeugung zu verleihen.

„Ich lebe für mein Ziel. Mein Ziel ist meine Lebendigkeit. Ich bin mein Ziel."

Und dieses Ziel ergibt sich in jedem Augenblick neu – genaugenommen ist es natürlich nicht das Ziel selber, das sich ständig ändert, sondern meistens nur die Art und Weise, in der Sie das Ziel zu erreichen trachten. Wenn allerdings ganz neue Werte und Möglichkeiten in Ihren Erlebnishorizont eintreten, verändern sich auch Ihre Ziele und mit ihnen verändern Sie sich auch selber.

Ich bin das, was ich anstrebe und was ich sein werde.


### 6. Haus: Der Schütze arbeitet als Handwerker wie ein Stier.

Was benötigen Sie für ein optimales Projektmanagement im 6. Haus, im Haus der Handwerks und der Heilung? Zunächst einmal Sachkenntnis, aber dann auch ein feines Gespür für Verträglichkeiten, dafür, was sich kombinieren lässt und was nicht, denn das wichtigste ist bei jedem Projekt, dass die Kräfte gebündelt bleiben und sich nicht zerstreuen oder gar gegeneinander richten. Daher hat der Schütze sich für sein 6. Haus den Stier ausgewählt, dessen Sinn für ein harmonisches Arrangement ihn zu dem geeignetsten Koordinator für den Alltagskleinkram macht.

Der Stier hat hier auch noch eine andere Funktion: Wenn ein Ziel auch noch so gut und noch so logisch und noch so moralisch hochstehend ist, wird es nicht bei den anderen zünden, wenn es nicht eine gefällige Gestalt annimmt, die andere anziehen und an das Projekt fesseln kann. Dies muss nicht derbe Propaganda oder provokative Agitation oder platte Reklame sein – es ist vielmehr gemeint, dass der Plan ein rundes Bild abgeben muss, bei dem die Einzelteile zueinander passen und das ein gefälliges und übersichtliches und einleuchtendes Äußeres hat, was schon bei der Kleidung des Repräsentanten beginnt und über die Präsentation von Prospekten bis hin zu den klar und ansprechend formulierten Grundsätzen des Projektes reicht.

Im 3. Haus haben Sie mit den Interessenten für ihre Unternehmung gesprochen und Sie haben diese Interessenten und Investoren und Mäzene durch ihre eigene rasche Auffassungsgabe und ihre eigene Offenheit für neue Ideen für sich gewinnen können.

Im 4. Haus haben Sie alle Beteiligten durch ihr Einfühlungsvermögen und ihre Sorge für das Gemeinwohl zu einer emotionalen Familie zusammenfügen können.

Und nun ist es an der Zeit, die konkreten Aufgaben und die Zusammenarbeit all dieser Personen in einer Art zu strukturieren, dass so wenig wie möglich an Reibungsverlusten entsteht und der Laden läuft.

### 7. Haus: Der Schütze verhält sich in Beziehungen wie ein Zwilling.

Wie stehen Sie als Schütze zum „Du"? Entsprechend der eigenen großen Beweglichkeit ist auch dies ein von Beweglichkeit geprägtes Thema. Das eigene Selbstbild ändert sich des öfteren und die Ziele ebenso – folglich ändern sich auch des öfteren die Beziehungen oder es wird ein Partner gesucht, der die vielen Kurswechsel mitmachen kann und von ihnen auch noch begeistert ist: Es wird also ein Zwilling gesucht.

In Beziehungen versucht der Schütze zu erfahren, wie bunt die Welt ist, welche Möglichkeiten von Begegnungen es gibt, was alles möglich ist. Dies ist keinesfalls Oberflächlichkeit, sondern die Bereitschaft des Schützen, auch in diesem allerintimsten Bereich sich der Vielfalt der Welt zu öffnen und sie zu ergründen. Wenn Sie als Schütze nach dem Höchsten streben und dieses Höchste auch für alle anderen das Beste ist, dann ist diese große Offenheit gegenüber der Welt unbedingt notwendig: der Schütze hat gewissermaßen eine Beziehung zur Welt, er fühlt sich der Welt als Ganzes verbunden (genau genommen immer wieder einem anderen Aspekt, d.h. einem anderen Menschen in ihr) und gelangt so nach und nach zu der Kenntnis, die er benötigt, um Ziele formulieren zu können, die wirklich von allgemeinem Interesse sind.

Im Gespräch mit einem Schützen wird jeder, sofern er auf irgendeine Weise mit dem Projekt des Schützen verbunden ist, das Gefühl haben, dass der Schütze ganz auf ihn eingeht, und dass man wirklich für ihn wichtig und von Bedeutung ist. Dies ist nun keine reine Strategie oder rhetorische Finesse, durch die es der Schütze versteht, die Leute für sich arbeiten zu lassen, sondern dies beruht auf dem tatsächlichen Interesse des Schützen für jeden Einzelnen in seinem Projekt.

### 8. Haus: Der Schütze verhält sich im Kampf wie ein Krebs.

Seine Motivation schöpft der Schütze entsprechend dem Zeichen Krebs aus der Gemeinschaft – für ihn ist das Wohlergehen der „Familie" das höchste Gut.

Diese große Bedeutung der Gemeinschaft für den Schützen ist die Grundlage für seine Ausrichtung auf die Welt hin, für seine Offenheit für Neues entsprechend seiner beweglichen Dynamik. Der ihm entsprechende astrologische Trigon-Aspekt, der alle

Kräfte bündelt, bezieht das Wohlergehen seiner „Verwandten" mit in seine Motivation ein. Dass er der Impulsgeber in seiner Gemeinschaft ist, wird durch das Feuerelement treffend beschrieben. Und der Jupiter zeigt schließlich die Tendenz des Schützen, die Dinge von einer übergeordneten Warte aus zu betrachten und zum Wohle des Ganzen zu handeln.

Der Schütze ist wie ein Feuerwehrmann: Stets zur Tat bereit und darauf aus, andere zu retten.

Das 8. Haus ist auch das Haus der Konflikte. Wie gehen Sie damit um? Wenn Sie ihre Unternehmung am Leben erhalten wollen, dürfen sie nicht warten, bis sich die Gegensätze zum offenen Kampf hochgeschaukelt haben und ihr ganzes Projekt zerbricht, sondern Sie müssen möglichst früh etwas unternehmen. Wenn Sie eigene Kinder haben (was den hier benötigten Krebs-Erfahrungen entsprechen würde), werden Sie sicher auch schon festgestellt haben, dass es wenig Sinn hat, einem Kind, das hingefallen ist und nun weint, zu sagen „Ach, ist doch nicht so schlimm. Hör auf zu weinen! Hier hast Du ein Bonbon!" Durch diese Taktik drückt man vor allem aus, dass man das Weinen lästig findet und schafft so eine Distanz zu dem Kind, obwohl das Kind doch gerade die Nähe zu ihrem Vater oder ihrer Mutter sucht. Wenn man stattdessen sagt (und dies auch wirklich meint, denn Kinder reagieren auf die Gefühle und nicht auf hohle Worte): „Oje, hast Du Dir wehgetan? Zeig mal … Dass sieht aber arg aus. Soll ich Dich ein bisschen auf den Arm nehmen?", dann findet das Kind die Nähe, die es sucht und fühlt, dass es selber und sein Schmerz ernst genommen werden, was zur Folge hat, dass es kurze Zeit später weiterspielen wird.

Diese Haltung der echten Anteilnahme und des Zuhörens und des Ernstnehmens ist auch bei Erwachsenen die Methode, die letztlich zu funktionsfähigen Kompromissen führt, denn die Streitparteien haben dadurch beide den Raum zur Darstellung des eigenen Standpunktes und können sich daher aufgrund dieser Sicherheit auch einmal in Ruhe den gegnerischen Standpunkt anhören und ihn begreifen und sich dann nicht mehr beide als potentielles Opfer der Durchsetzung der gegnerischen Meinung erleben, sondern wieder sehen, dass nur eine Lösung, mit der beide gut leben können, auf Dauer wirklich weiterführt.

Dasselbe gilt auch für den Schützen als Individuum: Wenn Sie lernen, alle ihre Gefühle und Gemütsregungen ernst zu nehmen und sie anzuschauen, laufen Sie kaum noch Gefahr, dass sie Teile von sich verdrängen, die dann im unpassendsten Moment wieder auftauchen und ihnen größere Unannehmlichkeiten bereiten können.

Die weiche Methode der Anteilnahme des Krebses in Bezug auf die heftigen Kräfte des 8. Hauses führt beim Schützen also dazu, dass er keine der eigenen Motivationen übersieht und in seine Lebensplanung einzubauen „vergisst", und dazu, dass er mit seinem Feingefühl und seinem Einfühlungsvermögen in der Lage ist, Konfliktpotentiale in seiner Unternehmung zu entschärfen und die Gegensätzlichkeit der Beteiligten stattdessen zu einer kreativen Auseinandersetzung werden zu lassen, die das Gedeihen seines Projektes durch zukunftsfähige Innovationen fördert.

### *9. Haus: Der Schütze verhält sich in Hinblick auf seine Ideale wie ein Löwe.*

Nun sind wir im ureigendsten Bereich von uns Schützen angekommen: im 9. Haus. Hier, wo es um die Planung der Zukunft, um große Projekte, um den weiten Bogen geht, sind wir am stärksten, hier schlägt unser Herz, hier handeln wir aus der Kraft des Löwen heraus.

Sie können andere nur begeistern, wenn sie von ihren Projekten auch selber im Innersten überzeugt sind und sich selber mit ihren Projekten identifizieren – und genau diese Fähigkeit, aus dem Herzen heraus zu handeln und sich ganz mit einer Sache zu verbinden, ist die zentrale Qualität des Löwen. Als Königszeichen verleiht der Löwe dem Schützen hier die unbestrittene Autorität, was Entwurf, Planung und Durchführung der Projekte angeht.

Haben Sie schon einmal einen Löwen brüllen gehört? Das klingt ziemlich überzeugend … Und diese Kraft kann auch in den Worten eines Schützen liegen, wenn er von seinen Zielen spricht. Und so wie der Löwe den Alleinherrschaftsanspruch hat, hat auch der Schütze hier den Alleinherrschaftsanspruch – allerdings bezieht sich dieser Anspruch nicht darauf, der unbestrittene Anführer zu sein, sondern dieser Anspruch bezieht sich auf die Qualität des Zieles: Der Schütze wird sich weigern, ein anderes als das Beste alle möglichen Ziele anzustreben.

Die Durchführung, die konkreten einzelnen Schritte liegen im 6. Haus, wo der Schütze gemäß dem Stier auf Harmonie bedacht ist; und der Herrschaftsanspruch im Sinne von ungehinderter Selbstdarstellung und Selbstentfaltung wird durch den Widder im 5. Haus beschrieben, demzufolge der Schütze sich nie in eine feste Hierarchie einbindet und folglich auch nicht danach trachtet, an der Spitze einer solchen Hierarchie zu stehen, sondern von Fall zu Fall entscheidet, was zu tun ist, welche Koalitionen oder Trennungen förderlich sind.

Aber durch seine Ausstrahlung, wenn er von seinem Feuer erfüllt über seine Ideale spricht, wird er oft zu dem treibenden Element in einer Entwicklung, in cincm Projekt werden und dadurch oft auch in Führungspositionen aufsteigen bzw. selber eine Unternehmung gründen, die ganz genau seinen eigenen Vorstellungen entspricht.

### *10. Haus: Der Schütze verhält sich in der Öffentlichkeit wie eine Jungfrau.*

Wenn Sie Erfolg haben wollen, müssen sie geschickt sein. Es hat wenig Sinn, immer wieder gegen eine Mauer anzurennen, wenn diese solide gebaut ist. Viel effektiver ist es, diese Mauer, wenn sie schon so stabil ist, in das eigene Bauwerk zu integrieren.

So verhält es sich mit Gesetzen, Naturgesetzen, landschaftlichen Gegebenheiten, der derzeitigen konjunkturellen Lage und ähnlichem: Was man nicht ändern kann, muss man kennenlernen und dann zu den eigenen Zwecken ausnutzen. Gehen Sie mit Behörden um wie ein Schuster mit seinem Leder: Betrachten Sie Behörden als ihren Rohstoff, den Sie zu dem verwandeln wollen, was sie brauchen. Betrachten sie Rechtsformen von Gesellschaften wie GbR, KG, AG, Genossenschaften usw. als Werkzeuge und nicht als einengende rechtliche Rahmenbedingungen und wählen Sie sich aus dem Gegebenen das für Ihre Zwecke geeignetste aus. Bleiben Sie im rechtlichen Rahmen, aber nutzten die Gegebenheiten so, dass die Verordnungen letztlich ihre Wünsche erfüllen, auch wenn dies vom Gesetzgeber vielleicht gar nicht so vorgesehen war. Stehen Sie über den Tatsachen der Welt, bleiben Sie der Handelnde, der Aktive, der Gestaltende, der Formende.

Erwerben Sie sich zunächst eine gründliche Sachkenntnis, aber achten Sie dabei auf den Unterschied zwischen dem Wesentlichen und dem unbedeutenden Detail. Dann können Sie ihren Weg gehen ohne anzustoßen und dadurch unnötig Kräfte zu vergeuden.

Sie ändern die Welt nicht, indem Sie gegen den bestehenden Zustand ankämpfen und sich Beulen holen, sondern dadurch, dass Sie von dem Bestehenden ausgehend etwas Neues, Besseres erschaffen, was die Menschen begeistert und zur Nachahmung anregt, bis schließlich ihr Vorbild die allgemeine Meinung geändert hat und die Gesetze und Regeln dann von der Allgemeinheit entsprechend umformuliert werden.


*11. Haus: Der Schütze verhält sich im Vereinslokal wie eine Waage.*

Wenn Sie wirklich andere begeistern wollen, müssen ihre Ideale echt und lebendig sein; und wenn Sie dies erreichen wollen, müssen sie für alle neuen Entwicklungen offen sein und schauen, was davon ihrem Projekt förderlich sein könnte. Daher steht in Ihrem 11. Haus, das Weltanschauungen, Erfindungen und interkulturellen Austausch symbolisiert, die ausgleichende Waage. Sie sind also in der Lage, mit den unterschiedlichsten Menschen zusammenzuarbeiten, egal welcher Nationalität, Hautfarbe oder Weltanschauung die Betreffenden sind – wenn nur die Ideale übereinstimmen.

Um Projekte voranzutreiben und sie wachsen zu lassen, ist die Fähigkeit, Ableger des ursprünglichen Projektes auch in neue Umgebungen verpflanzen zu können, notwendig. Damit diese jungen Ableger aber nicht eingehen, sondern gedeihen, ist es von großem Vorteil, wenn man die jeweiligen Gegebenheiten an dem neugewählten Standort erkennen, sich in sie hineinfühlen und sie respektierend für seine eigenen Zwecke nutzen kann. Hier hilft die Diplomatie der Waage dem Ideal des Schützen auf seinem Weg zur Internationalität des 11. Hauses.

In der Fremde und in ungewohnten Umgebungen entfaltet sich erst der ganze Charme des Schützen, der in der Lage ist, die verschiedensten Menschen für sein Anliegen zu gewinnen. Hier zeigt sich, dass der Schütze ein Eroberer ist, aber kein Eroberer, der sich mit Macht durchsetzt und befiehlt, was zu geschehen hat, sondern ein Eroberer, der die Bedürfnisse der Menschen erkennt und ihnen neue Wege zeigen und neue Visionen geben kann, wodurch sie in sich selber die Initiative finden, ihre Situation zu ändern und bei dem Projekt des Schützen mitzuarbeiten.

Das Geheimnis des Erfolges des Schützen liegt zu einem großen Teil in seinem Altruismus, also darin, dass er zwar auch nach dem Besten für sich selber strebt, aber dabei stets auch das Gemeinwohl im Auge hat, da er sieht, dass er nur unter Glücklichen glücklich sein kann.

### 12. Haus: Der Schütze verhält sich im Fluss des Alltags wie ein Skorpion.

Wenn Sie in unbekannte Gebiete reisen, müssen Sie erkennen können, was die Motivationen derer sind, die ihnen begegnen und sie müssen auch erkennen können, wo sich Gefahren und wo sich Entwicklungspotentiale verbergen. Daher hilft ihnen im 12. Haus, in dem Sie in die Weite der Welt hinausgehen, der kritische Skorpion mit seinem feinen Gespür für Motivationen und Potentiale.

Wenn ihr Projekt florieren soll, brauchen Sie einen Schutz gegen Spione und noch mehr gegen Saboteure. Ihr Feindbild besteht entsprechend den Fischen in diesem Haus aus diffusen Gestalten draußen in der Welt. Dies können Menschen sein, aber auch Krankheiten wie AIDS, Hunger, Kriege, die Zerstörung der Ozonschicht und ähnliches. Was all diesen Gefahren gemeinsam ist, ist, dass sie die Gemeinschaft als Ganzes bedrohen; es ist kein Angriff auf einen einzelnen Menschen z.B. aus Eifersucht heraus, sondern stets eine Bedrohung des Lebens insgesamt.

Aus diesem Blickwinkel heraus ist der Schütze auch in der Lage, andere Menschen zur Unterstützung seiner Vorhaben zu gewinnen, Spenden zu erhalten oder auch von anderen Organisationen oder von Staaten in seinem Wirken unterstützt zu werden.

Das schlagendste Argument ist dabei stets, dass die Gefahr, gegen die der Schütze ankämpft, uns alle bedroht und wir uns folglich alle gemeinsam dagegen wehren müssen. Hier stärkt die Polarisierung des Skorpions das Wir-Gefühl gegenüber der Gefahr, die alle bedroht – was immer diese Gefahr auch konkret sein mag.

# 10.  Realist

♑

*1. Haus: Der Steinbock verhält sich im „Hier und Jetzt" wie ein Steinbock.*

a) Steinböcke verhalten sich im 1. Haus wie ein Steinbock.

Als Steinbock ist man beständig, sorgt für ein gutes Fundament und strebt mit Ausdauer in die Höhe. Der Saturn mit seiner Stetigkeit, Festigkeit und seinem nüchternen Realismus ist die prägende Qualität dieses Tierkreiszeichens.

b) Die Dynamik eines Hauses und die Dynamik des in ihm stehenden Tierkreiszeichens sind beim Steinbock gleich. (Die drei möglichen Dynamiken der Tierkreiszeichen sind erschaffend, ausgestaltend und nutzend.)

Durch diesen Sachverhalt erhält der Steinbock etwas Geradliniges und Strebsames. Er ist eines der vier erschaffenden Zeichen, was bedeutet, dass er kreativ ist, was ja oft beim Steinbock übersehen wird. Das, was man als Steinbock erschafft, sind äußere Tatsachen – Dinge, die man anfassen kann und die Bestand haben.

c) In den Häusern, die dem Element Feuer entsprechen, verhalten sich Steinböcke durch das in diesen Häusern stehenden Tierkreiszeichen erdhaft.

Das Tatkräftige und Schöpferische der Feuer-Häuser wird auf den ersten Blick durch das in ihm stehende Erdelement gedämpft. Wenn man jedoch genauer hinschaut, erkennt man, dass die Tatkraft keinesfalls gedämpft wird, sondern dass sie lediglich die Dynamik des Erdelementes erhält.

Man schaut sich als Steinbock zunächst die Welt an und erkundet, was wie beständig und was wie mächtig ist, um zu erkennen, was die größte Autorität ist und worauf man am sichersten bauen kann.

Man schaut gleichzeitig auch sich selber an und erforscht die eigenen Bedürfnisse und macht sich ein möglichst klares Bild davon, was man von der Welt für das eigene Wohlergehen benötigt.

Schließlich stellt man dann auf diesem soliden Fundament einen Plan auf, durch den man das optimal Mögliche erreichen kann. Da bei diesem Vorgehen viel Zeit darauf verwendet wird, alle Möglichkeiten und Aspekte im eigenen Inneren durchzuspielen und durchzudiskutieren, kommt es später nur selten vor, dass der eigene Lebensplan geändert werden muss.

Kleinere Neuigkeiten, die man im ursprünglichen Plan nicht bedacht hatte, lassen sich in der Regel ohne große Probleme in den bestehenden Plan einbauen, während größere Umwandlungen eine völlige Neuorientierung erfordern können. Dies ist zwar etwas, was man fürchtet, weil dadurch unter Umständen viel Zeit und Mühe vergeblich gewesen ist, aber man geht es dennoch realistisch und mit Tatkraft an, wenn es notwendig sein sollte.

Langsam, aber stetig auf festem Fundament aufbauend, ist die Devise des Steinbocks. Dadurch ist er in jungen Jahren oft einer der Nachzügler, aber wenn andere zehn Jahre später ihre Entwicklung schon beendet und sich zur Ruhe gesetzt haben, beginnt der Steinbock erst richtig mit seinem Aufstieg und lässt die meisten anderen schließlich hinter sich.

<u>d) Der zum Steinbock gehörende astrologische Aspekt ist das Quadrat, das eine Trennung darstellt.</u>

Der Steinbock ist ein Charakter mit Ecken und Kanten. Er passt sich nicht an, auch wenn dies oft so scheint, da er Autoritäten und gesellschaftliche Gegebenheiten in der Regel eher nutzt als in Frage stellt, sondern er strebt danach, in dem vorhandenen System aufzusteigen und sich den bestmöglichen Platz zu erobern.

Das Quadrat zeigt sein Bestreben, die Welt nach seinem Willen zu formen und es zeigt auch die Spannung, in der er sich in seinem Verhältnis zur Welt erlebt: die Welt, die Eltern, die Gesellschaft als Macht, gegen die es sich durchzusetzen gilt. Dies ist ein oft stiller, erdhafter Kampf, der meist erst in den späteren Jahren zu einer Heiterkeit und Gelassenheit und dem typischen Steinbock-Humor führt, der letztlich in der mühevoll erkämpften eigenen Freiheit begründet liegt.

<u>e) Daraus ergibt sich folgendes Prinzip:</u>

Ein hoher Turm kann nur auf einem festen Fundament errichtet werden.

<u>f) Steinböcke sehen wie folgt aus:</u>

Die Steinböcke, die sich eher verhalten bewegen, wirken ruhig und fest und auf ihren Gesichtern sieht man meistens nur den Ansatz eines Lächelns, ihre Haare sind fest und glatt und werden bisweilen früh schütter, ihre Gesichter wirken oft unauffällig, aber zuverlässig und ihr ganzes Wesen drückt etwas Statisches aus.


*2. Haus: Der Steinbock geht mit Besitz wie ein Wassermann um.*

<u>a) Steinböcke verhalten sich im 2. Haus wie ein Wassermann.</u>

Als schöpferisches Erdzeichen benötigt man in dem Haus des Besitzes einen möglichst klaren und erfinderischen Verstand sowie umfassende Sachkenntnis, um in der Lage zu sein, den Wert eines Grundstückes, den Zustand eines Hauses, die

Aufstiegschancen in einem Unternehmen und die wahrscheinlichste Wertentwicklung einer Aktie möglichst sicher beurteilen zu können.

Diese wissenschaftliche Betrachtung wird auf jede Art von Besitz angewandt: auf den eigenen Körper, also die leibliche Gesundheit, auf die Körperpflege, auf die Kleidung, auf die Einrichtung der eigenen Wohnung, auf das eigene Haus und schließlich auf das Bankkonto. Man weiß in diesen Bereichen stets gut über die neuesten Erkenntnisse und Entwicklungen Bescheid und ist daher in der Lage, stets das Effektivste und Sinnvollste zu tun. In Bezug auf die Kenntnis über jede Art von Besitz angefangen bei Schnäppchen-Führern über Aktienkursen bis hin zu Konjunkturprognosen sind Steinböcke fast unschlagbar.

b) Die Dynamik eines Hauses und die Dynamik des in ihm stehenden Tierkreiszeichens sind beim Steinbock gleich.

Die sammelnden Qualität des 2. Hauses zeigt sich hier in dem Erwerb und der Entfaltung eines umfassenden Wissens über den Besitz. Man steht bildlich gesprochen in der Mitte seiner Reichtümer und hütet und vermehrt sie – und nutzt sie natürlich auch.

c) In Erd-Häusern verhalten sich Steinböcke lufthaft.

Um möglichst effektiv mit der trägen Erde des 2. Hauses umgehen zu können und sie den eigenen Vorstellungen entsprechend formen zu können, braucht man viel Luft, also Beweglichkeit sowohl des Verstandes als auch der Dinge selber. Man sammelt zwar, aber man hängt nicht eigentlich an seinem Besitz, sondern entwickelt und tauscht und handelt und verwandelt ihn zu etwas Besserem weiter.

d) Der zum Steinbock gehörende astrologische Aspekt ist das Quadrat, das eine Trennung darstellt.

Das nach außen hin Druck erzeugende Quadrat gestaltet den eigenen Besitz entsprechend den eigenen Vorstellungen. Generell hat der Steinbock aufgrund dieses Quadrates eine große Freiheitsliebe. Dieser Freiheitsdrang fällt aber oft nicht auf, da der Steinbock seine Freiheit dafür nutzt, sich auf die beste aller Möglichkeiten festzulegen und dann Druck auf die Welt auszuüben, damit sie sich seinen Vorstellungen entsprechend formt.

Auch wenn man sich als Steinbock an die Gegebenheiten anzupassen scheint, ist dies doch nie eine Unterordnungen, sondern nur ein Akzeptieren einer Macht, die größer ist als man selber und die man daher nicht direkt angehen kann, sondern die man umgehen und nutzen muss – das eigene Ziel bleibt trotz aller scheinbaren Unauffälligkeit und Angepasstheit stets bestehen. Das Akzeptieren von Tatsachen ist lediglich ein ökonomischer, sparsamer Umgang mit den eigenen Kraftreserven.

e) Daraus ergibt sich folgendes Prinzip:

Sachkenntnis und Ideen fördern den Besitz.

*3. Haus: Der Steinbock ist in Bezug auf die Neugier wie ein Fisch.*

a) Steinböcke verhalten sich im 3. Haus wie ein Fisch.

Wenn man für die Vielfalt der Welt offen ist und bereit ist, neue Wege und Methoden zu erkunden und den Menschen zuzuhören, denen man begegnet, lernt man viel Förderliches kennen. Daher ist das Fische-Einfühlungsvermögen im Haus der Neugier eine Kombination, die es den Steinböcken ermöglicht, Chancen und Möglichkeiten zu erkennen und sie zu nutzen.

Die Ansicht, dass Steinböcke generell steif und unbeweglich seien, ist eine eher oberflächliche Beobachtung, denn es stimmt zwar, dass Steinböcke beharrlich in ihren Zielen sind, weil sie sich ihre Ziele eben sehr gründlich überlegt haben, aber sie können in der Durchführung durchaus beweglich sein, denn zum Aufbau des Turmes ihres Lebenszieles gehört es auch, daß sie in der Lage sind, alle Arten von Steinen, Mörtel, architektonischen Konstruktionsmöglichkeiten und Hilfsangeboten zu nutzen.

b) Die Dynamik eines Hauses und die Dynamik des in ihm stehenden Tierkreiszeichens sind beim Steinbock gleich.

Dies zeigt sich hier darin, dass die Informationsbeschaffung, die ja naturgemäß sehr beweglich sein sollte, auch von einem beweglichen Tierkreiszeichen wahrgenommen wird – man kann also von einem Steinbock immer eine gute Informiertheit erwarten, was die ihn interessierenden und mit seinem Lebensplan zusammen-hängenden Dinge angeht.

c) In Luft-Häusern verhalten sich Steinböcke wasserhaft.

Wer hoch hinaus will, muss seine Fundamente gründlich prüfen. Dies gilt auch für alle Arten von Informationen. Deshalb untersucht man als Steinbock alle Informationen mit dem Gefühl, um zu spüren, ob sie wahr sind, ob es sich für die eigenen Zwecke lohnt, sie weiterzuverfolgen, und ebenso prüft man stets, was man sagen sollte und was nicht.

d) Der zum Steinbock gehörende astrologische Aspekt ist das Quadrat, das eine Trennung darstellt.

Wenn man mit einem Steinbock spricht, wird man in der Regel merken, dass er genau weiß, was er sagt und wem er es sagt – das wird durch das ihn prägende Quadrat charakterisiert: Der Steinbock steht in der Spannung zur Welt und muß prüfen, welche Worte welche Wirkungen haben könnten und entsprechend reden oder schweigen – wofür es eben der Feinfühligkeit der Fische bedarf.

e) Daraus ergibt sich folgendes Prinzip:

Feinfühligkeit in der Begegnung vermeidet Gefahren und eröffnet neue Wege.

### 4. Haus: Der Steinbock verhält sich in der Familie wie ein Widder.

#### a) Steinböcke verhalten sich im 4. Haus wie ein Widder.

Man entscheidet von Situation zu Situation, was die eigene Familie und die eigene Heimat ist und kann sich von daher an vielen Orten zuhause fühlen und ist nirgends wirklich gebunden. Vielleicht erscheint dies bei dem eher konservativen, beständigen und bewahrenden Steinbock ein wenig seltsam.

Wenn man jedoch bedenkt, dass in gegenüberstehenden Häusern auch entgegengesetzte Tierkreiszeichen stehen – im 10. Haus des Steinbocks also die Waage, lässt sich dies verstehen. Die Waage geht auf das Gegenüber, in diesem Falle die Öffentlichkeit (10. Haus) ein und entwickelt sich innerhalb dieser Gegebenheiten durch Kooperation weiter (Waage), weshalb sie in dem gegenüberliegenden 4. Haus, also der Familie, zur Improvisation und zum Selber-Erschaffen (Widder) neigt.

Der Steinbock braucht also diese völlige Selbstbestimmtheit, was Nähe, Geborgenheit, Familie und Heimat betrifft, um dadurch die Freiheit zu haben, in der Öffentlichkeit sich ganz den vorgefundenen Formen anzupassen – oder besser gesagt, mit, auf und durch die Öffentlichkeit den eigen Turm zu bauen.

Dadurch zeigt sich auch, dass das den Steinböcken wohl am häufigsten nachgesagte Merkmal, nämlich dass sie nicht über ihr Innenleben reden, nicht daran liegt, dass sie keines haben, sondern dass sie ganz nach Widder-Manier selber bestimmen, wann sie was über ihr Inneres sagen.

Man ist als Steinbock dem eigenen Lebensentwurf treu, was bedeutet, dass Nähe und Geborgenheit zwar in diesem Lebensentwurf auch ihren Platz haben, dass sie aber nicht dessen roter Faden sind, sondern eher wie Blumen am Wegrand sprießen.

Der Steinbock schützt sein äußeres Vorankommen vor Störungen durch seine inneren Gefühle und seine Familie.

#### b) Die Dynamik eines Hauses und die Dynamik des in ihm stehenden Tierkreiszeichens sind beim Steinbock gleich.

Im schöpferischen Bereich der Familie sind auch die Steinböcke schöpferisch, allerdings mit der Widder-Qualität, wodurch sie Neues erschaffen und das Geschehen bestimmen, soweit es sie selber berührt. Dinge, die keine deutliche Verbindung zu ihnen haben, berühren sie emotional auch nicht besonders.

#### c) In Wasser-Häusern verhalten sich Steinböcke feuerhaft.

Allgemein hat der Steinbock gegenüber Wasserthemen eine feurige Einstellung: Bei Gefühlen muss man eben etwas tun – sich Bedürfnisse erfüllen oder befürchtete

Ereignisse durch handfestes Eingreifen abwehren. Innerhalb von Beziehungen und innerhalb der Familie ist es den Steinböcken stets wichtig, sich ihre Widder-gemäße Unabhängigkeit zu bewahren, was auch einer der Gründe ist, weshalb sie in Bezug auf ihr Innenleben nicht sonderlich gesprächig sind.

d) Der zum Steinbock gehörende astrologische Aspekt ist das Quadrat, das eine Trennung darstellt.

Sich seinen Platz und seine Freiheit bewahren gegen die von außen auf einen einwirkenden Kräfte – das ist das Wesen des Quadrates. Bei dem Thema der Nähe ergibt dies den Wunsch, einerseits Nähe zu haben, wenn man sie sucht, andererseits aber auch sich den selbstbestimmten Freiraum um sich her zu bewahren, da man sonst das Gefühl bekäme, die Nähe würde einen ersticken – was man dann durch eine spontane, kräftige Aktion wieder in Ordnung bringen würde.

e) Daraus ergibt sich folgendes Prinzip:

Nähe in Freiheit wärmt die Seele, aber Nähe in Unfreiheit erstickt das Leben.

5. *Haus: Der Steinbock verhält sich in Bezug auf sich selber wie ein Stier.*

a) Steinböcke verhalten sich im 5. Haus wie ein Stier.

Da man als Steinbock vor allem im Außen das eigene Lebensziel verwirklichen will, um dann gewissermaßen in ihm leben zu können, benötigt man die Sachlichkeit, um ein solides Fundament errichten und auf diesem dann möglichst effektiv aufbauen zu können.

Daher steht in seinem 5. Haus der Stier: Der Steinbock sucht nach einer schützenden Hülle für sein Ich. Der Stier charakterisiert noch zwei weitere Merkmale. Zum einen, dass der Steinbock den Wunsch hat, das Leben zu genießen und dass seine ganze Arbeit und seine Anstrengung dazu dient, sich dies zu ermöglichen, was naturgemäß vor allem in der zweiten Lebenshälfte, in der er die Früchte seiner vorangegangenen Arbeit erntet, deutlicher zutage tritt. Zum anderen zeigt sich der Stier in diesem Haus in dem Verständnis der eigenen Individualität – die Persönlichkeit ist wie eine Pflanze, die allmählich heranwächst und an Stärke, Festigkeit und Größe zunimmt, dabei Passendes aufnimmt, Schadendes abwehrt, von Sturm, Frost und Blitzschlag gezeichnet ist, aber im Frühling auch immer wieder neue Sprosse treibt.

Der Steinbock erscheint daher erst in den späteren Jahren deutlich in seiner eigenen Gestalt. Und auch die Neigung des Steinbocks, sein Inneres zu verbergen und es nur ganz wenigen Vertrauten zu offenbaren, wird durch das Tierkreiszeichen Stier ausgedrückt, denn dieses steht für die schützende Grenze zwischen Innen und Außen.

b) Die Dynamik eines Hauses und die Dynamik des in ihm stehenden Tierkreiszeichens sind beim Steinbock gleich.

In dem schöpferischen Löwe-Haus steht das schöpferische Zeichen Stier: auch wenn der Steinbock nur selten etwas von seinem Wesen zeigt, so liegt in seinem Wesen doch eine große Stärke und Beharrlichkeit, was auf eine gewisse Sturheit des Willens und eine Beharrlichkeit in den Zielen schließen lässt.

c) In Feuer-Häusern verhalten sich Steinböcke erdhaft.

Taten müssen geerdet sein, sonst ergänzen sie sich nicht im Sinne des allem Handeln zugrundeliegenden Lebensplanes. Deshalb verwendet der Steinbock auch für das eigene schöpferische Selbstverständnis das Erdelement und sieht sich dementsprechend vor allem als etwas aus den vorhandenen Bedingungen und der Vorgeschichte heraus Entstandenes, als ein vom Schicksal geformtes Wesen, das mit seinem Willen und durch die Auswahl dessen, was er in sein Leben und in sich hineinlässt, seine eigenen Anlagen nach und nach Gestalt werden lässt.

d) Der zum Steinbock gehörende astrologische Aspekt ist das Quadrat, das eine Trennung darstellt.

Dieses Schaffen von Trennungen und dadurch auch von Freiraum zeigt sich auch deutlich in dem ständigen Wachstum und dem zunehmenden Einfluss des Steinbocks und in der Kontrolle durch die Stier-Schutzmauer zwischen sich und der Außenwelt: ein Baum, der wächst und gedeiht und immer mehr Platz erobert und beansprucht – eine Stadt mit gut bewachten Stadttoren, die wächst und größer wird und in deren Umland immer mehr Wildnis zu Ackerland gerodet wird und so den Einflussbereich der Stadt vergrößert.

e) Daraus ergibt sich folgendes Prinzip:

Schutz und Pflege lassen den Keimling zum Baum heranwachsen.


*6. Haus: Der Steinbock arbeitet als Handwerker wie ein Zwilling.*

a) Steinböcke verhalten sich im 6. Haus wie ein Zwilling.

Wenn man etwas wirklich Großes erschaffen will, darf man sich nicht auf die breiten, ausgetretenen und wohlbekannten Wege verlassen, sondern muss die sich bietenden Möglichkeiten alle genau anschauen und auch schon einmal ungewohnte Pfade beschreiten.

Die Wendigkeit des Zwillings ermöglicht in diesem Bereich der Details neue, geschickte Lösungen und eine sehr rasche Auffassungsgabe für alles, was einem begegnet. Man ist durch diese Kombination (Zwillinge im 6. Haus) in der Lage, alles Neue sehr rasch richtig einzuschätzen und es sofort abzuwehren oder an passender Stelle einzubauen und zu nutzen.

Das Urteilsvermögen des Steinbocks liegt zu einem guten Teil in dieser Fähigkeit, den Charakter eines jeden Dinges und seine Funktion im Ganzen richtig einschätzen zu können, begründet. Der Steinbock benötigt viel Zeit, um seine grundsätzliche Linie festzulegen, aber in der Umsetzung dieser Linie in den konkreten Alltagsdetails ist er ausgesprochen schnell.

b) Die Dynamik eines Hauses und die Dynamik des in ihm stehenden Tierkreiszeichens sind beim Steinbock gleich.

Die Fähigkeit der Neugier im Haus des Handwerks: die Beweglichkeit des Verstandes wirkt in der Beweglichkeit der Materie.

c) In Erd-Häusern verhalten sich Steinböcke lufthaft.

Der Steinbock behält immer die Dynamik bei, aber verändert das Element: in den Feuerhäusern benutzt er die Erde und gibt den Taten so Beständigkeit; in den Erdhäusern benutzt er die Luft und gibt somit der Substanz Beweglichkeit; in den Lufthäusern benutzt er das Wasser und erfasst so die Gefühle hinter den Worten; und in den Wasserhäusern benutzt er das Feuer und lässt so jedes Gefühl zur Tat werden.

Es werden jeweils sehr unterschiedliche Elemente miteinander verbunden, was auch die Sperrigkeit dieses Tierkreiszeichens veranschaulicht.

d) Der zum Steinbock gehörende astrologische Aspekt ist das Quadrat, das eine Trennung darstellt.

Besagte Sperrigkeit findet sich am deutlichsten durch das Quadrat ausgedrückt, das hier zeigt, dass der Steinbock die Fähigkeit hat, seine Umgebung zu prägen. Das bedeutet in diesem Haus bedeutet, dass er am schnellsten in der Abwehr von Bedrohlichem, im Ergreifen von Günstigem und im Erkennen neuer Möglichkeiten ist (Zwillinge im 6. Haus).

e) Daraus ergibt sich folgendes Prinzip:

Schnelligkeit im Nutzen von Chancen gibt Entwicklungsvorsprung.


*7. Haus: Der Steinbock verhält sich in Beziehungen wie ein Krebs.*

a) Steinböcke verhalten sich im 7. Haus wie ein Krebs.

Wenn man aus die Errichtung eines äußeren Gebäudes aus ist, braucht man als „Du" den Gegenpol der Innerlichkeit, der das äußere Gebäude füllt und die feste Form durch Nähe und Wärme belebt. Zum einen ist man dies selber – man braucht die feste äußere Form, um in diesem geschützten Bereich sein Inneres zeigen und leben zu können. Und zum anderen ist dies auch der im Außen gesuchte Gegenpol zum eigenen Charakter – ein innerlicher, gemütvoller Mensch.

Da der Steinbock durch seine konsequent auf sein Ziel im Außen ausgerichteten Anstrengungen den äußeren Lebensbereich voll und ganz prägt, wäre hier im Außen auch nur wenig Platz für eine andere Qualität, für einen zweiten Menschen – nur in den Beziehungen wird der Gegenpol gelebt.

Jedes Tierkreiszeichen braucht alle zwölf Qualitäten, um rund und vollständig zu sein – und der Gegenpol zu der dominanten Qualität, also dem Tierkreiszeichen selber, das im 1. Haus, dem Bereich des Ichs, steht, bildet daher immer das 7. Haus, das der Bereich der Beziehungen ist, in dem man gewissermaßen einmal die eigene Einseitigkeit loslassen und durch den Gegenpol zu der eigenen Eigenschaft ergänzen kann.

b) Die Dynamik eines Hauses und die Dynamik des in ihm stehenden Tierkreiszeichens sind beim Steinbock gleich.

Der schöpferische Krebs steht im Haus, das der schöpferischen Waage entspricht (7. Haus), was auf die Geradlinigkeit des Steinbocks hinweist, der auch in Beziehungen genau weiß, was er haben will und wie er dies am besten erreichen kann.

c) In Luft-Häusern verhalten sich die Steinböcke wasserhaft.

Das schöpferische Wasser des Krebses gestaltet somit den Bereich der schöpferischen Luft der Waage, was auf die Gefühlsbetontheit des Steinbocks in Beziehungen hinweist, die er aber nicht wie die zur Waage gehörende Venus offen und frei zeigt, sondern mit denen er eher zurückhaltend wie der zu dem Krebs gehörende Mond umgeht.

d) Der zum Steinbock gehörende astrologische Aspekt ist das Quadrat, das eine Trennung darstellt.

Wenn man seine Umwelt gestalten, also ein Quadrat leben will, braucht man in Beziehungen besonders viel Feingefühl, da man sich hier ganz besonders eng mit einem anderen verbindet und dies daher einen besonders großen Einfluss auf den eignen Lebensweg hat.

Somit bietet der Krebs hier aufgrund seiner eigenen Eigenschaften die besten Chancen auf eine sichere Prüfung auf Unverträglichkeiten und Nebenwirkungen beim Eingehen einer dauerhaften Beziehung. Dieses Einfühlungsvermögen ist hier ganz besonders wichtig, da eine disharmonische und kräftezehrende Beziehung den Aufbau des eigenen Lebenswerkes des Steinbocks nachhaltig behindern kann.

e) Daraus ergibt sich folgendes Prinzip:

Drum prüfe, wer sich ewig bindet.

*8. Haus: Der Steinbock verhält sich im Kampf wie ein Löwe.*

a) Steinböcke verhalten sich im 8. Haus wie ein Löwe.

Wenn man wirklich etwas erreichen will, muss man seine Kraft bündeln und auf ein Ziel hin ausrichten, was bedeutet, dass man sich seines Zieles sehr sicher sein muss, um auch dorthin zu kommen, wo man hinwill. Es müssen also alle eigenen Motivationen bewusst und zu einem organischen Ganzen integriert worden sein, denn unterdrückte Motivationen würden das Gebäude, in dessen Errichtung man seine ganze Kraft steckt, sonst früher oder später sprengen.

Als Steinbock stellt man sich also zunächst einmal seinen innersten Regungen, um erkennen zu können, wohin der Weg gehen soll – dies ist der typische „verspätete Start" der Steinböcke.

Diese Fähigkeit, selbstbewusst und sicher mit Motivationen umzugehen, hat man als Steinbock dann auch im Umgang mit anderen Menschen und mit Situationen allgemein: ob dies nun Streitgespräche, Konkurrenzsituationen, Krisen, Kriege, Katastrophen, Fremdgehen, Betrügereien oder was auch immer sind.

Wenn die Zeiten heftiger werden, wächst man mit einem Löwen im 8. Haus über sich selbst hinaus und zeigt seine wahre Größe: Man erkennt auch noch in der größten Hitze des Gefechts und im größten Chaos, was nun am dringendsten getan werden muss.

Ein anschauliches Beispiel dafür sind die beiden Hobbits Bilbo und Frodo in den Romanen von Tolkien, der selber ein Steinbock gewesen ist und in seinen Geschichten u.a. diese Seite des Steinbocks geschildert hat.

b) Die Dynamik eines Hauses und die Dynamik des in ihm stehenden Tierkreiszeichens sind beim Steinbock gleich.

Der Löwe mit seiner konzentrischen, gestaltenden Dynamik sorgt für Selbständigkeit in dem Bereich der heftigen Gefühle.

c) In Wasser-Häusern verhalten sich Steinböcke feuerhaft.

Aus dem emotionalen Standpunkt des 8. Hauses wird beim Steinbock durch die Löwe-Kraft die selbständige und selbstbewusste Handlung zur Erhaltung des eigenen lebendigen, organischen Systems. Aus dem Löwen im 8. Haus schöpft der Steinbock einen großen Teil seiner Sicherheit darüber, daß der von ihm gründlich geprüfte und dann gewählte Weg auch der richtige ist. Daher stammt auch ein großer Teil des Beharrungsvermögens des Steinbocks bei der Verfolgung dieses Weges aus diesem Haus.

d) Der zum Steinbock gehörende astrologische Aspekt ist das Quadrat, das eine Trennung darstellt.

In Krisenzeiten einen klaren Kopf zu behalten und sich nicht durch die Ereignisse überrollen und einengen zu lassen, ist eine der besten Seiten eines Quadrates – es verleiht dem Steinbock Unabhängigkeit und Standfestigkeit.

e) Daraus ergibt sich folgendes Prinzip:

Selbstbejahung am Anfang des Weges lässt Krisenfestigkeit am Ende des Weges entstehen.


*9. Haus: Der Steinbock verhält sich in Hinblick auf seine Ideale wie eine Jungfrau.*

a) Steinböcke verhalten sich im 9. Haus wie eine Jungfrau.

Wenn man in seinem Leben ein großes Werk anstrebt, einen sehr langfristig angelegten Entwurf verfolgt, muss die Motivation klar sein, aber es muss auch eine Flexibilität im Vorgehen und in der Ausrichtung vorhanden sein, denn sonst würde der ursprüngliche Entwurf schon bald von den Ereignissen überholt und veraltet sein.

Daher überprüft die Jungfrau stets den Kurs im 9. Haus und schaut, welche Abkürzungen es gibt, welche Hindernisse umfahren werden müssen und bisweilen auch, wie die konkrete Gestalt des Zieles umformuliert werden muss, damit der angestrebte Wert nicht in einer antiquierten Form verfolgt (und deshalb wahrscheinlich auch gar nicht erreicht) wird, sondern dieser Wert stets aufs neue entsprechend den Gegebenheiten der Zeit konkret gefasst wird.

Dieser handwerklich-situative Umgang mit dem eigenen Ziel erhält den eigenen Kurs modern und funktionsfähig. Diese Einstellung ist durchaus mehr als nur Krisenmanagement, denn er verwandelt nur die äußere Form des Wertes, dem man im Inneren stets treu bleibt.

b) Die Dynamik eines Hauses und die Dynamik des in ihm stehenden Tierkreiszeichens sind beim Steinbock gleich.

Das Ziel, die Ausrichtung und die Orientierung, also die bewegliche Qualität des 9. Hauses, wird hier durch die bewegliche Qualität der Jungfrau ergriffen, wodurch der lange Bogen des 9. Hauses in viele kleine Schritte zerlegt wird und dadurch zu einem konkreten, praktikablen Entwurf wird.

c) In Feuer-Häusern verhalten sich Steinböcke erdhaft.

Aus dem Feuer der Begeisterung im 9. Haus erschafft der Steinbock ein technisch-sachliches Vorgehen auf das angestrebte Ziel hin. Die Energie wird genau dosiert und sparsam und möglichst effektiv angewendet.

d) Der zum Steinbock gehörende astrologische Aspekt ist das Quadrat, das eine Trennung darstellt.

Aus den heftig in die Weite drängenden Impulsen des 9. Hauses werden durch das Quadrat kleine, eher kühle, aber dafür nachdrückliche Aktionen, die den Status Quo auf das angestrebte Ziel hin verändern. Es zeigt sich auch hier wieder der in dem Quadrat-Aspekt liegende Wille, die Umgebung effektiv zu prägen

e) Daraus ergibt sich folgendes Prinzip:

Der Weg zum Ziel ist eine lange Folge kleiner, sachgerechter Schritte.


*10. Haus: Der Steinbock verhält sich in der Öffentlichkeit wie eine Waage.*

a) Steinböcke verhalten sich im 10. Haus wie eine Waage.

Wenn das Lebenswerk Bestand haben soll, darf man es nicht auf einer schiefen Ebene errichten oder der Flut des Meeres oder den Stürmen aussetzen oder einer anderen größeren Macht in den Weg stellen. Um dies zu vermeiden, ist es sinnvoll zu schauen, wer die größte Macht und Autorität hat und diese in seine Pläne miteinzubeziehen.

Dies gilt sowohl für die Naturgesetze als auch für das Bürgerliche Gesetzbuch und genauso für den Bürgermeister wie für die Schwiegermutter.

Durch die Qualität der Waage im Haus der Öffentlichkeit hat man die Fähigkeit, Kontakte zu all diesen Autoritäten und Mächten zu knüpfen und sich mit ihnen auf eine freundschaftliche Basis zu stellen, um so von ihnen die maximal mögliche Förderung der eigenen Ziele zu erhalten.

Es ist also eher ein Aufstieg im System als eine Revolution des Bestehenden, was der Steinbock anstrebt und wodurch er sein Lebenswerk erschafft. Dies bedeutet nicht, dass er sein Fähnlein immer nach dem Wind hängt, sondern dass er ein feines Gespür für alle möglichen Verbindungen, Allianzen, Kooperationen und gegenseitigen Unterstützungen hat und diese auch voll und ganz ausnutzt. Und die, mit denen er sich selber verbunden fühlt, unterstützt er seinerseits natürlich ebenfalls auf jede erdenkliche Art.

b) Die Dynamik eines Hauses und die Dynamik des in ihm stehenden Tierkreiszeichens sind beim Steinbock gleich.

Im Bereich der Öffentlichkeit wendet der Steinbock auch eine seiner vier schöpferischen Fähigkeiten an im Bereich der Öffentlichkeit die Waage-Fähigkeiten).

c) In Erd-Häusern verhalten sich Steinböcke lufthaft.

Die Substanz der Welt wird vom Verstand durchdrungen und dadurch erkannt und beweglich gemacht, sodass sie entsprechend den Zielen des Steinbockes umgeformt werden kann.

d) Der zum Steinbock gehörende astrologische Aspekt ist das Quadrat, das eine

Trennung darstellt.

Die Öffentlichkeit als das Feste in einer Gesellschaft ist ein wichtiger Bereich für den Steinbock mit seinen auf Beständigkeit ausgerichteten Lebensentwürfen. Hier zeigt sich das Quadrat, also die prägende Qualität auf eine diplomatische, aber dadurch keineswegs uneffektivere Weise in dem hier stehenden Sternzeichen Waage.

e) Daraus ergibt sich folgendes Prinzip:

Treue zum Ziel und mächtige Verbündete ergeben ein effektives und erfolgreiches Handeln.

*11. Haus: Der Steinbock verhält sich im Vereinslokal wie ein Skorpion.*

a) Steinböcke verhalten sich im 11. Haus wie ein Skorpion.

Wenn man für sein Lebenswerk nach der Unterstützung der Autoritäten und der Mächtigen sucht, sich um die Ausnutzung der herrschenden Gesetze und Regeln bemüht, dann sind die Orte von besonderer Bedeutung, wo zukünftige Entwicklungen entstehen, wo sich die Mächtigen treffen und wo Gesetze beschlossen werden: in Parteien, in der Lobby des Bundestages, im Stadtrat, in der Bürgervertretung, im kirchlichen Gemeinderat und auch in den informellen Zusammenkünften der Honoratioren im Kegelklub, im Heimatverein und in der Sauna, wo oft die entscheidenden Verbindungen geknüpft und die wichtigen Gespräche geführt werden.

In diesen „Vereinen" bedarf es eines großen Maßes an Engagement, an Argumentationsfähigkeit und an Durchsetzungskraft, um zu den Beschlüssen zu gelangen, die der eigenen Sache förderlich sind. Für eine solche Aufgabe mit taktischem Geschick und mit Biss eignet sich von allen Tierkreiszeichen der Skorpion am besten.

Daher findet man bei Steinböcken auch ausgesprochen klar konturierte Weltanschauungen und Ansichten, die sie auch durchaus bei veränderter Sach- und Erkenntnislage zu verwandeln in der Lage sind.

Dies ist aber weniger intellektuelles Engagement als vielmehr eine gefühlsmäßige Ausrichtung auf die eigenen Werte und ihre Durchsetzung in Gemeinschaften. Es ist bei dieser Sachlage einleuchtend, dass sich in solchen Gemeinschaften des öfteren Steinböcke in den oberen Positionen finden.

b) Die Dynamik eines Hauses und die Dynamik des in ihm stehenden Tierkreiszeichens sind beim Steinbock gleich.

Im 11. Haus, das den eigenen philosophischen Standpunkt in der Welt darstellt, findet sich beim Steinbock der strategische Standpunkt des Skorpions.

c) In Luft-Häusern verhalten sich Steinböcke wasserhaft.

Auch dieses Luftthema verliert beim Steinbock durch die Verwendung des skorpionischen Wassers sein theoretisches Flair und wird zu einem emotionalen und somit privaten Thema – was jedoch in aller Regel aber nicht weiter auffällt, da sich die Gefühle des Skorpions gerne in klaren Strukturen, Argumenten und zwingend erscheinenden Handlungsanweisungen zeigen, die man leicht für verstandesmäßige Argumente halten kann (und ja auch dafür halten soll).

Lediglich das heftige Engagement bei diesen weltanschaulichen Themen weist auf den emotionalen Ursprung der Steinbock-Thesen zu Gott und der Welt hin.

d) Der zum Steinbock gehörende astrologische Aspekt ist das Quadrat, das eine Trennung darstellt.

In dem Argumentieren, Prägen und Nutzen in Weltanschauungsgemeinschaften ist das astrologische Quadrat deutlich zu erkennen.

e) Daraus ergibt sich folgendes Prinzip:

An Gemeinschaften teilnehmen, Gemeinschaften prägen, Gemeinschaften nutzen.


*12. Haus: Der Steinbock verhält sich im Fluss des Alltags wie ein Schütze.*

a) Steinböcke verhalten sich im 12. Haus wie ein Schütze.

Man findet unter Steinböcken des öfteren auch Mäzene, Förderer und ehrenamtliche Mitarbeiter, denn sie sehen durchaus das Leid ihres Nachbarn und sind meist schnell zur Hilfe bereit.

Sie bauen ihr eigenen Lebenswerk zielstrebig auf, aber ihr Gespür für Entwicklungen, Mächte und Dynamiken ist so kultiviert, dass sie sich bewusst sind, dass sie nur in einer allgemein fruchtbaren Umgebung gedeihen und Erfolg haben können.

Da sie sich zudem sehr ausgiebig mit Motivationen und Lebensentwürfen befasst haben, sind sie sowohl in der Lage als auch willens, in allen Situationen, wo es gebraucht wird, anderen mit Rat und Unterstützung zur Seite zu stehen. Sie sehen in den Menschen und den Situationen, die ihnen begegnen, vor allem deren Entwicklungspotential, was den Steinböcken auch eine gewisse Qualifikation als Berater gibt.

b) Die Dynamik eines Hauses und die Dynamik des in ihm stehenden Tierkreiszeichens sind beim Steinbock gleich.

Dies Fördern hat beim Steinbock meist keinen statischen und festgelegten Charakter, sondern entsteht ganz nach Bedarf aus der jeweiligen Situation heraus sowohl das 12. Haus als auch der Schütze sind durch die Qualität der Bewegung und Veränderung geprägt.

c) In Wasser-Häusern verhalten sich Steinböcke feuerhaft.

Auf Gefühle antwortet der Steinbock mit Taten. Daher bleibt bei ihm Mitgefühl nie theoretisch oder emotional, sondern er fragt danach, in welcher Richtung die beste Lösung liegt und hilft bei den ersten Schritten in diese Richtung.

d) Der zum Steinbock gehörende astrologische Aspekt ist das Quadrat, das eine Trennung darstellt.

Als „Nicht nur mitfühlen, sondern etwas tun!" könnte man das Vorgehen des Steinbocks bezeichnen, worin sich auch wieder die tätige, gestaltende Dynamik des Quadrates zeigt.

e) Daraus ergibt sich folgendes Prinzip:

Eine glückliche Welt ist das beste Fundament für das eigene Glück.

# 11. Theoretiker

*1. Haus: Der Wassermann verhält sich im „Hier und Jetzt" wie ein Wassermann.*

Sehr geehrte Damen und Herren! Ich habe die Ehre, auf diesem Astrologie-Kongress den Vortrag über Aquarius halten zu dürfen. Ich möchte dabei auf dem schon von meinen Vorrednern Gesagten aufbauen und ebenfalls die bewährte Zwölferteilung beibehalten und ein paar neue Aspekte zum Bild des Aquarius hinzufügen.

Wie ja allgemein bekannt ist, leitet sich das Bild des Aquarius, der bisweilen ja auch als Wassermann bezeichnet wird, von dem sumerischen Meeresgott Ea ab, eine mythologische Gestalt, die am ehesten Ähnlichkeit mit dem griechischen Prometheus, dem germanischen Heimdall und ein wenig auch mit dem biblischen Noah hat – der also ein Kulturbringer ist.

Dies Bild hat allerdings zu dem häufig anzutreffenden Irrtum geführt, dass Aquarius ein Wasserzeichen ist, was natürlich völlig unzutreffend ist. Aquarius ist ein Luftzeichen. Seine Schöpferkraft, die sich schon durch die ihm mythologisch verwandten Gottheiten zeigt, findet sich am deutlichsten am Anfang des Johannesevangeliums ausgedrückt: „Am Anfang war das Wort." – also das Luftelement.

Dieses Bild findet sich auch schon sehr viel früher im Alten Ägypten, wo die Schöpfung im Herzen als Idee – von den alten Ägyptern „Sia" genannt – begann und dann durch die Zunge als Wort – von den alten Ägyptern „Hu" genannt – Gestalt annahm und Wirklichkeit wurde.

Wie deutlich zu erkennen ist, stellt Aquarius den Übergang zu etwas Neuem dar. Diese Qualität wird durch den Planeten Uranus ausgedrückt, den ersten der Transsaturnier, also der Planeten, die mit bloßem Auge nicht mehr erkennbar sind und daher erst in der Neuzeit entdeckt wurden.

Uranus ist also das, was hinter der Schwelle zur Zukunft auf uns wartet und danach ruft, dass wir es ergreifen und dass wir es in das Jetzt und Hier holen, also in den Bereich des zweiten zu Aquarius gehörenden Planeten, des Saturn, der das Feste und Beständige, die derzeitige Realität darstellt.

Aquarius lebt also in der Erwartung des Übergangs zu etwas Neuem. Uranus ist die Kraft, die den Saturn verwandelt, und Saturn ist das Gefäß, das die neue Kraft des

Uranus aufnimmt und sich dadurch weiterentwickelt. Schon diese Beweglichkeit weist deutlich auf das Luftelement hin.

Die Dynamik des Sextiles, das zu Aquarius gehört und das alles zu einer Gemeinschaft zusammenfügt, ist also die Fähigkeit des Saturn, das vom Uranus kommende Neue aufzunehmen und in das bereits Bestehende sinnvoll einzugliedern. Die gestaltende Dynamik des Aquarius zeigt sich ebenfalls in dieser Selbstorganisationsfähigkeit, die das Alte durch die Aufnahme des Neuen transzendiert.

Es ergibt sich also aus dem Zusammenspiel von Uranus und Saturn die Tendenz zur Weite und zur Festigkeit, was sich sehr anschaulich in der Tendenz des Aquarius zur Bildung von weltanschaulichen Gemeinschaften, zum Weltbürgertum und zum Globetrotter zeigt. Die anschaulichste Materialisation des Aquarius-Prinzipes ist aber sicherlich das Internet: eine feste Form, die alles miteinander verbindet.

Schauen wir uns doch die Funktionsweise des Uranus einmal näher an. Die neue Idee entsteht immer aus einem Widerspruch, aus divergenten Tendenzen, aus Begegnungen mit Fremden, wodurch eine Spannung entsteht, die nach dem gemeinsamen Dritten drängt, in dem sich das Verschiedene wieder als Sonderfall des Allgemeinen zeigt – oder anders gesagt: Wenn man bereits gut Bekanntes kombiniert, wird meistens nichts allzu Neues dabei entstehen; wenn man jedoch weit voneinander Entferntes oder Unbekanntes kombiniert, entsteht oft etwas ganz Neues.

Uranus ist also ein Planet der Formen: Durch Überlagerung bereits bekannter Formen entsteht die neue Form – es ist stets die ungewohnte Kombination, die Uranus ausmacht. Das anschaulichste Beispiel ist vielleicht Einsteins geniale Idee, Raum und Zeit als zwei Aspekte einundderselben Sache, also als ein Kontinuum anzusehen, woraus sich dann die bekannte Formel „$E = mc^2$" abgeleitet hat – was bekanntermaßen die Atombombe ermöglichte und uns vor wiederum neue Aufgaben stellte.

Auch konkret astrologisch war Uranus an dieser Entdeckung beteiligt, denn er stand in Einsteins Horoskop als einzelner Planet einer Gruppe von anderen Planeten in Spannungsaspekten gegenüber. Wie man an diesem Beispiel sieht, ist Uranus also nicht nur in seiner Funktionsweise, sondern auch von seinen Ergebnissen her sehr plötzlich und unerwartet.

Entsprechend dieser uranischen Tendenz zeigt Aquarius eine große Affinität zu allem Uralten, Ultraneuen, zu dem, was ganz weit fort ist – je exotischer und exorbitanter, desto faszinierender.

Der Saturn hingegen steht für den Aquarius-Aspekt der Allgemeingültigkeit. Alles wird auf seine Grundprinzipien hin überprüft und die konkrete einzelne Erscheinung aus den allgemeinen Gesetzmäßigkeiten her abgeleitet.

Wir haben also das Streben nach Allgemeingültigkeit des Saturns, die intellektuelle Ebene des Luftelementes, die Gruppenbildung des Sextils, den zentrierenden Impuls der gestaltenden Dynamik und den horizonterweiternden Uranus – was alles zusammengenommen das Streben nach der Weltformel ergibt. Der Weg dorthin ist durch die aufeinanderfolgenden Utopien gekennzeichnet, also die Entwürfe für den nächstgrößeren Integrationszustand der Welt.

Es mag mir erlaubt sein, hier eine kleine Gegenüberstellung von den Zielen des Saggitarius – der bisweilen in der Alltagssprache auch „Schütze" genannt wird – und den Utopien des Aquarius einzufügen.

Saggitarius sieht eine Situation und erkennt das in ihr liegende Optimum und richtet seine Kraft auf die Realisierung dieses Optimums aus. Es ist dies also ein Vorgang, der eine systemimmanente Entwicklung anregt, also eigentlich Mißstände aus dem Weg räumt und dadurch das bereits Vorhandene in seiner bestmöglichen Gestalt zeigt.

Aquarius hingegen zielt auf das Neue, das noch nicht Dagewesene ab, er verbindet vorher nicht Verbundenes, er integriert vorher Getrenntes und das Ergebnis ist stets etwas, was es vorher noch nicht gab.

Saggitarius geht auf einem bekannten Weg zu dem ihm sichtbaren Ziel, während Aquarius ein zukünftiges Ziel formuliert, zu dem der Weg noch nicht bekannt ist.

Auch der Gültigkeitsbereich dieser Ziele ist sehr verschieden: Bei Saggitarius ist es die Person, Sache oder Organisation, auf die er seine Kompetenz der Weiterentwicklung anwendet, während es bei Aquarius von der Tendenz her stets eine sehr große Gruppe von Personen, Dingen oder Organisationen ist und immer den Anspruch der Auswirkung auf die Welt als Ganzes in sich trägt. Saggitarius verbessert etwas Einzelnes – Aquarius hebt die Welt auf ein neues Niveau.

Das Weltbild des Aquarius organisiert sich entlang der Zeitachse: zum einen – sozusagen „vorwärts" gesehen – auf die zu realisierende Utopie in der Zukunft hin, und zum anderen – sozusagen „rückwärts" gesehen – die Beurteilung eines jeden Ereignisses nach seiner Bedeutung im übergeordneten Ganzen.

Es mag mir gestattet sein, diesen zweiten Punkt anhand eines Beispieles aus dem Privatbereich des Aquarius zu erläutern.

Aquarius lebt aus der Wahrheit heraus, also aus dem von ihm für richtig und für real Erkannten. Daraus ergibt sich, dass er in sich Verhaltensweisen und Qualitäten trägt bzw. diese Qualitäten anstrebt Diese Verhaltensweisen und Qualitäten leitet er von dieser Grundwahrheit ab und hält sie für ebenso richtig, real und wahr wie diese Grundwahrheit. Daher sind sie sein Handlungsmaßstab sind.

Daraus ergibt sich, dass für Aquarius eigentlich nicht die Verbindung zu einem konkreten Menschen das Beständige ist, sondern seine Verbindung zu der Qualität, die dieser Mensch verkörpert – Aquarius ist also einem Prinzip treu und fühlt sich allen verbunden, die eben dieses Prinzip verkörpern, woraus sich dann sekundär das bekannte Aquarius-Phänomen der Gemeinschaft von Gleichgesinnten ergibt.

Beziehung ist für Aquarius daher zwar etwas durchaus konkret Erlebtes, aber im Grunde etwas in seiner Weltanschauung Fundiertes, worin er sich z.B. von dem emotional-individuellen Ansatz, wie ihn Cancer – in Zeitschriften oft „Krebs" genannt – vertritt, sehr stark unterscheidet. Beziehung ist für Aquarius die Erdung und Konkretisierung eines abstrakten Wertes, einer Utopie – und er bleibt stets in diesem Wert, in dieser Utopie verankert und bleibt dieser Utopie treu … und nicht etwa der Konkretisierung dieser Utopie durch eine bestimmte Person.

Eine der Fragen, die Aquarius am meisten beschäftigen, ist die des Verhältnisses zwischen Materie und Bewusstsein. Die Essenz der Materie lässt sich als Weltformel beschreiben und die Essenz des Bewusstseins als Wahrheit – oder alternativ als Weltbewusstsein. Da es der Dynamik des Uranus nun sehr zuwiderlaufen würden, zwei unabhängige Grundwahrheiten einfach nebeneinander stehen zu lassen, ergibt sich hier eine große Entwicklungsspannung, deren bisher beste Lösung die Auffassung, dass die Materie die Außenseite und das Bewusstsein die Innenseite derselben Sache sei und somit die Wahrheit die von innen her, also vom Bewusstsein aus erlebte Weltformel ist.

Aus dieser Verbindung von Bewusstsein und Materie ergeben sich dann auch anschauliche Modelle für esoterische, spirituelle, magische und ähnliche Phänomene wie z.B. – um den einfachsten Fall zu nennen – für die Telepathie.

Dass eine Uranus-Lösung für die Verbindung von etwas bisher getrenntem auch Modelle für ganz unerwartete Bereiche liefert, ist durchaus typisch für diesen den Aquarius prägenden Planeten. Darauf werden wir in den folgenden Ausführungen noch häufiger zu sprechen kommen.

Ich möchte mich meinen verehrten Vorrednern auch darin anschließen, dass sie am Ende des ersten Abschnitts kurz die Gestalt ihres Zodiak-Zeichens geschildert haben:

Das Gesicht des Wassermanns ist bisweilen breit und groß und wirkt manchmal quadratischer als es ist, und drückt dabei etwas Gesetztes und Distanziertes aus; seine Gestalt ist meist hager, oft groß, aber nimmt mit den Jahren an Fülle zu, ohne jedoch je den Eindruck großer Wendigkeit zu verlieren.

### 2. Haus: Der Wassermann geht mit Besitz wie ein Fisch um.

Das zweite Charakteristikum in der Phänomenologie von Aquarius ergibt sich aus der Kombination der Formeln „Haus = Aszendent + Aspekt" sowie „Stil = Aszendentenzeichen + Aspekt" – das zweite Haus des Aquarius ergibt sich also als das Halbsextil des ersten Hauses, also als der Versuch, das Vorhandene harmonisch zu arrangieren; der Stil ergibt sich aus der Weiterentwicklung von Aquarius durch das nach innen gerichtete Sextil, also die Verwandlung des klaren intellektuellen Begreifens in das emotionale Anteilnehmen – also Pisces, bisweilen umgangssprachlich auch Fische genannt.

Sie haben das nicht verstanden? Das macht nichts – das war nur ein Hinweis für die geübteren Astrologen unter Ihnen.

Das Thema des zweiten Charakteristikums eines Zeichens des Zodiaks ist die Substanz, ihr Zustand, ihre Anordnung und ihre Verwendung: der Körper, die Ernährung, die Kleidung, die Wohnungseinrichtung, die Wohnung, Immobilien, Besitz, Wertpapiere und Kontoguthaben. Entsprechend den Pisces ist hier alles im Fluß und entsprechend weltläufig.

Man ist in der Lage, in den verschiedensten Klimazonen und unter den verschiedensten Umweltbedingungen gut zurechtzukommen; man liebt die internationale Küche und exotische Gewürze; die Kleidung ist eher leger und man besitzt die Gabe, mühelos in der Kleidung jeder Tradition, jeder sozialen Schicht und jedes Landes überzeugend auszusehen; man schätzt stilvolle Einrichtung, aber durchaus auch von Zeit zu Zeit einen Stilwechsel, bisweilen auch den stilistischen Synkretismus; Wohnungen sollten generell für das gut sein, was man gerade lebt, und wenn sich das ändert, wechselt man eben auch die Wohnung oder den Wohnort oder das Heimatland; Immobilien sind weniger stabil als es ihr Name vermuten lassen sollte, denn Kaufen und Verkaufen, Erhalten und Verschenken ist das Grundprinzip des Aquarius für jede Art von Substanz, da ihr zweites Charakteristikum von Pisces geprägt ist; Besitz ist Bewegung, ist immer etwas, was man gerade für etwas braucht, und im Allgemeinen sorgt der Zufall – also Uranus – dafür, dass das Benötigte auch wie von Zauberhand zur Stelle ist; bei Wertpapieren hat man eher die Neigung zu den labileren Exemplaren mit hohen Gewinn- und Verlustchancen und weniger zu den festverzinslichen Wertpapieren mit kurzer Restlaufzeit; und schließlich findet sich auf dem Konto ein eher großer Tidenhub – Ebbe und Flut wechseln oft miteinander ab und können beide recht ausgeprägt sein.

Entsprechend den Pisces ist Besitz für Aquarius immer ganz deutlich Besitz und nicht Eigentum: Alles gehört der Welt als Ganzes und es kommt nur darauf an, dass man gerade das besitzt, was man gerade braucht: Man leiht und verleiht, erhält und verschenkt, besitzt gemeinsam, oder versucht Besitzverhältnisse ganz aufzulösen – Karl Marx hatte übrigens einen Aquarius-Aszendenten, weshalb er sein „Sonne im Taurus"-Thema, das ja dem 2. Haus entspricht, eben durch die Einführung des Gemeinschaftseigentums zu einem Optimum zu bringen versuchte.

Die Suche nach der Weltformel wird im zweiten Charakteristikum des Aquarius zur Substanz-Einheit der Welt: zu dem einen Etwas, dass als Materie, als Energie, als Zeit oder Raum erscheinen kann und sich ständig von einem ins andere verwandelt – die „Substanz" der Welt bleibt immer dieselbe, sie ändert nur ständig ihre Erscheinungsform.

Daher besteht bei Aquarius ein ausgeprägtes Interesse für die neueren Entwicklungen in der kernphysikalischen und der astronomischen Forschung, die diese „Substanz" untersuchen. Aus dieser Betrachtung der Welt als einer Vielzahl von Prozessen in der einen „Substanz" lässt sich dann gut die Philosophie des Gemeinschaftseigentums, das stets zu dem fließt, der es gerade benötigt, ableiten.

Uranus zeigt sich aber nicht nur in solchen weitgespannten Argumentationen und Gedankenfolgen, sondern durchaus auch in kleineren Erfindungen oder in dem ja nicht ganz weltfremden Klischee vom zerstreuten Professor, der versehentlich zwei verschiedenen Socken trägt – und nicht zuletzt in einem Hang von Aquarius zu Flohmärkten.

### 3. Haus: Der Wassermann ist in Bezug auf die Neugier wie ein Widder.

Im dritten Aquarius-Charakteristikum wandelt sich die Einstellung zur Welt des ersten Charakteristikums durch das Sextil zur Informations-Aquise und Aquarius wandelt sich selber durch das Sextil zu Aries, dem Prinzip der Spontanität. Darin zeigt sich, wie schnell die Auffassungsgabe der Aquarius-Nativen ist, wie rasch sie sich in neue Wissensbereiche einarbeiten können und wie leicht sie ein Thema kurz und prägnant auf den Punkt bringen können. Auch die schöpferische Seite von Aries – unter Amateuren auch „Widder" genannt – zeigt sich hier im Bereich der Informationen ganz deutlich: Niemand erschafft mehr neue Begriffe als Aquarius – in jedem neu erfassten Bereich entsteht sofort eine umfassende Fachterminologie.

Aquarius spricht eher schnell und betont und überzeugt – Aries ist schließlich das Prinzip, das aus dem Augenblick heraus lebt und erschafft. Somit ist für Aquarius der Gedanke, der gerade in ihm erscheint, das Wesentliche dieses Augenblicks – Relativierungen, Kompromisse und feine Abwägungen können ja dann später kommen … das können dann andere übernehmen.

Entsprechend dem Entdecker-Stil des Aries fühlt sich Aquarius im Informations-bereich zu allem Neuen, Unbekannten, besonders Großen oder Abweichenden hingezogen: neue physikalische Entdeckungen, ein neuer Musikstil, eine extravagante Kunstrichtung, ein noch schnellerer Browser fürs Internet, eine Begegnung mit einem Exzentriker oder einer Berühmtheit …

Das Aquarius prägende Sextil erschafft in Bezug auf Informationen eine maximale Datenvernetzung, wodurch Aquarius in der Lage ist, sich verblüffend schnell einen Überblick zu verschaffen, dank Saturn die wesentlichen Strukturen zu erkennen und mithilfe von Uranus dann noch eine interessante Idee zu dem betreffenden Thema mit ins Spiel zu bringen.

*4. Haus: Der Wassermann verhält sich in der Familie wie ein Stier.*

Wir sind nun zu dem lunaren Thema des vierten Charakteristikums gelangt, zu der Einstellung des Aquarius zu Heimat, Verbundenheit mit Menschen und seiner Einstellung zur Psyche. Wie das Zeichen Taurus zeigt, benötigt auch Aquarius bei aller Weltoffenheit und aller Begeisterung für Neues doch auch gewisse Grenzen in seinem System, um sich funktionsfähig zu erhalten.

Entsprechend dem ersten Charakteristikum wendet er sich interessiert allem Neuem zu; entsprechend dem zweiten Charakteristikum kann er jeden beliebigen Ort und jede beliebige Substanz mühelos für seine Zwecke nutzen; entsprechend dem dritten Charakteristikum kann er sehr schnell jede neue Information erfassen und nutzen; und entsprechend dem vierten Charakteristikum, das durch Taurus geprägt ist, prüft er nun, was er in sein System integriert und was er draußen lässt: Eine bekannte Qualität von Aquarius ist ja sein kühler Glanz, seine Fähigkeit, Dinge wahrzunehmen und zu erfassen, ohne von ihnen berührt zu werden.

Diese Qualität verleiht Aquarius einen gewissen Touch von Unpersönlichkeit. Dies ist nicht die Sachlichkeit von Capricornus oder die provokative Distanzierung von Scorpio, sondern sie ist gewissermaßen ein theoretisches, wissenschaftliches Interesse, das sich aber ganz außerhalb der persönlichen Sphäre abspielt. – Vielleicht erinnern Sie sich ja an den bekannten Ausspruch von Mr. Spock aus der Fernsehserie „Enterprise", der diese Haltung so anschaulich illustriert?: „Faszinierend!"

Das Prinzip von Taurus ist es, das Förderliche vom Schädlichen zu trennen – auf den Körper übertragen also der Hals, der prüft, was er schlucken will und genießen kann und was nicht. Aquarius spricht daher eigentlich mit jedem und erzählt auch fast jedem fast alles, aber er wird nur gegenüber einem ausgewählten, kleinen Kreis wirklich persönlich – im allgemeinen zieht Aquarius die sichere, theoretische, objektive Haltung gegenüber den konkreten Dingen und Ereignissen und Menschen vor. Erst wenn Aquarius erkannt hat, dass eine Person eine Bereicherung für ihn ist und der eigene Klang und der des anderen zusammen einen angenehmen Akkord ergeben, wird er nach Nähe suchen und es wird eine verbindliche Gemeinsamkeit entstehen.

Im Gegensatz zum Wohnort, der entsprechend den Pisces sehr variabel ist, ist das Verhältnis von Aquarius zur Heimat deutlich beständiger und wählerischer: Den Orten und den Menschen, denen er sich verwandt fühlt, ist er solange verbunden, wie der angenehme Akkord bestehen bleibt – er findet in ihnen den Nährboden für sein Wachstum und vor allem den Halt für sein Vertrauen zur Welt.

Ganz generell ist das 4. Charakteristikum ein Bereich, der bei einem Menschen nicht gleich auffällt, da es seine verborgene Seite, seine emotionalen Wurzeln darstellt, und bei Aquarius ist es durch die „Schatztruhen-" und „Stadtmauern-Qualität" von Taurus besonders gut verborgen und geschützt.

Die Auffassung des Aquarius von der Psyche ist dementsprechend von den Themen des Genießens und Schützens geprägt: Die Bedürfnisse des Es wollen erfüllt werden, das Über-Ich sorgt für den Schutz von Verletzungen und das Ich sucht nach dem mühelosesten Weg zur umfassendsten Wunscherfüllung.

### 5. Haus: Der Wassermann verhält sich in Bezug auf sich selber wie ein Zwilling.

Der fünfte Abschnitt dieses astrologischen Exkurses steht unter der Frage, wie sich Aquarius selber darstellt. Wie immer im 5. Charakteristikum findet sich hier dasselbe Element wie im Aszendentenzeichen – in diesem Fall also Luft – wobei dieses Luft-Element in seiner Dynamik einen Schritt weiter entwickelt ist als das Aszendenten-zeichen – in diesem Fall also von der kardinalen, gestaltenden, mandalaförmig organisierten Luft des Aquarius zu der beweglichen, vereinzelten, springenden Luft von Gemini.

Aufgrund der Weltoffenheit von Aquarius gibt es sehr viele Bereiche, in der Aquarius sein eigenes Wesen spiegeln kann, was zu einer Vielfalt an Ausdrucksmöglichkeiten führt, was ja auch ganz dem Temperament von Gemini entspricht. Es findet sich bei Aquarius nur im Ansatz das eine, durchgängige Thema, denn er erlebt sich in allem, was ihm begegnet, d.h. genauer gesagt, in seinem verstandesmäßigen Erfassen und Durchdringen der vielfältigen Erscheinungen der Welt.

Der Selbstentfaltung von Aquarius liegt also weniger ein inneres Bild als die Kontakt-möglichkeit mit dem Außen zugrunde – was sich ja auch deutlich in seinem Uranus-geprägten Weltbürgertum zeigt.

So wie Aquarius generell vom Ganzen auf das Einzelne hin, von der Weltformel auf das Konkrete, vom Prinzip auf seine Ausgestaltung blickt, also nicht im Besonderen, sondern im Allgemeingültigen verankert ist, so geht auch seine Auffassung von Subjektivität vom „Allgemein-Menschlichen" aus und sieht dessen konkrete Ausformung gewissermaßen als sekundär an.

Ganz weit gefasst ist die eigene Subjektivität eine Spätwirkung des Urknalls bzw. der Schöpfungsgeschichte. Daher ist seine eigene Subjektivität als solche zwar noch von Bedeutung, aber doch keine primäre Erscheinung. Daher liegt in der Aquarius-Auffassung von Subjektivität und von Selbstverwirklichung eine große Vielfalt – zum einen durch die Vielfalt der Möglichkeiten, die sich aus den vielen verschiedenen Begegnungen mit der Welt ergeben, die alle Möglichkeiten, sich selber auszudrücken, darstellen, und zum anderen, weil es Aquarius im Grunde genommen viel mehr ent-spricht, die gesamte Welt als den Selbstausdruck Gottes oder des Urknalles aufzufas-sen, was bedeutet, daß Aquarius seine Identität gar nicht so sehr in sich selber, als vielmehr in größeren Zusammenhängen sieht: in der Gemeinschaft Gleichgesinnter, in der Menschheit, in der Gemeinschaft aller Lebewesen, in der Welt als Ganzes. Dadurch wird der gesamte Tanz der Ereignisse zu seinem Selbstausdruck, in dem er mitgestaltend mit den anderen tanzt.

Dadurch liegt der Selbstausdruck des Aquarius in der Begegnung mit den anderen Tänzern – also im Prinzip des Zeichens Gemini.


### 6. Haus: Der Wassermann arbeitet als Handwerker wie ein Krebs.

In diesem Abschnitt stellt sich nun die Frage, warum Aquarius gerade in Bezug auf die Feinstruktur der Dinge, auf die „Mechanik" der Ereignisse, auf den Aufbau der Welt und auf die Reparatur bzw. Heilung von entstandenen Schäden die Qualität von Cancer, also Anteilnahme und Einfühlungsvermögen benötigt.

In Bezug auf das 1. Charakteristikum ist Cancer hier im Bereich des Handwerks und der Heilung notwendig, damit Aquarius die Qualität dessen, was ihm begegnet, wirklich erfassen, berühren und verinnerlichen kann, denn sonst wäre es ihm nicht möglich, sein Erleben und seine Erfahrungen auf die ganze Welt auszudehnen und das Verwandtschaftsgefühl mit allem zu entwickeln und auf diese Weise von seinem begrenzten, subjektiven Besonderen zum weiteren, objektiveren Allgemeingültigen vorzudringen. Im Verstehen der Funktionsweise der Welt und von allem, was in ihr ist, liegt die Möglichkeit des Aquarius, sein Weltbild immer weiter auszudehnen.

In Bezug auf das 2. Charakteristikum ist Cancer hier notwendig, damit Aquarius die Qualität der Orte, an die er gelangt und der Substanzen, mit denen er in Berührung tritt, klar erkennen kann, denn sonst könnte es ihm bei seiner Weltoffenheit leicht geschehen, dass er sich an einem Ort niederlässt, der ihm nicht bekommt, oder dass er etwas zu sich nimmt, woran er sich den Magen verdirbt. Cancer als prägendes Zeichen im 6. Charakteristikum gibt also eine feine, empfindsame Sinneswahrnehmung – man entwickelt ein feines Gespür dafür, was von den konkreten einzelnen Dingen, die man gerade hier vor sich hat, einem zuträglich ist und was man besser meiden sollte. Cancer hilft im 2. Charakteristikum, die Qualität der vor ihm auf dem Teller liegenden exotischen Speisen zu erkennen und somit zu wissen, ob sie ihm bekömmlich sein werden oder nicht. Cancer im Haus des Handwerks und der Heilung ist hier sozusagen die Zungenspitze, die den Geschmack dessen erkennen kann, was Aquarius begegnet und die dann weiß, ob es bekömmlich ist oder nicht.

In Bezug auf das 3. Charakteristikum ist Cancer hier notwendig, damit Aquarius in der Vielfalt seiner Begegnungen erkennt, wo Grenzen liegen, deren Überschreiten gefährlich werden könnte bzw. wo Möglichkeiten liegen, die man nicht versäumen sollte. Cancer im Haus des Handwerks und der Heilung bedeutet die Fähigkeit, die Details der Ereignisse und Dinge sozusagen durch die Ausdehnung der eigenen Psyche auf sie von innen her zu erfassen – was nur eine andere Beschreibung für die

Intuition des Uranus ist. Dieses Feingefühl des Aquarius ist etwas, was zunächst gar nicht so sehr auffällt – es zeigt sich allerdings bei näherem Hinsehen als eine fast schlafwandlerische Sicherheit, sich unter widrigen Umständen zu bewegen oder ein bestimmtes, manchmal fast unmöglich scheinendes Ziel zu erreichen.

In Bezug auf das 4. Charakteristikum ist Cancer hier notwendig, damit Aquarius schon im Vorfeld an kleinsten Gesten, an der Mimik und am Tonfall erkennen kann, ob er Freund oder Feind vor sich hat. Die Qualität „Cancer im Haus des Handwerks und der Heilung" wird also im 4. Charakteristikum von Taurus gewissermaßen als Wächter am Stadttor benutzt, der prüft, wer in den inneren, persönlichen Bereich eintreten darf und wer nicht. Und es liegt auf der Hand, dass ein solcher Wächter die Fähigkeit und die Möglichkeit haben muss, die Personen, die das Stadttor passieren wollen, genau zu erkennen, ihre Absichten zu durchschauen und sie dann gegebenenfalls auch zurückweisen zu können.

In Bezug auf das 5. Charakteristikum ist Cancer hier notwendig, damit Aquarius aus der großen Vielfalt der Möglichkeiten, an denen er ja durchaus ein gesteigertes Vergnügen hat, diejenigen Möglichkeiten auszuwählen in der Lage ist, die zu seiner eigenen Utopie passen. Von der Herkunft her ist jede Möglichkeit ein Bestandteil dieser Welt und da sich Aquarius als eine von vielen Konkretisierungen des ursprünglichen Schöpfungsimpulses begreift, sind auch alle Möglichkeiten gleichberechtigt. Da aber neben dieser saturnischen Perspektive, die eher vergangenheits-bezogen und deterministisch ist, auch noch der Ausblick auf die Zukunft, also die Utopie des Uranus steht, ergeben sich für Aquarius dann doch subjektive Präferenzen bei der Auswahl seiner Handlungsweisen. Um nun zu erkennen, welche Entscheidungen ihn auf dem Weg zu seiner Utopie halten und welche Entscheidungen ihn sich von diesem Weg entfernen lassen würden, braucht er neben der Kenntnis seiner Utopie auch ein sehr gutes Gespür der Dinge und Menschen, die ihm begegnen.

Warum muss es denn nun gerade das Prinzip Cancer sein und nicht z.B. das Prinzip Virgo, mit dem Aquarius die detaillierte Beschaffenheit der Welt untersucht? Dies liegt daran, dass Aquarius die Welt nicht als ein großes technisches Gebilde, sondern als ein großes Wesen, das vom „Weltgeist" beseelt ist, auffasst. Dies ist nicht so sehr eine organische Auffassung, was ja dem Standpunkt von Leo entsprechen würde, sondern eher die Ansicht, dass, wenn alles Konkrete aus dem einen allgemeinen Prinzip heraus entstanden ist, alles Konkrete, das entstanden ist, miteinander verwandt sein muss. Daraus ergibt sich dann auch wieder die Neigung von Aquarius zum Weltbürgertum und zu dem Ideal der Gleichberechtigung aller Wesen. Und für die Betrachtung von Verwandtschaftsverhältnissen ist bekanntlich Cancer zuständig.

Nebenher ergibt sich daraus auch eine gewisse wissenschaftliche Sympathie für Quantenfelder, Prozesse, Unschärferelationen, Energie-Materie-Verwandlungen, Quarks, Gluonen und ähnliches, da die Physik in diesen Bereichen sozusagen die detaillierte Beschreibung – also ein Vorgang des sechsten Charakteristikums – von Cancer-geprägten Zuständen ist: mathematisch genau beschreibbare Verwandlungs-, Zusammengehörigkeits-, Unschärfe- und Verwandtschafts-Phänomene in einem Kontinuum.

### 7. Haus: Der Wassermann verhält sich in Beziehungen wie ein Löwe.

Wie jedes andere Tierkreiszeichen auch sucht Aquarius im „Du" den Ergänzungs-Gegensatz zu sich selber – das 7. Charakteristikum des Aquarius steht folglich im Zeichen des Leo. Dies bedeutet zum einen, dass Aquarius in Beziehungen und Freundschaften eine ausgeprägte Individualität durchaus zu schätzen weiß, und dass er in Beziehungen seinerseits großen Wert auf Eigenständigkeit legt. Aquarius will in seinen Begegnungen mit anderen Menschen seinen eigenen Gesetzen folgen, was bedeutet, dass er, mit wem auch immer er will, tun und lassen kann, was er will.

Da Aquarius nicht einer konkreten Sache oder Person treu ist, sondern einem Prinzip oder einer Qualität, sucht er überall dort, wo er diese Qualität findet, nach Nähe und Verbundenheit. Daraus ergibt sich naturgemäß weniger eine Einzelbeziehung, sondern eher ein Beziehungsgeflecht. Das bedeutet natürlich nicht, dass Aquarius nie monogame Beziehungen führt; aber die Neigung zu offenen Beziehungssystemen ist doch unübersehbar.

Das Motto von Aquarius in diesem Bereich lautet „Ich will in jeder Begegnung meine Wahrheit leben und ausdrücken", was das scheinbare Paradoxon einer egozentrischen Du-Bezogenheit ergibt.

Aquarius ist gemäß dem Zeichen Leo in seinen Beziehungen sich selber treu. Sein Kriterium für die Aufnahme und das Beenden einer Beziehung ist die Frage, ob der oder die andere nach denselben Qualitäten strebt, dieselbe Utopie in sich trägt und hier verwirklichen will. Da er letztlich dieser Utopie treu ist, stellt es für ihn in keiner Weise einen Widerspruch dar, mehrere Beziehungen gleichzeitig zu führen – er bleibt dabei ja durchaus monogam in seiner Treue zu seiner Utopie.

Der Begriff der Treue zu einer konkreten Person ist für Aquarius auch eine eher relative und wesensfremde Vorstellung, da für ihn ja das Allgemeingültige, der „Weltgeist" das Wesentliche ist und nicht das Konkrete, Einzelne. Daher ist für ihn die gesamte Schöpfung in gewisser Weise ein Wesen, das aus vielen Organen besteht – und was wäre natürlicher, als dass sich diese Organe wieder zu Gruppen zusammenschließen? Je mehr Freundschaften und Beziehungen man als Aquarius-Geborener leben kann, umso näher rückt man an das Bild der Weltengemeinschaft heran, die wir aus der Aquarius-Perspektive heraus betrachtet ja auch wirklich sind.

Wenn man also sagt, ssAquarius in Beziehungen ein weites Herz hat, hat dies mindestens drei Bedeutungen: Zum einen sind seine Beziehungen von der Warmherzigkeit des Löwen geprägt, die Individualität und Lebendigkeit sehr zu schätzen weiß und zu fördern bestrebt ist; zum anderen ist er sehr eigenständig und egozentrisch und auf seine Freiheit bedacht und kann durchaus mehrere Beziehungen gleichzeitig führen; und schließlich sieht er alle seine Freundschaften und Beziehungen und letztlich alle lebenden Wesen als einen großen Organismus an, in dem jedes Teil auf seine Art lebens- und liebenswert und wertvoll ist.

Es können sich natürlich in den Aquarius-Beziehungen auch die Schattenseiten von Leo finden, wie z.B. übertriebene Dominanz, wie man es bisweilen bei dem weltbekannten Professor findet, an dessen Seite seine Frau, eine typische „graue Maus", kaum zu sehen ist. Ein anderer möglicher Makel könnte es sein, dass er seinen Partnern nicht die gleichen Rechte und Freiheiten einräumt wie sich selber, aber das sind natürlich nur Niveau-Fragen, die durch Wachheit und Streben nach der Wahrheit im eigenen Herzen zu einer warmen und wärmenden Menschenliebe transponiert werden können.

*8. Haus: Der Wassermann verhält sich im Kampf wie eine Jungfrau.*

In einem solchen System der großen Gedanken, der genialen Entwürfe, der allgemeingültigen Prinzipien und der weitgespannten Erkenntnisbögen ist es natürlich von besonderer Bedeutung, die in dem ganzen wirkenden Kräfte möglichst genau und detailliert zu kennen, da man sonst nicht in der Lage sein wird, irgendetwas Größeres mit wirklichem Realitätsbezug und somit mit Bedeutung für die Allgemeinheit und mit Dauerhaftigkeit zu entwerfen und zu verwirklichen. Daher hat Aquarius als Zeichen für sein 8. Charakteristikum, in dem es um diese grundlegenden Kräfte wie Macht, Liebe, Hass, Selbstbehauptung, Sex und ähnliches geht, Virgo gewählt.

Die detaillierte Sachkenntnis und das handwerkliche Geschick dieses Zeichens ermöglichen Aquarius zum einen das Verständnis der Motivationen, nach denen die Ereignisse um ihn herum ablaufen und nach denen die Menschen handeln, und zum anderen ermöglicht es ihm, diese Motivationen als Grundlage sowohl für die Entwürfe seiner Utopien als auch für die Strategien, nach denen sie zu erreichen sein können, zu benutzen – was von großem Vorteil für ihre Effektivität und ihre Überzeugungskraft ist.

Da seine Utopien keine Privatangelegenheit von ihm ganz persönlich ist, sondern immer in Richtung Menschheitserlösungs-Entwurf gehen, können sie auch nicht auf seine ganz privaten Vorlieben und Abneigungen aufbauen, sondern müssen auf den Grundproblemen der Menschheit beruhen und von ihren durch das 8. Charakteristikum beschriebenen Grundsehnsüchten und -ängsten ausgehen, diese präzise und überzeugend beschreiben und einen klar verständlichen Weg zur Änderung der derzeitigen Situation aufzeigen. Und wer wäre dazu besser geeignet als Virgo?

Daran, dass dieses Zeichen das 8. Charakteristikum prägt, kann man auch erkennen, dass Aquarius mit allen heftigeren Motivation und Gefühlen und Antrieben eher distanziert-technisch umgeht, wie es ja einem Luftzeichen auch entspricht. Er handelt gewissermaßen nach dem Motto: „Aha, da ist also viel Energie und somit ein großes Wirkungspotential. Ob es nun gerade eine Angst oder eine Sucht oder eine Begeisterung ist, ist nebensächlich. Wollen wir doch mal schauen, auf welche Art sich dies für unsere Utopie nutzbar machen lässt."

Es zeigt sich auch hier wieder die vornehme Distanziertheit und der kühle Glanz des Aquarius, den man, wenn man nie versucht hat, dieses astrologische Prinzip näher zu betrachten, für Desinteresse, Mangel an Betroffenheit, Arroganz oder gar eine gewisse Isolation innerhalb der Welt halten können. Das wäre natürlich weit gefehlt.

 handelt sich bei diesem kühlen Glanz vielmehr um die Tatsache, dass Aquarius vom Allgemeingültigen her auf das Konkrete schaut und von daher zwar mit dem Konkreten verbunden ist, aber eben mit allem Konkreten gleichermaßen. Dies kann man dann als außenstehender nicht-Aquarianer dann manchmal als ein wenig „dünne Luft" empfinden – wie es nun einmal vorkommt, wenn man die Dinge von einem hohen Gipfel aus betrachtet.

Um zu Aquarius Nähe zu erleben, muss man sich ebenfalls auf den Gipfel des Allgemeingültigen begeben – dort wird man eine enge Gemeinschaft mit Aquarius in der gemeinsamen Utopie, also in den mit Einsicht und Geschick auf das Optimum hin ausgerichteten Grundkräften, erleben können.


*9. Haus: Der Wassermann verhält sich in Hinblick auf seine Ideale wie eine Waage.*

Kommen wir nun zu dem 9. Charakteristikum, in dem es um Ideale, also um die Entfaltung des in einer Sache liegenden Potentials geht. Wenn diese Ideale, die bei einer konkreten, einzelnen Situation beginnen und diese zu einem besseren Zustand hin zu verändern bestrebt sind, zu den Aquarius-typischen Utopien weiterentwickelt werden sollen, bedarf es eines größeren und umfassenderen Blickwinkels. Die Ideale des Saggitarius sind auf etwas Konkretes, Einzelnes bezogen, die Utopien des Aquarius hingegen auf etwas Allgemeines, Umfassendes.

Es wird also hier in dem 9. Charakteristikum, das Saggitarius entspricht, eine Qualität benötigt, die die ganzen konkreten Einzelheiten erkennen, verstehen, zusammenfassen und zu etwas Größerem, für alle Bedeutungsvollem zusammenfügen kann. Für diesen Zweck setzt Aquarius hier das Prinzip Libra ein. Durch dessen verbindende, diplomatische, verständnisvolle und vor allem ästhetische und harmonisierende Qualität wachsen die vielen kleinen Ideale der Einzelnen zu etwas Größerem, Neuem zusammen, das dadurch eine übergeordneten Qualität erlangt, die jeden Einzelnen begeistern kann, weil jeder Einzelne sieht, dass die Verwirklichung dieser Utopie die

Grundlage für die mühelose Verwirklichung seines eigenen persönlichen Idealzustandes ist.

Aquarius besitzt also auch die Fähigkeit, in dem Bereich der Ideale andere Menschen anzusprechen und zu begeistern. Sobald er von der Zukunft redet, wird sein Geist von seiner Utopie beflügelt und er kann für jeden und jede Gelegenheit die richtigen Worte finden. Dies kann im negativen Fall natürlich auch einmal dahingehend abrutschen, dass er anderen nach dem Mund redet, um sie zum Eintritt in seinen Verein zu überreden, und er es dabei mit der Wahrheit nicht so genau nimmt – aber das sind dann die Schattenseiten von Libra, die es allen recht machen will und zu allen Kontakt haben will. Bei genügend Wachheit und Niveau wird dieser Fauxpas nicht auftreten und Aquarius wird allein durch die Qualität seiner Utopie zu überzeugen vermögen.

Entsprechend dem Zeichen Libra ist Aquarius durchaus daran gelegen, sich auch andere Meinungen anzuhören, andere Erfahrungen von seinen Mitstreitern und auch von seinen weltanschaulichen Gegnern zu hören, da er ja den Anspruch hat, eine für alle erstrebenswerte Utopie zu entwerfen, was letzten Endes bedeutet, dass Aquarius mithilfe der Libra-Qualität bemüht ist, alle Kräfte, Motivationen und Tendenzen zu einem einzigen Gesamtentwurf zu integrieren.


### 10. Haus: Der Wassermann verhält sich in der Öffentlichkeit wie ein Skorpion.

Hier im 10. Charakteristikum, in der Öffentlichkeit benötigt Aquarius den Scorpio, denn schließlich ist seine Utopie für ihn nicht ein hübsch bemaltes Pergament in seinem Gelehrtenstübchen, sondern ein Entwurf zur Verbesserung der Welt – und die Welt wird nicht in der Theorie verbessert, sondern konkret in der Öffentlichkeit, auch wenn der Entwurf der Utopie eine große Menge an Nachdenken, Gesprächen und Theoriebildung erfordert.

Scorpio bietet die strategischen und taktischen Möglichkeiten, aufgrund der Kenntnis der Motivationen der beteiligten Parteien sowie deren Machtverhältnisse untereinander nun mit viel Geschick und List und Durchsetzungswillen an die Verwirklichung der eigenen Utopie zu gehen. Dabei kann sich entsprechend des Stils des Skorpions auch eine gewisse Skrupellosigkeit zeigen – Aquarius ist nicht immer allzu wählerisch in der Wahl der Mittel zur Verwirklichung seiner Utopie.

Hier zeigt sich ein Maßstab, an dem man das Niveau des bestimmten Aquarius messen kann: Entspricht die Wahl der Mittel, mit der er seine Utopie zu verwirklichen trachtet, auch stets den Prinzipien, auf denen diese Utopie beruht? So ließe z.B. ein hartes Vorgehen zur Erreichen einer Gesellschaftsform der allgemeinen Toleranz gewisse Bedenken an der Integrität dieser Utopie und ihrer Verfechter aufkommen. Dies ist aber wiederum nur eine mögliche Schattenseite, die ja bei allen Zeichen des

Zodiaks in jedem ihrer zwölf Charakteristika vorkommen kann.

An dem Zeichen Scorpio zeigt sich, welche Funktion Aquarius in der Öffentlichkeit zufällt: die des Verwandlers, des Revolutionärs, der das Alte zu etwas Besserem, Neuen transformiert. Wenn Aquarius an die Macht in der Öffentlichkeit gelangt, wohin er gemäß dem Zeichen Scorpio auch mit all seiner Kraft und all seinen nicht unerheblichen Fähigkeiten strebt, stehen die Zeichen auf Veränderung.

Ob dies in kleinem oder in großem Maßstab geschieht, ob dabei die Mittel dem Ziel entsprechen, ob die dabei verfolgte Utopie nur für eine kleine Gruppe oder für die ganze Menschheit entworfen wurde, ist eine Niveaufrage – und natürlich auch eine Frage der allgemeinen Lebensplanung und fällt somit in den Bereich des freien Willens, des Regisseurs des astrologischen Schauspiels der betreffenden Person.

### 11. Haus: Der Wassermann verhält sich im Vereinslokal wie ein Schütze.

Im Bereich der Theoriebildung und der Gemeinschaft Gleichgesinnter findet sich das Zeichen Saggitarius, also der Idealismus, die Tatkraft, das Streben in eine bessere Zukunft. In den Kreisen Gleichgesinnter wird Aquarius also zu einer Triebfeder für die Weiterentwicklung der Ziele, der Organisationsform der Gemeinschaft und für die Zahl ihrer Mitglieder.

Er reißt sie durch seine begeisternden Reden aus ihrer Lethargie und Selbstgefälligkeit heraus und entflammt ihre Tatkraft. Daraus können dann Manifeste, Proklamationen, Demonstrationen, Blockaden, Petitionen, Zeitungsartikel, Bücher, Seminare, Vorträge, Kurse, Rundreisen, spektakuläre Aktionen, Erfindungen und ähnliche publikumswirksame Aktivitäten entstehen, die die Utopie dieser Gemeinschaft der Allgemeinheit bekannt machen und sie für die Mitarbeit an der Verwirklichung dieser nun doch schon in so greifbare Nähe gerückten Utopie gewinnen sollen.

Die Auseinandersetzung mit ähnlichen Gruppierungen nimmt in der Tätigkeit dieses Bereiches einen breiten Raum ein, da es hier um die Profilierung des eigenen Konzeptes geht. Mangel an Niveau würde sich dabei in einer allgemeinen Kontra-Haltung zeigen, ein hohes Niveau dagegen in einer inhaltlichen Auseinandersetzung, auf die dann gegebenenfalls Fusionen zu größeren und effektiveren Gruppen folgen können.

Ganz allgemein ist die Organisation der Gruppen und Parteien und Verbände, die sich menschenfreundlichen, ökologischen, weltanschaulichen Themen und insbesondere der Erhaltung der Möglichkeit, weiterhin auf dieser Erde zu leben und sie nicht zu zerstören, gewidmet haben, ein zentrales Anliegen von Aquarius. Diese Organisationen beginnen bei dem örtlichen Naturschutzbund und enden bei der UNO. In diesem Zusammenhang können die verschiedensten Kongresse organisiert werden, die z.B. eine Zusammenarbeit aller afrikanischen Staaten, eine Abstimmung der einzelnen Gruppen der weltweiten Ökologiebewegung oder die Toleranz zwischen den verschiedenen Religionen und ihre gegenseitige Wertschätzung zum Ziel haben.

Dieser Bereich, das 11. Charakteristikum dieses Zeichens des Zodiaks, entspricht dem Aquarius – hier findet sozusagen sein Heimspiel statt, weshalb er hier auch am besten seine Energien entfalten kann: Saggitarius ist hier der Aufbruch in die Zukunft.

### 12. Haus: Der Wassermann verhält sich im Fluss des Alltags wie ein Steinbock.

Kommen wir nun zu dem letzten Thema, zu der Frage, die Aquarius in seinem 12. Charakteristikum beschäftigt: Worin findet Aquarius seinen Halt und was bedeutet für ihn Realität? Genaugenommen ist diese Fragestellung natürlich nicht ganz richtig, da sie von dem Tierkreiszeichen ausgeht, dass diesen Bereich prägt. Genaugenommen müsste man natürlich fragen, welches Verhältnis Aquarius zur Welt als Ganzes hat, da diese Fragestellung von der allgemeinen Qualität des 12. Charakteristikums eines jeden Tierkreiszeichens ausgeht. Zusammengenommen ergeben beide Fragen dann natürlich auch die Antwort: Für Aquarius ist die Welt als Ganzes die Wirklichkeit, die Realität und in ihr findet er seinen Halt.

Capricornus ist das Gesetz, die Ordnung, die Beständigkeit, der Realitätssinn und die langfristige und wohlfundierte Planung. Aquarius ist also bestrebt, diese Qualitäten auf das 12. Charakteristikum anzuwenden bzw. diese in diesem Bereich zu finden oder zu erschaffen.

Aquarius sucht nach den Regeln, nach denen sich das Geschehen in der Welt insgesamt abspielt, er fühlt sich als Teil der ganzen Welt, und er empfindet Verantwortung für die ganze Welt. Daher geht er bei allen Überlegungen zur Lebensplanung von den Bedürfnissen, Motivationen und Zielen aller Wesen in dieser Welt aus, stellt also allgemeingültige Überlegungen an, und entwirft dann Ziele, die dem Allgemeinwohl dienen, also Utopien.

Sein Vorgehen ist also so stringent wie das des Capricornus, aber den Bereich, auf den er diese Konsequenz anwendet, ist nicht wie bei Capricornus das eigene Leben und seine Planung, sondern die Welt als Ganzes, wobei dies von der Gemeinschaft, zu er sich zugehörig fühlt, bis hin zur Menschheit als Ganzes oder zu der Gemeinschaft aller lebenden Wesen reichen kann.

Durch die sachliche und realistische Betrachtung der Welt gelangt Aquarius zu tragfähigen Ansichten über das, was die Menschen wollen, und er ist daher in der Lage, eine Utopie zu entwerfen, die auch tatsächlich eine deutlich über seine subjektive Situation hinausgehende Bedeutung für andere hat. In der Qualität von Capricornus im 12. Charakteristikum zeigt sich auch der Anspruch von Aquarius, allen anderen ein Halt und eine Orientierung, eine Autorität für ihre Zukunftsplanung zu sein.

# 12. Träumer

H

*1. Haus: Die Fische verhalten sich im „Hier und Jetzt" wie Fische.*

Ja, also, dann bin wohl jetzt ich an der Reihe. Es ist ja schon eine Menge erzählt worden und da bleibt ja jetzt nur noch übrig, auch noch etwas über die Fische zu erzählen und da ist die die Wahl auf mich gefallen und nun ja, da bin ich also. Die anderen haben ja immer mit einer schönen Darstellung der allgemeinen Grundsätze begonnen und da es dafür immer wieder Beifall gab, denke ich, versuche ich das doch auch einmal.

Also, da haben wir die Fische, und da ist der Jupiter und der Neptun, die ihn regieren, wie man im Mittelalter so sagte, und es ist ein Wasserzeichen – aber das wissen sie ja alle schon. Das Ganze ist also ein bisschen diffus und träumerisch – wie ich schon sagte, es ist ja der Neptun dabei, und der Neptun – aber halt, ich habe ja noch nicht alle Sachen erwähnt, von denen die Fische geprägt werden: Da ist ja noch das Halbsextil und die Dynamik des Wassers ist beweglich, also wie die vielen Tropfen, die bei einem Springbrunnen am Ende wieder zurück in den See fallen. Na ja, sie sehen schon, eigentlich ist Systematik nicht so ganz mein Fall; mein Vetter Heinrich – der ist eine Doppel-Jungfrau, also Sonne und Aszendent in der Jungfrau – also mein Vetter Heinrich, der sagt immer, ich solle systematisch vorgehen, sonst versteht mich niemand, aber irgendwie liegt mir das einfach nicht; ich hoffe, Sie verzeihen mir, dass nicht nur meine Sonne, sondern auch mein Merkur in den Fischen steht, aber zum Glück ist es kein verbrannter Merkur, also keine Konjunktion zwischen beiden. Aber eigentlich bin ich doch ganz zufrieden damit.

Jetzt erzähle ich schon wieder Geschichten, dabei wollte ich doch die Fische-Prinzipien erklären – na ja, das Geschichten-Erzählen gehört nun mal zu so einer wässrigen Geschichte dazu. Neptun träumt gerne, am liebsten Tagträume, und Jupiter gibt noch Fülle dazu und das Ganze dann in leicht vor sich hinplätscherndem Wasser serviert – was soll das denn anderes sein können, als ein Märchenerzähler? Ich jedenfalls habe immer gerne meiner Uroma zugehört, wenn sie Geschichten vorgelesen hat oder Märchen erzählt hat, die sie von ihrer Großmutter gehört hatte und meine Kinder – ach, verflixt, ich schweife schon wieder etwas vom Thema ab – entschuldigen Sie bitte!

Also, da haben wir den Neptun, den Träumer; wie Sie wissen, löst der gerne alle

Grenzen auf und ist daher der Schutzpatron der Mystiker, der Künstler, der Ökologen, der sozial Engagierten – mein Neffe redet mir an diesem Punkt immer rein, also den Hubert meine ich, also der Hubert, ein ziemlich frecher Kerl übrigens – ein Skorpion – aber doch eigentlich auch ganz nett, also der Hubert, der sagt an dieser Stelle auch immer, ich solle die Drogen nicht vergessen, auch die lösen Grenzen auf, wenn auch auf chemischem Wege, aber das ist ja ein heikles Thema, bei all dem Alkoholismus, den Raucherlungen und so, und einen Trip oder Ekstasy nehmen – naja, da gibt es sehr verschiedene Meinungen und ich kenne nur sehr wenige Leute, die die innere Festigkeit haben, dass sie Drogen wirklich nutzen können und ihnen nicht verfallen; in religiösen Zusammenhängen, bei den Ritualen von Naturvölkern ist das vielleicht etwas anderes, aber so … Worauf wollte ich eigentlich hinaus? – Ach ja, der Neptun. Also Neptun. Wobei mir gerade einfällt, dass die Erlebnisse, wie ich sie von Leuten gehört habe, die Drogen nehmen, den Erlebnissen, die Mystiker und Yogis und ähnliche Leute haben, doch recht ähnlich sind; vielleicht liegen diese Erlebnisse einfach in der menschlichen Natur und durch Gebet und Meditation kommt man in Stärke und einigermaßen geordnet zu diesen Erlebnissen, während man durch Drogen unter Umständen irgendwo hineinplumst und sich wundert, wo man gelandet ist und Verdauungsprobleme bekommt.

Ja, und äh, ja genau, ich wollte etwas über Neptun erzählen, also über das Auflösen von Grenzen und die Anteilnahme an der Welt – Neptun schwingt sozusagen bei allem mit, er öffnet sich für alles, was da ist. Ja, und dann kommt Jupiter ins Spiel – der organisiert das Ganze dann. Die Fische sind ja bekanntlich sehr hilfsbereit; das ergibt sich aus der Anteilnahme des Neptuns und aus dem Streben nach dem besseren Zustand durch Jupiter. Fische können also durchaus organisieren; ein bisschen wässrig ist ihre Methode dabei ja schon – also mein Vetter Heinrich kriegt immer zu viel mit seinem Ordnungs-Tick, wenn wir beide zusammen etwas auf die Beine stellen sollen – also, das mit dem Ordnungstick meine ich nicht böse, er ist schon ein lieber Kerl, aber unsere Art ist doch irgendwie etwas verschieden; eigentlich genügt mir das Vertrauen in die Welt, um anzufangen und dann wird mir der Zufall – oder die Götter, wenn Sie so wollen – mir schon das Nötige in die Hände spielen; überhaupt ist der Zufall bei allem der wichtigste Mitspieler, denn wenn da nicht dieser Einklang mit der Welt ist, wie soll ich kleines Licht dann hier viel ausrichten können? – Das geht doch gar nicht, das muss doch jeder einsehen … aber mein Vetter Heinrich, ich kann ihnen sagen, der sieht das halt doch ein bisschen anderes; aber, wie gesagt, er ist schon ein lieber Kerl – Hubert, mein Neffe, Sie wissen schon, der mit der Sonne im Skorpion – der sagt immer, Heinrich würde die Welt durchs Mikroskop betrachten und ich durchs Fernrohr, da sei es kein Wunder, wenn wir verschiedene Dinge sehen würden und deshalb auch verschieden handeln würden, obwohl wir uns doch beide in derselben Welt befinden und uns dieselbe Sache ansehen. Manchmal denke ich, dass er da wohl nicht ganz unrecht hat. Zum Glück kommt es nicht so oft vor, dass

Heinrich und ich etwas zusammen organisieren müssen – wobei letztens, da haben wir es geschafft, jeder den anderen in seiner Art sein zu lassen und uns einfach die Aufgaben aufzuteilen – nach einer Weile lief das gar nicht übel und wir hatten sogar Spaß an der merkwürdigen Art des jeweils anderen – irgendwie scheint man sich ja auch ergänzen zu können. Wäre ja auch seltsam, wenn etwas gäbe, was man durch nicht durch die Offenheit des Neptun und durch die Kooperationsbereitschaft des Jupiters regeln könnte.

Hm, also das war jetzt zum Neptun und zum Jupiter, also muss ich noch ein bisschen zum Wasser erzählen: Also wir Fische, wir sind eher emotional und empfindsam und können keiner Fliege etwas zuleide tun. Und das Wasser ist beweglich – wir gehen also den Weg des geringsten Widerstandes, schlängeln uns um die Hindernisse herum und finden auch in der dicksten Blockade noch irgendwo ein Durchschlupf. Das ist nicht Rückgratlosigkeit oder Schwäche, denn warum soll man es sich schwermachen, wenn es auch einfacher geht? Hubert sagt oft, er versteht eigentlich gar nicht, wieso ich eigentlich fast alles, was ich erreichen will, auch erreichen kann und man nie den Eindruck hat, ich würde ernsthaft arbeiten. Das war mir ja erst ein bisschen peinlich, ich möchte ja kein Faulpelz und auch kein Schmarotzer sein; aber dann bin ich darauf gekommen, dass diese Art der Fische an ihrem feinen Gespür dafür liegt, wo sie sich befinden und was um sie herum vorgeht, weshalb sie einfach an der richtigen Stelle nur eine Kleinigkeit tun müssen, um an ihr Ziel zu kommen. Es ist wie bei den Seeleuten in früheren Zeiten: die haben ihre Segelschiffe ja auch nicht gerudert oder schwimmend an Seilen durchs Wasser gezogen, sondern die hatten ihre Segel und der Wind hat die Arbeit verrichtet und sie mussten nur darauf achten, im richtigen Augenblick die Segel ein bisschen zu verstellen, damit sie dorthin gelangten, wo sie auch hinwollten. Vielleicht könnte man auch sagen, dass Fische ein bisschen wie Wasser sind, das einen Berg hinabfließt und dann sich durch die Täler und Ebenen bis zum Meer hinschlängelt. Die Fische sind wie das Wasser, das zum Meer hin will und wenn der Hang steil ist, fließt es schnell – ist er flach, dann sind sie langsamer, und kommt eine Mulde oder eine Mauer, dann füllt es allmählich die ganze Senke aus, fließt dann über das Hindernis hinüber und zieht dann weiter seines Weges. Über das Wasser gibt es ja auch bei Lao-tse schöne Verse, die ganz gut zu der Lebensart der Fische passen.

Ja, ich glaube, ich habe nun alles – nein, halt, das Halbsextil fehlt noch – dieser Aspekt ist wie der Neptun: auf alles gerichtet, aufmerksam, jede Bewegung registrieren, keinen großen Aufwand treiben, aber im richtigen Augenblick handeln. Hm, können Sie sich darunter etwas vorstellen, ja? Na, gut, ich komme bestimmt noch einmal darauf zu sprechen, schließlich hängt ja immer alles mit allem zusammen.

Ich soll noch was zum Aussehen der Fische sagen? Das haben die anderen zu ihren Sternzeichen auch jeweils getan? – Ja, stimmt wohl … Sehen sie sich doch einfach mich an: eher klein, in der Jugend eher weich und anmutig, ab der Lebensmitte dann ein wenig rundlich, wie ich ja auch nicht ganz verbergen kann, meine Haare sind nun auch schon etwas spärlicher, früher waren sie aber mal sehr füllig – seidig und dünn sind sie aber immer noch; mein Vetter Heinrich hingegen hat mit seiner Jungfrau eher feste, drahtige Haare, na ja erdige Haare eben, kein wässrig-neptunischer Flaum wie bei mir … Dann hat man mir mal gesagt, dass sich Fische eher anmutig bewegen und sparsam, aber effektiv in ihren Bewegungen sind, im Ruhezustand ist ihr Muskeltonus nur knapp über Null – Hubert sagt, wenn Fische mal gerade nichts tun – was ziemlich häufig der Fall sei – er ist ein Skorpion, wie sie ja sicher noch wissen, die müssen immer ein bisschen sticheln – also Hubertus sagt, dass die Fische dann wie ein Schluck Wasser in der Kurve in ihrem Sessel hängen. Und der liebe Kleine – na ja, inzwischen ist er ja schon größer als ich – der liebe Hubert sagt auch, dass der Blick der Fische oft verträumt bis geistesabwesend ist, dass die Fische immer so einen leicht verschleierten Blick und so leicht schlaffe und herabhängende Augenlider hätten; aber  wenn sie mal wach sind, können sie ganz lieb und voller Anteilnahme blicken – wobei ich meine, dass Hubert dabei ziemlich spöttisch geklungen hat – na ja, Sie wissen ja, wie die Skorpione halt manchmal so sind …

### 2. Haus: Der Fisch geht mit Besitz wie ein Widder um.

Die alte Frieda bei uns aus dem Dorf, von der ich meine ersten Lehrstunden in der Sternengucker-Kunst bekommen habe, die hat immer aufs Geld geachtet und gesagt, „Jungchen, vergiss nicht aufs 2. Haus zu achten, denn ohne Geld und Besitz kommst Du nicht weit!" Die konnte nicht genug kriegen – war halt'n Stier, aber doch eine gute Seele – mit Hubert ist sie übrigens nie so recht klar gekommen – das ist wohl einer der Fälle, wo die Gegensätze, also Skorpion und Stier, nicht gemerkt haben, dass sie sich eigentlich ergänzen … und als Hubert ihr einmal gesagt hat, er halte nichts von mühsamer Arbeit und Pfennigsparerei, sondern er würde sich lieber das, was er haben will, im Handstreich erobern, da hat sie ihn angesehen, als stände der leibhaftige Gott-sei-bei-uns vor ihr …

Aber eigentlich wollte ich ja vom 2. Haus erzählen. Also, die Fische haben da den Widder, sie gehen mit Besitz eher spontan um, planen nichts Langfristiges und vertrauen darauf, das alles, was nötig ist, zur rechten Zeit schon da sein wird. So wie der Pfarrer bei uns im Dorf, der auch ein Fisch ist, der immer sagt, man soll auf Gott vertrauen und sich bemühen, aber dabei nicht verbiestert werden und keine Zeit mehr haben, die Schönheit von Gottes Schöpfung zu genießen. Ich habe ihm zu seinem 50-jährigen Priesterjubiläum ein Büchlein mit den Versen von Lao-tse und Dschuang-tse geschenkt – da hat er ja zunächst ein wenig missmutig wegen diesem heidnischen Kram dreingeschaut, aber dann hat er doch mal darin gelesen – neugierig ist ja, das habe ich schon immer gewusst – und dann sagte er mir letzten Sonntag nach dem

Gottesdienst, dass der Lao-tse dafür, dass er nie etwas von Christus gehört hat, der Erkenntnis, das man Gott in seiner Schöpfung wiederfinden kann, doch sehr nahegekommen ist. Und gewundert hat er sich über die Ähnlichkeit mit dem Johannisevangelium, in dem Christus sagt, dass der vom Heiligen Geist Beseelte wie der Wind sei, von dem man auch nicht wisse, wohin er morgen gehen wird und was er als nächstes tun würde. Das hat unseren Pfarrer doch ein wenig gewundert. Na ja, aber als richtiger Fisch hat er sich dann gesagt, dass die Wahrheit eben überall und zu allen Zeiten in der Schöpfung verborgen gelegen hat und dass alle Menschen die Möglichkeit gehabt haben, sie zu finden. Aber ich bin schon wieder vom Thema abgeschweift.

Die Fische gehen also eher spontan mit Besitz um; sie können sehr viel besitzen oder auch ganz wenig – es kommt ihnen eigentlich nur darauf an, dass sie das haben, was sie gerade brauchen; ob das dann ihr Eigentum oder Gemeinschaftseigentum oder gerade mal ausgeliehen ist, spielt dabei keine so große Rolle. Und was die Wohnung angeht und die Kleidung, so sind die Fische Improvisationskünstler – sie können sozusagen aus dem Nichts das Gewünschte herbeizaubern und aus ein bisschen Stoff und ein paar Stöcken ein Zelt aufbauen, vielleicht nicht sehr komfortabel, aber es reicht zunächst einmal. Die Fische wandern ja auch gerne – ich bin ab und zu mit unserem Pfarrer in den Bergen hinter unserem Dorf unterwegs – und da braucht man eher leichtes Gepäck. Daher besitzen die Fische in der Regel nicht allzu viel und ihr Besitz ist eher beweglich. Sie ziehen des öfteren um oder ändern ihren Kleidungsstil von Grund auf – und auch ihre Ernährungsweise – da ist allzu viel materieller Ballast nur hinderlich. Es muss nur insgesamt genug da sein und alle müssen die Offenheit haben, es miteinander zu teilen, sagt unser alter Pfarrer immer wieder in seinen Predigten – und er hat auch ein großes Geschick, zu erkennen, wer etwas hat und nicht benötigt, was ein anderer dringend braucht und er hat schon viele Tauschgeschäfte und so manches Ausleihen und Verschenken in Gang gebracht. Das kann er gut, unser alter Pfarrer.

Und was das Essen angeht, da lernt man beim Wandern – besonders, wenn man mal zwei Wochen in einsameren Gegenden unterwegs ist – von dem zu leben, was man vorfindet.


### 3. Haus: Der Fisch ist in Bezug auf die Neugier wie ein Stier.

Wir Fische sind ja sehr weltoffen und nehmen an allem Anteil, da brauchen wir im 3. Haus das Zeichen Stier, denn das hilft uns zu erkennen, was uns bekommt und was nicht und wir können dann rechtzeitig auch mal die Tür wieder schließen. Wenn alles so sehr auf einen selber abfärbt, muss man schon ein wenig darauf achten, wen man ständig um sich hat und welche Ansichten man dann ständig zu hören bekommt. Ich persönlich finde schon, dass man allen Bedürftigen helfen muss und ich höre auch jedem zu, der mir etwas erzählen oder mir sein Leid klagen will, aber man muss schon ein wenig darauf achten, dass man die meisten Begegnungen genießen kann, sonst wird man missmutig. Wobei ich damit auch durchaus meine, dass man, wenn man so wie z.B. unserer Pfarrer, der sich dauernd die ganzen Beichten anhören muss und so ziemlich alles weiß, was so unter der offiziellen Fassade in unserem Dorf vor sich geht, dass man dann, wenn man so voll gepackt ist mit allerlei mehr oder weniger Unangenehmem, dann sich eben einen Ausgleich suchen muss. Unser Pfarrer geht dann in die Kirche beten oder steigt frühmorgens, manchmal mit mir zusammen, auf den Berg, um den Sonnenaufgang zu beobachten – danach ist dann alles wieder an seinen Platz gerutscht und das Herz kann wieder frei atmen, wenn ich das einmal so formulieren darf. Man braucht halt, wenn man so vieles erlebt und zu hören bekommt, immer auch einen Rückhalt, etwas, wo noch alles so ist, wie es sein soll, was aus der Wahrheit heraus einfach da ist, denn sonst würde man aufgerieben und ausgesaugt. Das ist dann das, was der Großbauer in unserem Nachbardorf – übrigens ein Steinbock, der nur aus Tradition in die Kirche geht – dann etwas verächtlich romantische Schwärmerei nennt – ich glaube nicht, dass der das wirklich verstanden hat.

## 4. Haus: Der Fisch verhält sich in der Familie wie ein Zwilling.

Wenn man so ein Fische-Wanderer ist, der sich die Welt anschaut und in ihr Gottes Schöpferwort sieht, dann hat man eigentlich überall, wo man sich niederlässt, seine Heimat und sieht in allen Menschen und in allen Tieren, die einem begegnen, seine Verwandten. Die Fische haben sozusagen im Hintergrund immer die Vision des Paradieses stehen oder vielleicht ist es auch die Vision des Neuen Jerusalems – jedenfalls schwingt immer etwas von der Einheit der Welt, von Gottes Atem in allem mit, wobei es mir persönlich recht egal ist, ob man diesen Gott Jahwe, Allah, Brahma, Tao oder sonst irgendwie nennt, denn ich glaube, die Namen haben die Menschen erfunden und sind nicht so wichtig. Mir sind solche Menschen am liebsten, die Gott in seiner Schöpfung sehen, in den Wolken, im Regenbogen, in einem Wasserfall, im Gesang der Amseln, im Lächeln eines Babys – da fühle ich mich zuhause.

Es gibt natürlich auch die Mystiker und die Yogis, die danach streben, Gott direkt wahrzunehmen und ihn in ihrem Inneren zu erleben – und ich glaube schon, dass das geht, beim Beten oder wenn ich den Mond aufgehen sehe, spüre ich manchmal etwas in der Art – aber ich persönlich nehme doch lieber das Leben als Ganzes als ein Gespräch von Gott mit mir; dadurch wird alles sinnvoll und ich kann alles annehmen und alles wird mir zum Bruder und zur Schwester und zur Heimat – wenn sich Gott mir dann noch deutlicher zeigen sollte, würde ich mich sehr freuen, aber ich weiß nicht so recht, ob ich danach streben wollte. Ich bin da, glaube ich, mehr ein Schwimmer im Strom der Ereignisse, als ein Bergsteiger, der die höchsten Gipfel erklimmen will. Das Gefühl der Geborgenheit in allem ist eigentlich das Wertvollste für mich, was ich kenne. Im Grunde ist es das Bejahen und Annehmen von allem, was mir begegnet, sowohl außen als auch innen an Gefühlen und Gedanken – ich nehme die unangenehmen Dinge dann wie kleine Kinder in den Arm und schaue, was sie denn von mir wollen – daraus sind dann oft die wertvollsten und schönsten Erlebnisse entstanden. Offenheit für alles, was kommt, könnte man das vielleicht nennen, und sich dabei das Gespür für die Wahrheit und die Schönheit in den Dingen bewahren. – Ich glaube, unser alter Pfarrer würde jetzt sagen, dass ich angefangen habe zu predigen und er würde ein wenig schmunzeln … eigentlich habe ich das gar nicht vorgehabt, sondern wollte nur ein bisschen über das Sternzeichen Fische erzählen; aber so sind die Fische nun einmal: sie geraten leicht ins Schwärmen und ins Träumen und driften immer halb in Visionen hinüber – na ja, das ist ja auch kein Wunder, wenn man Neptun als Schutzpatron hat.

*5. Haus: Der Fisch verhält sich in Bezug auf sich selber wie ein Krebs.*

Beim 5. Haus geht es ja um die Selbstdarstellung und die Selbstentfaltung – die hier ja ziemlich krebsig aussieht. Der Krebs ist ja innen gekehrt und sucht nach möglichst nah verwandten Geistern, um sich öffnen zu können. Also erleben die Fische sich selber dann am stärksten, wenn sie einen verwandten Geist treffen, demgegenüber sie sich rückhaltlos öffnen können. Das ist bei dem Wunsch nach Weite und Grenzenlosigkeit der Fische auch kein Wunder – wenn sie diesen Wunsch mit einem anderen Menschen oder in einer bestimmten Situation ohne jede Einschränkung leben können, sind sie ganz in ihrem Element – Neptun halt, wie schon erwähnt. Wobei Jupiter aus der Begegnung die Verwandtschaft und die Verbundenheit macht und das bewegliche Wasser die Gefühle und die Ahnungen sind, die die ganze Welt berühren wollen. Genau dasselbe macht auch das Halbsextil: es tastet die ganze Welt ab, um zu erkennen, an welcher Stelle und in welcher Situation man steht. Man sucht mithilfe dieser Fähigkeiten sozusagen nach dem Dissonanzenfreien Punkt, an den man sich dann stellt und den man dann als maximale Selbstverwirklichung genießt.

Mein Neffe Hubert hat ja nur mitleidig gegrinst, als ich ihm dies zu erklären versucht habe. Er als Skorpion fand das ziemlich langweilig und konturlos, wobei er aber durchaus der Meinung war, dass dies Fische-Verfahren, an die Welt heranzugehen, durchaus funktionieren würde – ideal für Kapitäne von Segelschiffen, Gleitschirmspringer, Drachenflieger und ähnliche Leute, die sich von der Schwerkraft und dem Wind bewegen lassen und dabei nur ein wenig lenkend eingreifen. Wobei er meinte, was ich doch ein wenig bissig fand, dass er, wenn er einmal als General eine Armee befehligen sollte, er sich ein paar Fische anheuern würde, die dann Gerüchte streuen, Giftanschläge verüben und die verschiedensten Sabotageakte durchführen müssten. Und ja, mich würde er dann als Spion beschäftigen. Und für alle Arten von Flächenbeschuss seien die Fische auch hervorragend geeignet – Heinrich, die Doppel-

Jungfrau, würde er dann als Scharfschützen anstellen. Diese Betrachtung von Fischen aus dem Blickwinkel eines Skorpions hat mir ja nicht so sehr zugesagt, obwohl sie natürlich auch ihre Berechtigung hat. Na ja, jeder muss nach seiner Façon glücklich werden.

## 6. Haus: Der Fisch arbeitet als Handwerker wie ein Löwe.

Wenn man so der Welt ausgesetzt ist wie ein Fisch – das heißt, eigentlich müsste es ja heißen: Wenn man sich so sehr der Welt öffnet wie ein Fisch und an allem Anteil nimmt, dann braucht man irgendwo auch seine Grenze, sonst würde man sich ständig mit allem infizieren und von allem überschwemmt werden. Daher hat der Löwe im 6. Haus schon sein Gutes für uns Fische: Wir können mit seiner Hilfe ganz gut Grenzen festlegen und vor allem Systeme verstehen und die innere Logik einer Sache, ihren sie beseelenden Geist verstehen. Vielleicht sollte ich das mal mit dem Beispiel der Heilung erklären, vielleicht wird es dann deutlicher, wie ich das meine: Der Löwe ist ja das Herz, die Essenz, der Schutzengel, das Selbst, die Seele, die Mitte, und wenn ein Fisch heilen will, dann versucht er den Betreffenden an dieses innere Licht in sich selber zu erinnern, wodurch er sich wieder an den Zustand der Wahrheit und der Schönheit und der Gesundheit erinnern kann – sozusagen Hilfe zur Selbsthilfe, eine Heilung von innen nach außen.

Dieses Gespür für die richtige Ordnung all seiner Bestandteile ist für den Fisch sehr wichtig, denn sonst könnte er bei all seiner Offenheit sich nicht selber bewahren. Das ist auch das, was ich vorhin meinte, als ich von unserem alten Pfarrer und mir erzählte, wenn wir uns zusammen den Sonnenaufgang anschauen, denn diese Wahrheit und Schönheit und Lebendigkeit liegt ja auch in der Natur verborgen und wenn wir sie dort spüren können, fällt es uns oft leichter, sie auch in uns selber wiederzufinden. Ich finde, ein guter Therapeut und ein guter Freund helfen vor allem dadurch, dass sie uns durch ihr Zuhören und durch ihr Verstehen und ihren Glauben an das Licht in uns, das in uns Gestalt annehmen will, wieder an uns selber erinnern, denn wenn da so ein lieber Mensch vor uns sitzt, der unerschütterlich an das Licht in uns glaubt oder der gar unseren Engel spüren oder sehen kann, dann kann man meistens nicht lange in seinem finsteren Loch der Verzweiflung bleiben.

## 7. Haus: Der Fisch verhält sich in Beziehungen wie eine Jungfrau.

Beziehungen sind das intensivste sich-Öffnung zur Welt – hier erleben die Fische den Kontakt zur Welt am stärksten und wenn sie dabei nicht vorsichtig genug sind, laufen sie Gefahr, sich selber zu verlieren, ihre Mitte nicht mehr in sich selber zu haben, weshalb hier die Jungfrau das Zeichen ist, das ihnen hilft: Vorsicht bei der Partner-wahl, langsames Herantasten ... erst mal schauen, mit wem man es zu tun hat und sich dann nach und nach schrittweise der Begegnung öffnen. Vorsicht ist besser als das Nachsehen haben. Dabei ist der Fisch auch in einer Beziehung noch sehr empfindsam, er reagiert auf jede Kleinigkeit und kann sich durch sie verletzt fühlen oder über sie freuen. „Beziehungs-Mimosen", wie mein Neffe Hubert das nennt.

Es ist auch immer wieder interessant, wenn ich mich mit meinem Vetter Heinrich – der Doppel-Jungfrau – über Beziehungen unterhalte: Er will sein ganzes Leben am liebsten in wohlgeordneten Setzkästchen unterbringen und findet in seiner Beziehung die einzige Möglichkeit, einmal loszulassen, nicht mehr zu kontrollieren und ein bisschen Weite zu empfinden; und ich als Fisch bin ständig in der Weite und darin so offen, dass ich in Beziehungen, wo die Nähe am größten ist, die Vorsicht und das Unterscheidungsvermögen brauche. Wir brauchen eben alle in Beziehungen unser Gegenteil, da wir sonst in der intensiven Begegnung zu eng werden würden – Heinrich könnte vor lauter Vorsicht seine Frau sonst gar nicht wahrnehmen und ich würde mich sonst in meiner Beziehung völlig verlieren. Und Hubert, der Skorpion, braucht dort den Stier, sonst würden er und seine Freundin vor lauter Spannung und Provokation einfach auseinanderfliegen.

Nun ja, und die Jungfrau gibt den Fischen in der Beziehung auch die Möglichkeit, aus dem Weiten, Träumerischen, Ahnenden heraus in der Beziehung auch einmal konkret und sachlich zu werden und auch die Details zu sehen, den Ablauf des Alltags und so – ohne die Hilfe der Jungfrau würden bei den Fische die Beziehungen ganz einfach immer nur romantische Träumereien bleiben – und das wäre doch schade, nicht wahr?

## 8. Haus: Der Fisch verhält sich im Kampf wie eine Waage.

Was macht ein Fisch im Sturm? Nun, er versucht sein Gleichgewicht zu wahren; und wenn er das erreicht hat, die Kraft des Sturmes zu nutzen. Da ist er wieder, der Seefahrer, der Gleitschirmspringer, der Drachenflieger … Die Fische haben die Fähigkeit, alle heftigen Regungen im Innen und im Außen so zu akzeptieren, wie sie sind, mit ihnen Kontakt aufzunehmen, ihr Wesen zu begreifen und sie dann in ihrem Sinne zu nutzen. Dadurch schaffen die Fische auch im größten Trubel immer wieder Orte der Geborgenheit und der Ruhe … Dabei fallen mir zwei Bilder ein: das eine aus dem Herrn der Ringe, wo die Hobbits am Tor der zerstörten Festung von Saruman gemütlich essen und Wein trinken und Pfeife rauchen; und das andere, etwas hehrere Bild ist die Erbauung der großen gotischen Kathedralen inmitten der Wirren, Kriege, Kreuzzüge und Seuchen des Frühmittelalters, wobei diese Kathedralen bezeichnenderweise fast alle Maria geweiht waren. Ja, und dann noch eine Szene aus Nordindien von einem Yogi, der auf der Begräbnisstätte meditierte und dabei still vor sich hin lächelte.

Aber diese Ruhe im Sturm gibt es ja auch mitten im Alltagstrubel z.B. wenn eine

Mutter inmitten ihrer Kinder und all ihrer Aufgaben die innere Gelassenheit bewahrt. Es hat auch etwas von den fernöstlichen Kampfsportarten, die ja alle mehr oder weniger auf dem Prinzip beruhen, dass man den Gegner durch dessen eigene Kraft und dessen Impulsen zu Fall bringt, statt seine eigene Kraft der Kraft des Gegners entgegenzusetzen. Der Fisch verfolgt also im Allgemeinen die weichen, stilleren Strategien, um seine Ziele zu erreichen. Und eigentlich möchte er all diese Kräfte und ihr Zusammenspiel so gut es geht entschärfen und harmonisieren...

### 9. Haus: Der Fisch verhält sich in Hinblick auf seine Ideale wie ein Skorpion.

Aber einen Bereich gibt es dann doch, wo auch die Fische schärfere Konturen aufweisen, nämlich bei der Suche nach ihren Idealen. Diese Ziele sind für den Jupiter ja immer wichtig und mit ihnen hängen ja auch die Visionen des Neptuns zusammen – also liegt in ihnen für die Fische eine starke prägende Kraft. Nun, und da der Skorpion ja auch das Prinzip der Verwandlung ist, wollen die Fische die Welt verbessern: immer höhere Ideale erkennen und anstreben, wobei sie sich mit ihrer ganzen Kraft auf diese Ideale ausrichten können. An diesem Punkt kann man manchmal über die Fische erstaunt sein, weil sie doch sonst eher etwas lasch und träumerisch wirken. Aber sie haben eine sehr klare Vorstellung davon, wo sie hinwollen – ansonsten würden die Winde ihr Segelschiff auch nur wirr über die Meere treiben und die ganze Mannschaft wäre verhungert und verdurstet, bevor sie wieder einen Hafen erreichen würde.

Wenn es um Themen wie Menschlichkeit oder Nächstenliebe geht, können Fische erstaunlich radikal werden und ganz entschiedene Meinungen vertreten, obwohl sie sonst eher den konfrontativen Diskussionen ausweichen und sich oft auch einfach auf das Zuhören beschränken.

### 10. Haus: Der Fisch verhält sich in der Öffentlichkeit wie ein Schütze.

Wenn man sich das alles so anschaut, ahnt man schon, dass diese Weltverbesserer auch in der Öffentlichkeit aktiv werden wollen – man denke nur an unseren alten Dorfpfarrer – und daher im 10. Haus den Schützen stehen haben. Außer religiösen Ämtern passt in dieser Hinsicht auch noch so manches andere zu ihnen wie Krankenschwester, Arzt, Mitarbeiter beim Arbeitersamariterbund, Sozialarbeiter, Drogenberater, Rechtsanwalt, Mitarbeit bei Robin Wood, Greenpeace, Amnesty International – und wenn es sich um ältere, gut betuchte Fische handeln sollte, auch solche Tätigkeiten wie Kunstmäzen oder Spenden für ein Jugendheim, für eine Schwangerschaftsberatungsstelle, ein neues Feuerwehrauto und ähnliches mehr.

Aufgrund ihrer eher stillen Art fallen diese Fische nicht so sehr auf im hektischen Getriebe der Ereignisse, aber wenn man sich alle diese Helfer, ehrenamtlichen

Mitarbeiter und Menschenfreunde wegdenken würde, sähe manches ziemlich arg aus. Die Fische handeln hier aus ihren Überzeugungen heraus, aus ihrem Wunsch, die Geschicke der Menschen etwas zu erleichtern und die Entwicklung hier auf der Erde, soweit es in ihren Kräften steht, zum Guten zu wenden.

*11. Haus: Der Fisch verhält sich im Vereinslokal wie ein Steinbock.*

Wenn ich mir das so anschaue, liegt doch in der Weltanschauung der Fische eine Menge Realismus; sie versuchen nicht, Theorien zu bilden oder provokante Leitbilder zu entwerfen, sondern sie stehen einfach in der Welt und hören und sehen ihr aufmerksam zu und sagen dann, wie sie ist. Ihr Bild von der Welt ist die Lebenserfahrung.

Daher ist ihre Gemeinschaft der Gleichgesinnten im Grunde auch unbegrenzt und umfasst alle und alles, was ihnen begegnet – der Steinbock ist schließlich ein Zeichen, das die Welt anschaut und annimmt, wie sie ist und dann versucht, auf diesen Gegebenheiten aufzubauen. Daher müssen es nicht allzu viele Theorien sein, viel lieber ist den Fischen, wenn sie sehen können, welche Erfahrungen andere gemacht haben, und sie dann diese Erfahrungen einfach neben die eigenen Erlebnisse stellen können und dadurch ein vollständigeres Bild von der Welt erhalten. Wenn die Fische versuchen, die Welt zu erfassen und zu verstehen, werden sie ziemlich sachlich. Diese Sachlichkeit, also diesen ausgeprägten Sinn für intakten Realitätsbezug brauchen sie auch, denn sonst könnten sie ihre Visionen nicht erden und sonst könnten sie den anderen nicht helfen, denn in Situationen, die man nicht oder nur halb versteht, kann man nicht helfen. Wie unser alter Dorfpfarrer einmal sagte: „Wenn man Priester werden will, sollte man vorher viel gesehen und so manches an Höhen und Tiefen erlebt haben, denn sonst versteht man nicht die Sorgen, mit denen die Schäfchen der eigenen Gemeinde zu einem kommen und kann auch nicht die Wege aus dem Dilemma heraus erkennen. Und wenn man erst einmal einiges selber erlebt hat, ist es auch eine große Hilfe, den Erlebnissen anderer und ihrem Verhalten in schwierigen Situationen zuzuhören – denn schließlich kann man nicht alles selber erleben, was es auf dieser Welt zu erleben gibt. Aber man kann sich die Erlebnisse anderer zu eigen machen und in sein Weltbild einbauen." – Manchmal frage ich mich ja, ob dieser alte Herr nicht doch heimlich Astrologie betreibt, denn so schlicht hätte ich den Steinbock im 11. Haus der Fische gar nicht beschreiben können.

*12. Haus: Der Fisch verhält sich im Fluss des Alltags wie ein Wassermann.*

Nun sind wir schon am Ende dieser Beschreibung der Fische angelangt. Ja, es bleibt nun eigentlich nur noch übrig, einmal anzuschauen, was denn der Wassermann im 12. Haus der Fische so treibt. Der Wassermann ist ja mehr der Theoretiker mit den hochfliegenden Idealen, der Weltenbürger und Erfinder. Und der der wird also im Verhältnis der Fische zur Welt als Ganzes aktiv. Das 12. Haus, also das Verhältnis zur Welt, ist ja das Haus, das dem Zeichen Fische entspricht – die Fische benutzen also den Wassermann als Gestaltungsprinzip in dem Bereich, der ihnen am nächsten liegt. Was mag das bedeuten?

Zum einen fällt mir dazu ein, dass der Wassermann ja immer vom Allgemeingültigen herab auf die Vielfalt des Konkreten blickt, und dass dies ja ganz gut beschreibt, dass die Fische die Welt als Einheit betrachten, zu der sie im Grunde genommen keine festen Grenzen besitzen – sie nehmen ja an allem Anteil. Dieses Allgemeingültige der Wassermänner ist die Utopie der Fische, ihre Hingabe an Ziele wie die allgemeine Menschlichkeit oder ihr Glaube an Gott. War das deutlich formuliert? Ich meine, dass das, was bei dem Wassermann ein theoretisches Gebilde, also eine Utopie ist, für den Fisch zu Erlebnis und Gefühl wird, weil es im 12. Haus steht, wo er sich der ganzen Welt öffnet. Der Wassermann sitzt sozusagen in seiner Gelehrtenkammer und denkt oder er steht auf der Kanzel bei einem Kongress und doziert, während die Fische diese Erkenntnisse mit hinaus in die Welt nehmen und sie in Krankenhäusern, in der Kneipe, in der Kirche, an der Bushaltestelle oder beim Einkaufen beim Bäcker erleben und empfinden – die Einheit der Welt ist für sie keine Theorie, keine Erkenntnis, sondern eine Ahnung, ein Spüren, ein Träumen und Erleben und sie philosophieren nicht darüber und schreiben darüber auch keine Bücher wie die Wassermänner, sondern sie leben dies Erlebnis gewissermaßen in ihrem Alltag, indem sie an den Geschicken ihrer Mitmenschen teilnehmen und ihnen auf ihrem Weg, soweit es ihnen möglich ist, helfen. ... Ich sehe schon, jetzt bin ich schon wieder in den Prediger-Ton geraten; die Freundschaft mit unserem alten Dorfpfarrer ist nicht ohne Wirkung auf mich geblieben – sein Stil zu reden hat ein wenig auf mich abgefärbt. Aber das gehört ja auch dazu – schließlich steckt im Jupiter ein Weltverbesserer und wenn ihm Neptun dabei hilft, indem er anderen sein Lebensgefühl vermittelt, dann soll es mir recht sein.

# Bücher von Harry Eilenstein

## Magie für Anfänger
- Telepathie für Anfänger (60 S.)
- Telepathie für Fortgeschrittene (52 S.)
- Telekinese für Anfänger (52 S.)
- Analogien für Anfänger (56 S.)
- Omen und Orakel für Anfänger (52 S.)
- Lebenskraft für Anfänger (60 S.)
- Meditation für Anfänger (56 S.)
- Kundalini für Anfänger (100 S.)
- Hypnose für Anfänger (56 S.)
- Kampfmagie für Anfänger (172 S.)
- Auto-Movement für Anfänger (56 S.)
- Chakra-Magie für Anfänger (148 S.)
- Astralreisen für Anfänger (56 S.)
- Astrologie für Anfänger (120 S.)
- Astrologische Quadrate für Fortgeschrittene (72 S.)
- Partnerhoroskope für Anfänger (100 S.)
- Silberschnüre für Anfänger (52 S.)
- Zaubersprüche für Anfänger (60 S.)
- Ritual-Magie für Anfänger (56 S.)
- Mandalas für Anfänger (68 S.)
- Geldzauber für Anfänger (56 S.)
- Liebeszauber für Anfänger (52 S.)
- Invokationen für Anfänger (52 S.)
- Evokationen für Anfänger (60 S.)
- Geister für Anfänger (52 S.)
- Elfen für Anfänger (56 S.)
- Magie-Forschung für Anfänger (140 S.)
- Magie-Romantik für Anfänger (60 S.)
- Selbsterkenntnis für Anfänger (52 S.)
- Einweihungen für Anfänger (60 S.)
- Drogen-Kabbala für Anfänger (216 S.)
- Zahlensymbolik für Anfänger (60 S.)
- Die Sprache des Mondes – für Anfänger (116 S.)
- Zaubergesänge für Anfänger (100 S.)
- Zukunftschau für Anfänger (60 S.)
- Schamanismus für Anfänger (52 S.)
- Schwitzhütten für Anfänger (52 S.)
- Magische Gegenstände für Anfänger (68 S.)
- Übertragungen für Anfänger (68 S.)
- Zaubertränke für Anfänger (64 S.)
- Magie-Gesten für Anfänger (252 S.)
- Da'ath-Magie für Anfänger (64 S.)
- Magie-Heilungen für Anfänger (68 S.)
- Kornkreise für Anfänger (348 S.)
- Feng Shui für Anfänger (96 S.)
- Tao für Anfänger (112 S.)
- Magie für Anfänger – Sammelband   I  (696 S.)
- Magie für Anfänger – Sammelband  II  (664 S.)
- Magie für Anfänger – Sammelband III  (580 S.)
- Magie für Anfänger – Sammelband IV  (700 S.)
- Magie für Anfänger – Sammelband  V  (676 S.)
- Magie für Anfänger – Sammelband VI  (640 S.)

## Magie
- Handbuch für Zauberlehrlinge (408 S.)
- Wie man das Pentagramm-Ritual zum Leben erweckt (308 S.)
- Tarot (104 S.)
- Physik und Magie (184 S.)
- Die Synthese von Physik und Magie (200S.)
- Die Magie-Formel (156 S.)
- Schwarze Löcher in der Magie (56 S.)
- Krafttiere – Tiergöttinnen – Tiertänze (112 S.)
- Schwitzhütten (524 S.)
- Mythen und Magie der Harfe (116 S.)
- Drei Adeptus Major Rituale (192 S.)
- Drei Adeptus Exemptus Rituale (120 S.)
- Zwei Infans Abyssi Rituale (128 S.)

## Traumreisen
- Traumreisen zu Heilpflanzen (700 S.)
- Traumreisen zum kabbalistischen Lebensbaum (132 S.)

## Meditation
- Der Lebenskraftkörper (230 S.)
- Die Chakren (100 S.)
- Das Chakren-System mit den Nebenchakren (296 S.)
- Organe und Chakren (64 S.)
- Die platonischen Körper in den Chakren (156 S.)
- Meditation (140 S.)
- Drachenfeuer (124 S.)
- Kundalini I (676 S.)
- Kundalini II (672 S.)
- Reinkarnation (156 S.)
- eingerichtet (140 S.)

## Astrologie
- Astrologie (496 S.)
- Photo-Astrologie (428 S.)
- Die astrologischen Aspekte (88 S.)
- Horoskop und Seele (120 S.)

## Kabbala
- Kursus der praktischen Kabbala (150 S.)
- Eltern der Erde (450 S.)
- Blüten des Lebensbaumes:
    1. Die Struktur des kabbalistischen Lebensbaumes (370 S.)
    2. Der kabbalistische Lebensbaum als Forschungshilfsmittel (580 S.)
    3. Der kabbalistische Lebensbaum als spirituelle Landkarte (520 S.)
- Logik und Wirkung der Analogie (700 S.)

## Eilenstein, Frater V.D., Knecht, Büdenbender
- Magie heute – Berichte aus der Praxis (288 S.)

## Büdenbender, Eilenstein
- Chaos, Alk und Magic (436 S.)

## Religion allgemein
- Die sieben Schritte des Lebens (428 S.)
- Muttergöttin und Schamanen (168 S.)
- Totempfähle (440 S.)
- Der Urriese (168 S.)

## Jungsteinzeit
- Göbekli Tepe (472 S.)
- Die Göttin von Göbekli Tepe (144 S.)
- Die Rituale von Göbekli Tepe (112 S.)

## Ägypten
- Hathor und Re 1: Götter und Mythen im im Alten Ägypten (432 S.)
- Hathor und Re 2: Die altägyptische Religion – Ursprünge, Kult und Magie (396 S.)
- Isis (508 S.)
- Ma'at (200 S.)

## Indogermanen
- Die Entwicklung der indogermanischen Religionen (700 S.)
- Wurzeln und Zweige der indogermanischen Religion (224 S.)

## Christentum
- Christus (60 S.)
- Die Biographie des Teufels (144 S.)
- Die Magie der Propheten Elias und Elisa (96 S.)

## Psychologie
- Über die Freude (100 S.)
- Das Geheimnis des inneren Friedens (252 S.)
- Das Beziehungsmandala (52 S.)
- Gefühle und ihre Verwandlungen (404 S.)
- einsgerichtet (140 S.)
- Liebe und Eigenständigkeit (216 S.)
- Von innerer Fülle zu äußerem Gedeihen (52 S.)
- Kreative Hochzeits-Rituale (56 S.)

## Heilung
- Die Symbolik der Krankheiten (76 S.)

## Kunst
- Herz des Tanzes – Tanz des Herzens (160 S.)
- Die Wurzeln der Kunst (60 S.)
- Wege zur Musik-Improvisation (32 S.)

## Drama
- König Athelstan (104 S.)

## Roman
- Maran der Schamane (548 S.)
- Maran der Zauberlehrling (676 S.)
- Maran der Harfner (700 S.)
- Maran der Krieger (700 S.)
- Maran der Magier (900 S.)
- Maran der Weise (900 S.)

## Entwürfe für die Zukunft
1. Die 12 Stile des Tierkreises (164 S.)
2. Die 12 Gedanken zur Energie (108 S.)
3. Die 12 Phänomene der Schwingungen (60 S.)
4. Die 12 Qualitäten des Wassers (92 S.)
5. Die 12 Fundamente des Wohnens (96 S.)
6. Die 12 Grundprinzipien einer umfassenden Gesundheit (32 S.)
7. Die 12 Zonen des menschlichen Körpers (80 S.)
8. Die 12 Zutaten der Ernährung (60 S.)
9. Die 12 Flüge der Bienen (148 S.)
10. Die 12 Sichtweisen auf Genußmittel und Drogen (96 S.)
11. Die 12 Möglichkeiten der ganzheitlichen Medizin (92 S.)
12. Die 12 Ansichten über das Impfen (36 S.)
13. Die 12 Leitlinien der Erziehung (44 S.)
14. Die 12 Richtungen des Denkens (84 S.)
15. Die 12 Arten des Lernens (56 S.)
16. Die 12 Seiten einer umfassenden Bildung (36 S.)
17. Die 12 Ansätze zu effektivem Handeln (76 S.)
18. Die 12 Konzepte der Arbeit (48 S.)
19. Die 12 Arten der neuen Technologien (36 S.)
20. Die 12 Betrachtungsweisen der künstlichen Intelligenz (48 S.)
21. Die 12 Eigenheiten des Geldes (40 S.)
22. Die 12 Funktionen der Steuern (56 S.)
23. Die 12 Betrachtungsweisen der Sozialberufe (60 S.)
24. Die 12 Strategien der Macht (64 S.)
25. Die 12 Anforderungen an ein neues Wertesystem (48 S.)
26. Die 12 Bausteine einer neuen Gesellschaftsform (52 S.)
27. Die 12 Tore zur Sophikratie (80 S.)
28. Die 12 Pfade zum Frieden (48 S.)
29. Die 12 Säulen des Naturrechts (56 S.)
30. Die 12 Grundlagen der Beziehungen (52 S.)
31. Die 12 Spielfelder des Fußballs (108 S.)
32. Die 12 Wege der Kunst (60 S.)
33. Die 12 Wurzeln eines erfüllten Lebens (44 S.)
34. Die 12 Bereiche des Bewußtseins (56 S.)
35. Die 12 Tempel der Religionen (84 S.)
36. Die 12 Aspekte eines einheitlichen spirituell-physikalischen Weltbildes (72 S.)
37. Die 12 Dynamiken der Verwandlung (44 S.)
- Sammelband 1 „Natur" (492 S.)
- Sammelband 2 „Gesundheit" (512 S.)
- Sammelband 3 „Bildung" (524 S.)
- Sammelband 4 „Gesellschaft" (416 S.)
- Sammelband 5 „Psyche" (380 S.)

**die „Anfänger"-Reihe**
- The Synthesis of Physics and Magic (192 p.)
- Telepathy for Beginners (60 p.)
- Telepathy for Advanced Learners (52 p.)
- Telekinesis for Beginners (56 p.)
- Life Force for Beginners (76 p.)
- Kundalini for Beginners (104 p.)
- Astral Projection for Beginners (60 p.)
- Meditation for Beginners (60 p.)
- Prophecy for Beginners (60 p.)
- Ritual Magic for Beginners (64 p.)
- Magic Chant for Beginners (108 p.)
- Invocations for Beginners (52 p.)
- Evocations for Beginners (62 p.)
- Auto-Movement for Beginners (60 p.)
- Elves for Beginners (56 p.)
- Hypnosis for Beginners (56 p.)
- Love Magic for Beginners (52 p.)
- Money Magic for Beginners (60 p.)
- Magic Objects for Beginners (64 p.)
- Shamanism for Beginners (52 p.)
- Chakra-Magic for Beginners (148 p.)
- Language of the Moon – for Beginners (128 p.)
- Self Knowledge for Beginners (60 p.)
- Da'ath-Magic for Beginners (64 p.)
- Astrology for Beginners (112 p.)
- Number Symbolism for Beginners (64 p.)
- Mandalas for Beginners (76 p.)
- Crop Circles for Beginners (344 p.)
- Feng Shui for Beginners (96 p.)
- Magic Research for Beginners (140 p.)
- Magic for Beginners – Anthology I (636 p.)
- Magic for Beginners – Anthology II (616 p.)
- Magic for Beginners – Anthology III (684 p.)
- Magic for Beginners – Anthology IV (580 p.)

**Eilenstein, Frater V.D., Knecht, Büdenbender**
- Living Magic (261 S.) (= „Magie heute")

**sonstige englische Ausgaben**
- The Biography of the Devil (140 S.)
- The Synthesis of  Physics and Magic (192 S.)
- The Chakra-System with the Minor Chakras (304 S.)